Sayadaw U Jotika

A Map of the Journey

ウ・ジョーティカ

魚川祐司 訳

自由への旅

「マインドフルネス瞑想」実践講義

新潮社

読者の方へ

本書はミャンマーのテーラワーダ（上座部）僧侶であり、世界的に著名な瞑想指導者でもあるウ・ジョーティカ師が、一九九七年にオーストラリアで行なった、英語による瞑想解説の連続講義を邦訳したものです。

この連続講義で主に解説されているのは、「ウィパッサナー（vipassanā）」と呼ばれる、テーラワーダ仏教で伝統的に実践されている瞑想法の詳細です。ウィパッサナー瞑想においては、現象をありのままに観察することにより、修行者は名色分離智《みょうしき》からはじまる洞察智（ñāṇa, insight）を順に得ていき、最終的に涅槃《ねはん》の経験に至るとされますが、本書ではそのための瞑想法や各々の洞察智の内実について、一つ一つ丁寧な解説が施されます。

ウ・ジョーティカ師の瞑想解説の一つの特徴は、仏教の伝統的な教説が、現代の知的文脈において占める位置づけを、明確に示してくれるところにあります。これは師自身が多様な宗教や学問にふれることで自己を形成してきた教養人であることによっており、本書では実際に、ウィパッサナーの瞑想経験が、哲学や自然科学の思考や比喩を豊富に参照しつつ説明されます。

また、本書では涅槃へと至る伝統的なテーラワーダの瞑想法が、その厳しさも含めてごまかしなく解説されていますが、同時にその瞑想経験が、世俗における日常生活において役立てられる仕方についても、周到に語られています。これは、ウ・ジョーティカ師自身に家庭をもつ俗人としての生活経験があったことと、師がアメリカなどにおいて、多くの西洋文化圏に属する人々に対する指導を行なっていたことによるでしょう。

そのように、現代の西洋文化圏で暮らす読者に対する配慮をしつつ、本書はテーラワーダの伝統的なテクストが教えるところを常に参照することも、おろそかにはしていません。したがって、講義の中にはパーリ語の文章がしばしば引用されますが、その意味は話し言葉でわかりやすく解説されるので、順を追って読んでいけば、自然に理解することができます。

この連続講義は、リトリート（瞑想合宿）に先立って、参加者にウィパッサナー瞑想の全体像を把握してもらうために行われたものでした。そのこともあって、本書は“A Map of the Journey（旅の地図）”という原題のとおり、瞑想を実践する人が、「自分はいまどこにいて、どの道を通って、どういう目的地に至るのか」を、俯瞰的な視点から明晰に把握するための、懇切な「地図」を示してくれる著作になっています。

本書を通読することで、読者はテーラワーダ仏教の伝統に則った、涅槃に至る瞑想の本格的な解説と、ウィパッサナーの本質であるマインドフルネス（気づきを保っておくこと）を日常生活に役立てるヒントを、ともに学ぶことができます。瞑想の実践をされている方や、それに興味を持たれている方には、ぜひ本書を座右に置いていただき、折にふれて参照していただければと思います。

魚川　祐司（訳者）

A Map of the Journey

by

Sayadaw U Jotika

Design by Shinchosha Book Design Division

自由への旅　目次

出典略号表

MN	Majjhima Nikāya
SN	Saṃyutta Nikāya
Udn	Udāna
Dhpd	Dhammapada
Pts	Paṭisambhidāmagga
PtsA	Paṭisambhidāmagga Aṭṭhakathā
Vsm	Visuddhi Magga
VsmA	Visuddhi Magga Aṭṭhakathā（Mahā Ṭīkā）
KvuA	Kathāvatthu Aṭṭhakathā

※ Dhpd の出典指示は偈頌番号によって行う。VsmA についてはパーリ三蔵ミャンマー第六結集版の巻数とページ番号を示す。その他の典籍については、Pali Text Society のテキストより、巻数とページ番号を示す。

自由への旅

「マインドフルネス瞑想」実践講義

第一章　心の準備

瞑想とは育成すること

見たところ、ほとんどの人が三十代、四十代、五十代ですね。あなたがたは人生でたくさんのことを行い、経験してきた。成功したことも、落胆したこともあった。いまやあなたがたは、何かよりよいものへ向かう準備ができているんじゃないかと思います。実際のところ、皆さんはこのことを長いあいだやってきたのですよね。皆さんの内なる徳性と、スピリチュアルな本性を育てることを。今日は初日ですから、イントロダクションをすることになります。

実際に瞑想をする前に、私たちは準備をしなくてはなりません。何かをしたい時はいつでも、準備をしておく必要がある。このことはとても重要です。それは私がずっと昔に学んだことで、友人たちや生徒たちにも教えています――準備をしておきなさい。やろうとしていることの準備をあなたが本当にやったなら、それがいかに自然かつ簡単にできてしまうかということは、本当に驚いてしまうくらいです。

ちょうど農家や庭師が穀物や花を育てようとするようなもので、まず最初に、土壌を整える必要があるのです。これをやらずに、もし彼がただ行って種を蒔いたら、その内のいくつかは芽を吹くかも知れないけれど、実をつけることはなく、あっという間に枯れ果ててしまうでしょう。十分な肥料、植物に必要なだけの栄養、そして十分な水がないのだから、種はきちんと根を張ることができないのです。

同様に、内的な徳性を育みたい人も、同じことをしなければなりません。この二つのことのあいだには、多くの類似点があります。たぶん皆さんは、パーリ語の bhāvanā（瞑想）という単語の意味を御存知でしょう。その一つの意味は、育成です。bhāvanā とは、文字通りには、何かを育てることを意味するのです。bhāvanā という単語の語根は bhū で、意味は育てること、つまりは育成です。

何かを育てるという時には、粒の形であれ、枝のような植物の一部の形であれ、あなたは種を持っているということになりますね。だから、あなたは既に育てるべき何かを持っているということです。もし種を持っていなければ、何も育てることはできません。ただ種を持っているだけでは不十分です。あなたは土壌も整えなくてはならない。土壌を整える際には、まず雑草を抜いてきれいにする。これは我々が自分の人生においてもまた、行わなければならないことです。雑草が育つのはとても自然なことです。あなたの人生、あなたの生き方を深く見つめ、そこにどのような雑草があるのかを見きわめてください。そのうちのいくつかは、とても長いあいだそこにあって、強固な根を張っており、それを掘り出すには多少の時間がかかるかも知れません。悪い習慣、麻薬類の摂取、飲酒などといったようなものですね。雑草を抜き、石ころを除くのは、とても重要です。

瞑想は取引ではない

何かをすることが大好きならば、取引をしてはいけません。たくさんの人々が私に対して、サマーディ（集中）を育むにはどれほど長く座ればいいのか、涅槃に達するにはどれほど長く瞑想すればいいのか、と尋ねてきます。「どれほど長く」なんてことを、誰かが告げられるはずがありません。もし本当に瞑想することが大好きだったら、あなたはそれを行なっていることによって幸せを感じますよね。この幸福と喜びが、あなたにたくさんのやる気をくれます。

どうか取引しないでください！　人はできる限り少なく与えて、できる限り多く取ることを望みます。これは、とくに瞑想においては正しい態度ではないと私は思います。人生の他の領域、例えば人間関係においても、もし少なく与えてたくさん取ろうと望むなら、あなたは何も得られないことでしょう。真実には、あなたは与えた分だけを得るのです。少しだけを与えたなら、少しだけを得るでしょう。自分をすっかり与えたとすれば、本当にたくさんのものを得るでしょう。

瞑想をする時には、心を深く見つめてください。なぜあなたはそれをしているのですか？　あなたは本当に、瞑想することに乗り気なのでしょうか？　何かをする際には、それが何であれ、払わなければならない犠牲というものがあります。例えばこのクラスに来るために、あなたが何かを諦めたように。

私たち人間の本性は、基本的にスピリチュアルです。自らの内面に、私たちは、慈しみやあわれみ、気づきや心の平和といったような、とても美しい徳性をもっています。私たちは既にそうした種をもっていて、それらが育つことを求めている。人間の本性は実に混然としたものです。一方で私たちは感覚的楽しみを享受したいと欲しながら、他方では全く何も享受したがっていない。私たちは手放したいのですよ！

「生徒の準備ができたときに、教師は現れる」こんな格言を聞いたことがあって、私はとても好きなのです。全くそのとおりだと思いますね。

ひときわ深く見つめてください。ここにいる私たちの多くは、もうそれほど若くありません。私たちは人生において既にたくさんのことをやってきて、本当に私たちを満たしてくれるものは何もないということを知っています。所有物にも娯楽にも、本当に永続する満足を与えてくれるものを、私たちは何も見出すことができなかった。実際は、私たちは何か他のものを探しているのです。受け取る準備が本当にできたとき、必要なものには手が届くようになるでしょう。自分自身に尋ねてください。「本当に受け取る準備はできている？」

死について考えること

瞑想するに先立って、心を整えるためによく考えておく必要のあることが二、三あります。日常生活において、私たちはとてもたくさんのことに気をとられています。

心を瞑想にふさわしい状態にするために、私たちがする必要のあることの一つは、死についてよく考えることです。人生はとても短い。あっという間に、私たちは世を去ってしまいます。ここにいる私たちの年齢を考えてみてください。一部の人にとっては、あっという間に人生は終わってしまうでしょう。死を前にした時に気づきと明晰さを保っていれば、人生でやってきたことについて振り返って考えることができます。本当に満足を与えてくれると、私たちが思うものは何でしょう?

私は、ほとんど死にかけたことが二、三度あります。ある時、私はマラリアに、二、三ヶ月のあいだ酷く悩まされていました。当時は森に住んでいて、薬も手に入りません。食べることができず、身体はひどく衰弱して、私は瀕死の状態でした。友人たちが周りにいて、「彼は意識を失っている。昏睡状態だ」と言っています。聞くことはできたのですがそれだけで、身体を動かすことはできませんでした。

その時、私は人生で自分がやってきたことについて振り返って考え、本当に満足を与えてくれるようなことは何もやってこなかったと感じました。学士号を得た。仕事を得た。結婚した。他にもたくさんのことをやりました。多くの点で私は成功したけれども、そういった全てのことに、それ以上の意味は何もありませんでした。思いついたことでたった一つ本当に意味があったのは、私が瞑想を学んだことだけでした。その時、私は自分の心を瞑想へと向け、もし死ぬのであれば、それはよい、ただ、マインドフルに（気づきを保って）死にたい、瞑想しながら死にたい、と思いました。それだけが、私に何がしかの心の平穏を与えてくれた、たった一つのものでした。私が頼ることのできたもの。それ以外の全てのものは、もう私の周りにはありませんでした。

先延ばしはしないで

瞑想に向けて心を整えるには、人生の短さについてよく考えることが必要です。どれほど長く生きたところで、たとえ百年だって、それほど長くはありません。私たちの生について思いを巡らせ、それをこの世界の生と比べてみたら、まるで刹那の瞬間のようなもの。人生の短さについて考え、無駄にできる時間などないこと、そして時間がとても貴重であり、時間こそが人生であることを、自身に言い聞かせてください。

もし私たちが誰かに「君は長生きしたいかい？」と尋ねたら、その答えはきっと、「もちろん長生きしたいよ！」というものでしょう。では、「すごく長生きしたとしたら、君は何をするつもりなの？」。私たちのほとんどは、この問いに対してはっきりした答えをもっていません。私たちは、人生で何をしたいのかを本当には知らない。私たちは、ただ長生きしたいのです。このことは私たちが生に執著《しゅうじゃく》していることを示しますが、それをいかに最大限に活用するかについては、私たちは本当には知らないのです。

もし私たちが本当にマインドフルに生活して、時間を最も有効に活用すれば、私たちは何かを成し遂げることができるでしょう。例えば、誰かが五年かかって成すだろうことを、私たちは一年でできるかも知れない。一年を、五年に等しいものにできるわけです。もし私たちが、六十年か七十年を生きた上に、その時間を最高に活用しきったとすれば、私たちは二、三百年を生きたようなものです。私たちは実にアンマインドフル（気づきを欠いている）であるがゆえに、とてもたくさんの時間が浪費されている。


人生は短く、時間は貴重であることを理解した時、ダンマ（仏法）に対する一定の理解も育むことができていたなら、時間はさらに貴重なものになります。

先延ばししないで、やるべきことを今日やってください。

私たちは、明日生きているかどうかわからないのです。

今日、いま、やるべきことをやってください。

やり遂げるよう努めてください。

Ajj'eva kiccam ātappaṃ. ~MN iii. 187

熱心な瞑想者は先延ばしをしない。
あなたがどこにいようと、何をしていようと、
その時・そこが、瞑想をする時と場所です。

ブッダの徳性を学ぶ意味

ブッダの様々な徳性について、熟考してください。ブッダについて学べば学ぶほど、彼の本性、その清浄《しょうじょう》、その智慧について知ることになる。ブッダの諸徳性について、思いを巡らせてみてください。心はその対象を反映します。例えば、何か私たちを不幸にするようなものについて考えていれば、自然に私たちは不幸になります。心の幸・不幸はその対象と、また私たちがその対象をどのように見るかによっているのです。愛する誰かのことを考えれば、私たちは慈しみの情を育むことになり、愛を感じる。同じように、ブッダについて考える時、その自由、その智慧、その平静、その清浄を考える時、私たちの心には何が起こるでしょう？　類似の性質が起こってきますね。ですから、ブッダについてもっともっと知っていくことは、とても大切なことなのです。

ブッダについて考える時、私たちは彼が持つ諸徳性の素晴らしさを認め、自身もそれらを持ちたいと思います。そうすることで、心はそこに惹きつけられ、それは私たちの到達目標となり得るのです。「私は自由に、平静に、賢明になりたい」とね。私たちはブッダにはならないでしょうが、これら諸徳性を一定程度育みはします。悟りを得た時、私たちはある意味でブッダになる。小ブッダになるのですよ。

ブッダを師匠と認めた時に、
その清浄と智慧と自由が、私たちに道を示します。

「私はどこに向かっている？　私のゴールはどこだろう？」

仏法と瞑想の価値を考えて

ダンマ（仏法）についても、同様によく考えてみてください。ブッダの教えた内容について熟考するのです。皆さんはある程度、瞑想を修してきていますから、ブッダの教説が真実であることについて、一定の経験をもっているでしょう。あなたは、それが本当であることを知っている。それがどこへ導くかを知っている。彼の教えは、聴従したり信仰したりするようなものではない。それは盲信ではないのです。あなたはダンマを、自ら発見することができる。それはとても実践的な教えです。このことを、よく考えてみてください。

ダンマを学び、瞑想を修することは、やる価値のあることです。私たちは時に迷います。「瞑想するべき？　それとも出かけて何かをするべき？」。もしあなたが瞑想の価値を本当に知っていれば、気晴らしや娯楽や楽しみに執著せずに、もっとたくさんの時間を瞑想に割くことができるでしょう。瞑想することの利益については、いつも考えておくようにしてください。

瞑想にはやる価値があると本当にわかった時、
あなたは人生をそのために使うでしょう。
より多く与えるほど、より多くを得ることができます。
誠心誠意やってください！

これはあなたが何をやるにせよ、成功するためには必要なもう一つのことです。何かを真心こめてやったとしたら、あなたは成功するでしょう。同じことを、もしいい加減にやったとしたら、しばらくした後、進歩があまり見られないものだから、長いことやっているにもかかわらず、どこにも行き着くことができていないと考えてしまうでしょう。あなたはがっかりしてしまう。何かをいい加減にやってしまえば、進歩に必要なだけの動機を育むことができず、そして進歩が何もないから、やっていることの価値を、それ以上信じることができなくなるのです。

節制こそが自由に繋がる

もう一つ必要なことは節制です。節制は自由の反対語だと考えるがゆえに、この言葉を聞くのを嫌がる人たちがいることは知っています。ですが、それは真実ではありません。自由という言葉によって、何でもしたいことをするということを考えるとすれば、それは本当の自由ではないのです。

自由の本当の意味は、何が役に立ち、
何が有益で価値があるのか、
何が健全で何が不健全なのかを知ることです。
そして健全であり善であり正しいものを選んだ上で、

それを真心こめて行うことです。

節制にはたくさんの意味がありますが、その一つは戒を守ることです。なぜ戒を守る必要があるのでしょう？　在家の人には五戒か八戒。僧侶には二百以上の律があります。最初に私たちが戒を守ろうとする時は、ひどく窮屈に感じられて、身動きする余地があまりないように感じます。何もできないのです！　心の訓練を続けてしばらくすると、戒とともに生きることに慣れてきます。こうなると、戒を守るために更なる努力をする必要はありません。実際のところ、それは私たちの本性になり、とても自由に感じるのです。

破戒で傷つくのは自分自身

戒を守らなかった時には、何が起こるのでしょうか？　殺したり、盗んだり、不倫をしたり、ドラッグを摂取したりしたら何が起こりますか？　その人には何が起こる？　戒を守らなければ、その人には自尊心がもてません。自然なこととして、私たちは内面の深くで、何が適切なことで何がそうでないのかを知っているのです。私たちは誘惑に負けてしまう。私たちは欲望に負け、怒りに負け、その他の感覚的な楽しみに負ける。自身を節制しなければ、私たちは不適切なことをするのです。私たちは他者を傷つけてしまう。他者を傷つける過程で、私たちは自分自身も傷つけます。他者を傷つけながら、自分は傷つけない仕方などないからです。そんなことは不可能ですよ。

私はこのことに、ほんのささいなことから気づかされた経験があります。ある時、私の寺院でのこと。その時は雨が降っていて、ドアの外には足ふきマットがあり、そして小さな犬がいたのです（この犬のことを「彼」と呼ぶことにします。私にとって、犬は人間のようなものなのですよ。彼らには意識があるし、それにとてもセンシティブでもありますしね）。雨のせいで、彼は乾いたところにいたかった。私と同じようにです。雨が降った時には、私は乾いたところにいたい。濡れたくはないですからね。この小さな犬は私のクティ（小屋）に上がってきて、ドアマットの上で眠る。外に出ようとするたびに、彼がそこで寝ているものだから、私はドアが開けられず、時にとても腹が立つことがあったのです。

私はこの犬に、ここにやって来て寝てはだめだと、教えなくてはならないと思いました。私がどうしたかわかりますか？　バケツ一杯の水を持ってきてドアを開け、それを犬にぶちまけたのです。ただ彼に、ここに来たら濡れるということを教えるためだけに。そんなことをしていたら、突然、気づきがやって来て、私は自分の心の状態を把握しました。「私は何をやっているんだ？」。私は自分が、ある種の痛みを感じていることに気づきました。私は、自分が善良で思いやりのある人間ではないと感じていた。実際、私は冷酷だったのです。この感覚は、私をとても傷つけました。自分が冷酷な人間で、思いやりがあって慈愛に満ちた人間ではないということは、とても辛いことでした。我に返った時、私は自分が犬を傷つけていたことに気がつきましたが、濡れたことで、彼は実際に傷ついたわけではありません。しかし私を最も傷つけたのは、自身の安らぎと平静、そして自尊心を失ったことでした。

このほうがずっと有害なのです。様々な事例において、私はこのことに何度も繰り返し気づかされました。故意には誰も傷つけなかった場合もあります。例えば、人が来た時、あまりフレンドリーな気分になれず、その人に時間を割きたくないことがありました。この人は何度も繰り返しやって来ましたが、私には彼に割く時間がない。だから私は、出て行って彼を迎えることをしなかったのです。自分の心を調べてみると、私は、もしそうする気があったなら、この人に時間を割くことはできたことに気がつきました。数分ばかりのことなのです。しかし、私は自分の内側に、とても冷たいものを感じました。愛がなく、親切でもなく、温かみもない。そのことを観察した時、私はそれを、とても辛いことだと感じました。人を無視するのはとても辛いことです。自分が他者を承認しておらず、愛があって親切だと感じられないのはとても辛いことです。

この種のことをするたびに私たちは自尊心を失いますが、それはとても辛くて害のあることです。「ここまで」というリミットを、設定しなければならない場合もあることは事実です。しかし、そうする時には、理解と親切心をもってやらねばならない。冷たい心でもってやっては駄目です。

私たちが五戒を守らない時、
他者を自分自身と同様に傷つけるのです。
この戒は誰かに課されるものではありません。
それは人間の本性なのです。

自尊心がなければ瞑想はできない

内面の深いところで、私たちは五戒を守らないことが不適切であり、有害であると知っています。ある人は五戒を守っていないかも知れないけれど、内面の深いところで、彼には持戒の人に対する尊敬の念があるのです。慈愛に満ちて、親切で寛大な人に対して、彼は尊敬と敬服の念を抱き、その人を評価する気持ちをもっている。

自尊心を失った時、私たちは自分を価値あるものと感じられません。自分を価値あるものと感じられなければ、どうなると思いますか？　もし何かをやったとしても、自分がそれに値すると思えなくて、誠心誠意やることができない。いい加減にやってしまうのですよ。自分に価値がないと感じる人は、本当に全力を出すことができないでしょう。彼らは自分が何かをやっているふりをしているだけで、本当は違うのだと感じてしまう。何かに自分が値すると感じることは、とても重要なことなのです。愛に、自由に、平静に、深い智慧に、そして理解に値すると感じること。「あなたが至れるのは自己評価の高さまで」。このことはとても重要です。

では、どうしたら自己評価を高めることができるのでしょう？　正しいことをする。そして間違ったことをするのを避けるのです。自己評価がきちんとあれば、自信と自尊心ももつことができる。それによって、あなたは自分が善い人間であると思えます。善いことをし、善くないことをするのを避けた時、あなたは自分が善い人間であると感じる。私たちは、不健全なことをせず、健全なことをするように、正しい態度でもって、自らを誠心誠意、鍛えていかねばなりません。

動物も含めた、全ての存在に対する慈しみの念を育てることは、心の栄養になって、たくさんのエネルギーをくれるでしょう。そうすることで、あなたは自分が慈愛に満ちた人間であると感じ、そして同時に、自分が愛を受けるに値するとも感じるのです。自分がメッター（慈愛）に値すると感じること、何か善いものに値すると感じることは、とても重要です。それがなければ、瞑想することはできません。この徳性を育てる行為を、どんどん行なっていってください。

思考を健全に保つこと

過去を手放し、積極的に
現在を生ききってください。
変化と成長に積極的になりましょう。
しばしば私たちは変化し、成長することを恐れる。
そして自信のなさからベストを尽くさない。
私たちは自分自身と自分の人生に対して
過去に何が起こったのであれ
誰にも負わせることはできない
責任を有しているのです。

私は自分の不幸についていつも他人を責めてばかりいる人にたくさん会ってきました。しかし彼らは、自分をより幸せに、安らぎに満ちた状態にするためのことについて、何も学ぼうとはしません。とても難しいことではありますが、いつも健全な思考を保つように努めてください。私たちが考えることのほとんどは、欲望、怒り、プライド、嫉妬、妬みといった不健全なものです。一日を通じて、自分の考えていることに、それをコントロールしようとすることなく、自覚的でいるよう努めてください。誰かや何かについて不健全なことを考えていることに気がついたら、それを違った角度から眺めてみて、そこから何かを学びとり、それに対してポジティブな態度を取れないかどうか検討するよう努めること。可能な限り、ポジティブなことを考えると決めるのです。

これら全てのことが、瞑想の準備なのです。一日中不健全なことを考えておきながら、それから座って瞑想し、安らぎと幸福を期待しても、そんなことは不可能です。あなたは心の準備をしてこなかったわけですから。ポジティブに、健全に考えるということは、適切に熟慮し考えるということです。パーリ語では、これを"yoniso manasikāra（正しい態度）"と言っています。

全ての生き物にとって、生の中で良いことも悪いことも経験されるのは自然なことです。このことをよく考えることは、手放し、執著しないための助けになるでしょう。

生活はシンプルに

もう一つ重要なことは、諸感覚を制限することです。私たちはとてもたくさん見て、とてもたくさん聞きます。だから、自身を制限してください。テレビを見たり本を読んだりは、必要な時だけするようにして、そこに制限を設けるようにしてください。もし私たちが日常生活に制限を設けなかったら、瞑想をするために十分な時間とエネルギーを持つことができないでしょう。心の浮つきを避けるために、諸感覚は制限するように努めましょう。

生活を清らかにすることは、とても重要です。自分の必要については、それを適切な仕方で満たすようにしてください。瞑想を実践している友人が私に語ってくれたのですが、瞑想をはじめる以前、彼は職場のコピー機を私用に使っていたそうです。しかし、瞑想をやってきて自分の心の状態にとても自覚的になったので、彼は私用にコピー機を使う時はいつも、自分が罪の意識を感じており、まるで盗みをしているように感じていたことに気がつきました。誰も何も言うわけではないですけれど、そのコピー機は仕事に使うためのものなのです。ですから、彼は私用にそれを使うことをやめました。他人がそれをしていても関係ありません。やらせておけばいいのです。しかし、あなたはあなたのスピリチュアルな徳性を育てている最中で、あなた自身を本当の安らぎ、本当の智慧、本当の自由に値するものへと、つくりあげている最中なのです。

人生を可能な限りシンプルなものにするよう努めてください。食べることにも、着ることにも、何事にも。何をやっても、何を所有しても、それはあなたの時間とエネルギーを要求し、そのことである種の心の浮つきを引き起こすかも知れないのです。私の先生が寺で住んでいた方丈には、文字通り、何もありませんでした。彼は身体に三衣のみを纏い、それを交互に洗っていました。家具は全く何もなくて、床はたいへん綺麗でした。空っぽの部屋に住めば、あなたの心も空っぽになります。スーパーマーケットに行った時、あなたの心には何が起こりますか？

空っぽの部屋には、気を散らすものが何もありません。もしあなたが瞑想で成長したいなら、可能なかぎり、シンプルな生活をするようにしてください。

瞑想は地を耕すようなものです。

あなたの心を、毎日深く深く見つめてください。そしてその除草に努めてください。私たちの心には、種子が毎日入り込んでくるのですから。種子は根を張り、あなたが長いこと放っておくと、それらの根はとても強固になって、引き抜くのがより難しくなります。しかし、もし種子を発芽する前に取り除くことができれば、それはあなたの成長のために、大きな助けになるでしょう。

【Q&A】

Q　**（質問はおそらく、「音楽を諦めなければいけませんか？」）**

A　初心のうちは、それを全く諦めろとは言いません。諦めるのは少しずつ、でもとても正直にね。何かを諦めることができるかどうか、自分に訊いてみてください。音楽について言えば……、私が音楽を好きなことは話しましたね。私は若いころ音楽をやっていましたし、音楽が好きだったので、音楽家でありつつよい瞑想者でもある人と知り合いになりました。音楽家でありつつよい瞑想者であることは可能なのですよ。私の最初の瞑想の先生は、楽器製作者で音楽家でもある在家者でした。楽器を作ったり、演奏したりしている時であっても、それを彼は、注意力の全てを傾けて、本当の愛と、本当の気配りとをもって行なっていたものです。彼の演奏した音楽は、人の心をとても和らげ、落ち着かせるような種類のものでした。もしあなたが音楽を好きなのであれば、心を和らげ、落ち着かせるような種類のものを探してください。全てを諦める必要はありません。自分にできる限りしか、諦めることはできないのだから。

ゆっくり、徐々にやってください。

もし音楽があなたの生活そのもので、それがあなたの瞑想実践を妨げるなら、決断をしなくてはいけません。

Q　ところで、あの犬はどうなったのですか？

A　彼に寝るためのふさわしい場所を与えてあげました。そうしてあげたことで、とても幸せな気分になりましたよ。いつでも、どんな生き物に対してでも、親切にしてやることは人を幸せにします。それには心の栄養がたっぷりで、あなたの実践を助けてくれる。可能な限り親切でいるようにしてください。時々は怒ったり、腹を立てたりすることもあるでしょう。しかし、それらの経験からも私たちは学ぶことができます。自分自身を許すことを学んでください。私たちが完璧になるということは決してないのです。自分自身に問うてください。「私はベストを尽くしている?」。皆さんはずいぶん長いこと瞑想をやってきている。自分のベストを尽くしてください。

安らぎに満ちた一瞬は、その全てが私たちの心に素晴らしい影響を及ぼします。心の安らぎは、それがどれほど瞬間的なものであっても、とても価値あるものなのです。

心が安らいだ時にはいつも、それが数秒のことであれ、あなたには違いがわかります。人生において、私たちは常に選択をし続けている。だから数秒であれ、安らぎのほうを選びましょう。毎日、毎瞬、私は僧侶であることを選んでいます。僧侶であることは簡単なことではありません。もしそうなら、これほどたくさんの人が還俗することはないでしょう。不還道《ふげんどう》(Anāgāmi-magga)に達するまでは、僧侶は常に在家者になることを選び得ます。そのように私たちも、マインドフルであることを選ぶのです。それは選択。全ての心理的な問題は、その基本においてスピリチュアルなものです。正しい態度と正しい理解を有していれば、あなたはたくさんの心理的な問題を除くことができるでしょう。
私はここで四ヶ月を過ごす予定です。ここに来たこともまた、私の学びのプロセスの一部ですね。それは私の成長にとって必要なことなのです。

人生に必要なのはバランスです。
私たちには自分自身のための時間と、他者のための時間が必要。
自分自身のためだけに生きていたら、満足することはできないでしょう。
もしあなたが本当に幸せになりたいなら、
やり方は何であれ、他者の幸せを助けてください。

より多く与えることができれば、それだけあなたの人格は円熟します。最大の障害は、不健全な思考と行動から来るのです。

第二章　基本的な技術と理解

瞑想の土壌を準備する

先週話したことを思い出してください。優れた記憶力を持っていて、たくさんのことを思い出す方もおそらくいらっしゃるでしょう。記憶というのはほんの少しの時間しか持続しないものです。ある人々によれば、何かを一度聞いたら、一日後には十％覚えている。二、三日後には五％。一週間後には、覚えているのは一、二％だそうです。ですから、記憶をよりしっかりとさせるためには、何度も繰り返し復習をしなければなりません。とくに年をとると、物事を覚えることが、とりわけ短期記憶に関しては難しくなります。そんなわけで、私は先週話したことのいくつかを、あなたがたに思い出していただきたいと思うのです。

私の話したガーデニングの比喩を覚えていますか？　この比喩をいつも覚えておくこと、つまり瞑想とは育成であることをいつも覚えておくことは大切です。bhāvanā の意味は育成で、何かを育てることです。そこで、育成をするために、あなたは土壌を整える必要がある。土が柔らかくなるまで、雑草や岩や石、全てのごみを悉く除く。それから土壌に施肥をして、とくに自然の肥料をいくらか与える。そして水をまく。種を蒔いた時に、それが簡単に芽吹いて根づけるように、土壌の準備を適切に行なってください。

その作業がたとえ終わっても、土のことを忘れて放置しておくわけにはいきませんよ。時々は出かけて行って、雑草がまた生えてきていないかどうか、チェックをしなければなりません。というのも、雑草が生えてくるのはとても自然なことですし、花や野菜や穀物が育つのは、雑草が育つのよりも難しいことだからです。雑草は自然に生えてきますし、それを殺して根絶するのはとても大変なことです。だからこそ、農夫は度重なる除草の作業に、とても時間をかけるのです。

瞑想をする時に、私たちがほとんどの時間を費やす作業はそれです。ほとんどの時間を私たちは除草に費やし、また土壌を豊かにもするのです。

心は傷つけないことで豊かになる

心を豊かにするために、私たちは何をするべきなのでしょう？　より思慮深く、親切に、そして自分自身と他者に対してより思いやりをもつために、私たちは慈悲を育てます。私たちは自分自身に対してすら、非情になる権利は持ち合わせていないのです。「私は他者のために苦しむ」

という人もいますが、私はそれを正しい態度ではないと思います。私の考えでは、誰も苦しむべきではないのですよ！　ですから、自分自身に対する親切と、他者に対する親切をともに育ててください。

そして、それはまた戒を守ることも意味します。もしあなたが自分自身に対して本当に親切で、また他者に対しても親切であったなら、あなたは既に五戒を守っているのです。自分自身と他者に対して不親切であることなしに、戒を破ることはできませんから。ある人が言っていました。「私は殺さない。盗まない。不倫をしない。欺かない。しかし、私は酒を飲む……。私は誰も傷つけていないし、ただちょっと飲むのが好きなだけだ……」。でも、その時あなたは自分自身を傷つけているし、また間接的に言えば、自分自身を傷つけている時は、他者も傷つけているのです。私たちはみな繋がっており、関係をもっている。他者を傷つけることなしに、両親を傷つけることなしに、配偶者を傷つけることなしに、子どもたちを傷つけることなしに、友人たちを傷つけることなしに、自分自身を傷つけることはできないのです。

私たちはみな関係しており、繋がっている。
自分自身や他の誰かを傷つけることとなしには
誰も傷つけることはできません。
傷つけないということは、とても重要です。

私の言おうとしていることを表現してくれている、とても美しい詩があります。「人のどんな働きが、バラを育て得るのだろう？」。これが質問。「人のどんな働きが、バラを育て得るのだろう？」。「土を整えなさい」。これが私の言いたいことです。「そうすればバラは自ら育ち、本来備わった力によって、この世界に誕生する」。ですから、土を整えてください！

瞑想に時間割はない

安らぎを得るためには、己の信念を明確にする勇気が必要です。つまり、私たちは価値判断する勇気をもたねばならない。……では何を私たちは価値あるものとみなすのでしょう？ 瞑想者として、私たちは気づき（マインドフルネス）、心の安らぎと平静、満足、深い洞察、解放と自由、パーリ語で言い換えれば「ニッバーナ（涅槃）」、究極の安らぎ、究極の自由を、価値あるものとみなします。

さて、安らぎを得るために信念を明確にする勇気が必要なのであれば、それはまた堅忍不抜の持続性も要求することになります。とても重要なことですよ……、堅忍不抜の持続性は。もし本当に気づきを価値あるものとみなしているなら、私たちは常にマインドフルでいようと努めるはずです。堅忍不抜の持続性は、とても重要です。私たちは、……そうですね、今のこの時間、四時から五時までのあいだはマインドフルでいよう、そして五時以降はマインドフルでいることをやめよう。そんなことを言うことはできません。

瞑想と気づきの意味を
本当に理解している人には
瞑想のための時間割は存在しません。

どういうことでしょう？　瞑想と気づきの意味を理解しており、本当にマインドフルである時に心の中で何が起こり、マインドフルでない時に心に何が起こるかを理解している人は、その違いがわかっていれば、「この時間はマインドフルになる時間で、あの時間はマインドフルにはならない時間だ」などと言うことは決してないでしょう。選択の余地はないのです。

煩悩には攻撃よりも気づきが効く

マインドフルでないということは、思いがあらゆるネガティブなことを作りだすままに放置しておくということです。私たちの周りには、ネガティブなことや欲望、我儘の形成に繋がるものがたくさんあります。それらによって、私たちはより欲深く、より我儘に、そして満足することができずに、より不満を抱えることになります。

アメリカで不満について話した時に、私は「足ることを知っていれば、生活費を半分にすることができますよ。私たちはとても多くを不必要に使いすぎていますからね」と言いました。するとある人が、「半分しか使わなかったら、それは経済に大きな打撃を与えることになる。そんなことをすべきではない。もっと消費するべきです」と言ったのです。彼らはただ経済のためだけに使うことを考えていて、スピリチュアリティのためにそうすることは考えていない。ここで大きな選択をしなくてはなりません。あなたは何を価値あるものとみなすのでしょう？　あなたの内的な徳性、スピリチュアリティを育むことか、それとも、ただ世間並みの暮らしをすることなのか？

内的な徳性を本当に育もうとするのであれば
そこに近道はありません。王道はないのです。

アメリカには瞑想コースの広告があって、三日で悟れるとか、千ドル払えば悟りにかかるのは三日だけとか、そんなことを言っています……。そんな近道は存在しませんよ。悟りを買うことはできません。あなたは内的な徳性をゆっくりと育み、自分自身に関する全ての良いことと悪いことを、ゆっくりととても深く、理解していかなければならないのです。

何か悪いものを自身のうちに見た時でも、それに対してはとてもオープンで、思いやりある態度でいなくてはなりません。受容的な態度でもって、あなたはそれを、個人に属さないものとして見る。全ての欲望、怒り、欲求不満、プライド、嫉妬を、自然なものとして見るのです。そうした思いに罪悪感を抱いたら、あなたはまた自我を強化していることになります。欲望や羨望、嫉妬やプライドを自然なものとして見ることができたならば、その観察する心は平静を保っていることになります。それは動揺していない。心の状態のせいで、幸福にも不幸にもなっていないのです。

気づきと平静をもって観察することができれば
いかなるものが現れて乗っ取りを試みようと
自我が煩悩の餌食になることはありません。
煩悩は攻撃されることを恐れはしない。
あなたがどれだけ煩悩を攻撃してみたところで
彼らが敗北することはない。
むしろそれは煩悩をより強くさえするのです。

欲望や怒り、欲求不満や羨望、嫉妬やプライドといった煩悩は、真っ直ぐに見られること、平静に見られること、智慧とともに見られること、何か自然なものとして、存在ではなく、私ではなく、私のものではなく、私自身ではないものとして見られることを恐れます。私たちは常に正しいことを行いつつ、いついかなる時でもマインドフルでいなくてはなりません。

読書と友人の効用

瞑想者として、何らかの瞑想対象に実際に集中しようとしている時でなくとも、私たちはせめて何らかの種類の気づきを、常に維持しておかなくてはなりません。思いがやってきた時はいつでも、私たちはそれがいかなる思いであるかを知る。そしてただ観察することによって、ある場合にはそれらは去っていくでしょうし、また別の場合にそれらが去ることがなかったならば、私たちは心を何か健全なことへと向けかえることができます。

仏典においては、ダンマ（法）に関する本を読むことも説かれています。感情や煩悩の力が強すぎて、どうしていいかわからなくなってしまうことは時々ある。そうした困難な状況においては、ダンマに関する本を読んで、心を健全な思考のほうに向けるのです。あるいは、もしそれが不可能であったり、気が進まない場合には、マインドフルで安らぎに満ちた人と、話をするようにしてください。

マインドフルで安らぎに満ちた人と
付き合うことは、あなたをより
マインドフルで、安らいだ状態にしてくれます。
これはとても大切なことです。

ブッダはスピリチュアルな友人、つまりマインドフルで安らぎに満ちた人との付き合いについて、たくさんのことを語っています。

これはまた私の経験でもあります。先生に関する私の最初の経験もまた、彼が仕事をしている時でさえ、常にとてもマインドフルで安らぎに満ちている人だということでした。私の最高の友達、私の最初の先生については、しばしば語ってきましたね。彼は音楽家であり、また楽器製作者でもありました。私は今でも彼のことをとても素晴らしい人だったと思っています。本当にマインドフルな人でしたよ。私は彼が何事についても、動揺するのを全く見たことがありません。何でも彼が急いでやるのを見たことがない。いつでも時間をかけて、物事をとてもマインドフルに、ゆっくりと、完璧にやるのです。何であれ彼のやることはいつも完璧でした。彼が自分の業績や才能、技術について自慢するのを聞いたことはありません。彼はたいへん優れた技術をもった人でありましたが、彼は決して自分自身や自分の技術について語りませんでした。お金についても、全く語りませんでしたね。

正しいとわかっていることは実行しよう

そんなわけで、毎日、自信を培うためにあなたができる何か小さなことを選択し、それを実行に移すようにしてください。この自信と自尊心、自己を価値あるものと思える感覚はとても重要です。自分に価値があると感じられなければ、何かをやっても良い結果を得ることはできないでしょう。特に瞑想についてはそうですし、その他のことについても同じことです。自信がもてず、自己を尊敬することができず、自分が何かに値すると感じることができなければ、物事をやり遂げることはできません。

はじめるということは半分を終わらせたことであり、半分を勝ち取ったことであるというのを忘れないでください。今日からはじめましょう。

智慧の性質、洞察の性質
というのはそうしたもので、
何かをよいことと知りながら
それをしなければ、あなたは洞察を失うのです。

これはとても深い話で、私たちがよくよく理解しなければならないことです。もしあなたが何か、例えば瞑想や寛大さ、道徳や慈悲といったあらゆるよいものについて、それがよいことだと知っているのなら、実行しなさい！　何かをよいことだと知っていながら実行しなければ、あなたの心はそれを諦めてしまう。たぶん時々は興味をもって、「ああ、それはいつかやろう」と考えることがあるかもしれない。しかし実行はしないのです。智慧の性質というのはそうしたもので、私たちは皆ある部分ではとても知的で賢いのです。時々は自分のなすべきことがわかるのだけど、他のことに気をとられてしまい、私たちは自分がよいと考えたことをすぐに実行しない。ですから、もし自分によいと感じられたことを実行したならば、そうすることで、あなたは深い洞察を育んでいることになるのです。

とくに瞑想の中で起こることについてはそうです。あなたは座って瞑想する。心はとても静かに、安らかになり、そして一瞬の洞察が心に訪れる。自分が失敗をしていたことや、やらなければならないことがあったのに忘れていたことに気づくのです。すぐに紙を一枚取って、それを書きつけておきましょう。忘れたままにしておいてはいけません。このことはとても重要です。本来の性質としては、私たちは自然に、そしてスピリチュアルに知的なのです。しかし、この忘れっぽさやその他の欲望をかき立てるものが、しょっちゅう心を乗っ取ってしまう。だから私たちはよいことをするのを忘れるのです。一瞬の洞察が心に訪れたときはいつでも、それを摑んで手にし、紙を取って書きつけるようにしてください。そしてそれをできるだけ早く実行に移すようにしましょう。瞑想の中で、自分が失敗をしていたり、何か間違ったことを言っていたり、実のところは本当でないことを言っていたりしたことに気づいたときは、その失敗を、可能な限り早く正さなければなりません。

深い洞察を育みたいなら
正しいとわかっていることを
可能な限り早く実行に移すようにしてください。
この一つのことさえやったならば、あなたが自分の深い
スピリチュアルな徳性を育み得ることは保証します。

心が正しいことを教えてくれる

これは私の先生がずっと昔に語ったことで、それが本当であることを、私は自分の実践の中で知りました。

たくさんの人々が彼のところにやってきてたくさんの質問をし、彼は毎日、数百の質問に答えていました。「膝が痛いのですけど、医者に行くべきでしょうか」といった、すごく素朴な質問をしている人さえいましたね。質問というのはそうしたもので、彼らは自分で決めることができないから、先生のところにやってきて質問する。それでも先生は常に思いやりに満ちていて、彼らが必要とする答えをいつも与えてやり、そうしてから、何度もこう言っていました。

「よりマインドフルになりなさい。心があなたになすべき正しいことを教えてくれます」

これはあまりにシンプルで、信じ難いことのように聞こえます。でも、もしあなたが、心の告げる為すべき正しいことを本当に実行したならば、それはもっともっとたくさんのことを教えてくれる。私は心を「それ」と呼びます。それは個人的なものではありませんからね。あなたの心は、個人的なものではないのです。それは私たちに、なすべき正しいことを教えてくれる。私たちは本来的に、何が正しくて何が間違っているかを知っているからです。ええ、ほとんどの場合において、私たちは知っていますね。

ゴリラでも知っている

人間だけではありません。私はゴリラの訓練に関する本を読んだことがあります。『ココ、お話しよう（The Education of Koko）』。テレビ番組にもなりました。ゴリラを訓練したトレーナーのことも知っています。たくさんのトレーナーがいるのですが、そのうちの一人がチーフで、たしか人類学者でした。

トレーナーの一人がシフトの引き継ぎの際に、その日ゴリラは多くの問題を起こし、とても悪い子だったとか、そんなことを言ったそうです。このゴリラはとても賢いので人間の言葉が理解でき、彼女はすごく怒って飛び跳ねました。誰かが彼女のことを悪いといっているわけですからね。そして彼女は「違う……、嘘を言っている……、嘘……、嘘」と言いました。つまり、そのトレーナーが嘘をついていると言うのです。それから最初のトレーナーが去って（彼女はこの最初のトレーナーが好きではありませんでした）、もう一人のトレーナーは、ゴリラに対してずっと繊細で、その気持ちをより親しく理解することができました。そこで彼女はココを落ち着かせるよう努め、何があったのか尋ねたところ、ココは「私が悪かったの」と言いました。彼女はそれを認めたのです。ゴリラでさえ、自分が悪かったこと、問題を起こしたことを知っていたのです。人間であれば、もっとどれだけ知ることができるでしょう!!

私たちは何が正しくて何が間違っているかを知っていますが、いつも正しいことをするわけではありませんし、常に間違ったことを避けようとするわけでもありません。知っていながら実行しないのであれば、より多くを知ろうとすることに意味はあるでしょうか。

どれだけ多くを知っていようとも

それを実行しないのであれば知識に意味はあるでしょうか。

別の日にトレーナーがやって来た時、ゴリラはまたとても腹を立てていました。何が起こったのかとトレーナーが尋ねると、ゴリラは「猫、悪い」と言いました（彼女は手話を使えるのです）。なぜかと訊くと、ゴリラは「猫が鳥を殺した」と言ったのです。彼女はあらゆる身振りを使いこなして、文で話すことさえできるのです。他の生き物を傷つけるのは悪いことだと、ゴリラが知っているのがわかるでしょう。そして彼女は鳥に同情したので、非常に腹を立てもしたのです。

また別の日、たくさんの訪問客がココを見にやって来ました。彼女はとても有名になりつつありましたから、多くの人がココを見にやって来て、その内の一人が、彼女を見て「綺麗だ」と（手話を使って）言ったのです。その訪問客がココを綺麗だと言った時、ココが何と言ったかわかりますか？　想像できます？　アメリカの手話で、彼女は「嘘だ」と言ったのです。彼女は自分の鼻を掻いた。それでみんな「嘘だ」と言っているのがわかったわけです。彼女はそれを好かなかった。たとえゴリラであっても、人間にごく近い存在ではありますし、嘘をつくことがよくないこと、殺すことがよくないことは、理解することができるからです。

知っていることを、いま行う

知っていることを実行しないのであれば、もっと知ろうとすることに意味はないと、私たちはわかっています。正しいとわかっていることを実行に移せば、心はより多くを教えてくれる。これはとても励みになることです。この真理を初めて知った時、私はとても嬉しかった。私にはその素質、知ることのできる能力があるのです。多くの人々が私の先生に多くの質問をした際に、先生は「よりマインドフルになるように努めなさい。あなたの気づき（マインドフルネス）が、為すべき正しいことを教えてくれます」と言っていました。

自分がよりよい人間になりつつあると感じられるようなことを毎日行わない限り、つまり、より愛情に満ち、より思いやりがあって、より面倒見よく何事も分かちあい、よりマインドフルで、より物分りよく。そんな人間になろうと試み続けない限り、失敗の感覚が常についてまわります。この試みをしなければ、あなたは自分の人生を失敗だと感じてしまうかも知れない。「私は何をやっているんだろう……。ただぐるぐる回ってるだけだ」。年を取っていくにつれて、あなたはその失敗の感覚をより強く感じるようになる。自分の内なる徳性を日々育てていれば、私たちは自身について、日につれよりよい気持ちを抱けるようになります。「ああ！　また一日が過ぎ、よい徳性をいくらか育てることができた。私はより物分りよく、より愛情に満ち、より面倒見よく、より物事を分かちあい、より思いやりのある人間になりつつある」。このように感じることは、あなたをとても幸せにします。

自分自身をよくするために、毎日小さな一歩を進めてください。

持続的に、そしてしっかりと決意をもって。
続けるほどにそれは簡単になります。
正しい方向を向き、そして歩みを止めない限り、
必ず目的地にたどり着くことができるのです。

実際のところ私たちはとてもたくさんのことを知っているのに、多くの人は先延ばしにしがちなのです。「後でやろう」。私たちの多くはそんなふうに先延ばしにして、遅らせれば、後でよりよい条件でその仕事ができるのではないかと期待しています。これをどうやるか……、あれをどうやるか……、もっともっと学ばなければ。そんなふうに、より多くを知れば、物事を行うことがより簡単になると私たちは考えるのですが、これは真理ではありません。知っていることを行えば、そのことによって、学ぶことはますます易しくなる。ですから、行うことと知ることは、同時進行でなくてはならない。やり方を知っていることを一つだけ行えば、一歩であっても前に進めば、二歩目を易しくする何かが起こるのです。

あなたの中には、感じているよりもずっと大きな力があり、
あなたを待っているのですよ。
いまこの瞬間も！
ですから、知っていることをいま行なってください。

そうすれば、次をやるのがより簡単になるのです。

手の中にあるものを使えば、より素晴らしい機会が与えられます。あなたの中にある知識をいま使ってください。それを使えば、さらなる知識が、自分自身のみならず、先生たちからもまた得られます。先生たちのほうからやってくるか、あなたが先生たちのいるところにたどり着くでしょう。ですから、自分のものを今日使ってください。あなたのモチベーション、知識、能力をです。今日の手持ちで今日の仕事には十分なのであって、明日必要なものは明日来ます。つまり、明日まで待ってはならない。いまやるべきことはもうわかっているのですから、いまやってください！　これがいちばん大切なことです。

シンプルなことを急がずに

私は自分の瞑想の先生から、実にシンプルな指示を受けました。ただ深くリラックスして座り、深く息を吸って、息を吐く……。気持ちをますますリラックスさせて、呼吸に意識を留めておく。そういう実にシンプルなインストラクションです。その後、頭から爪先まで意識を動かし、感覚の全てをチェックするようにと、彼は言いました。この単純な指示を、私は六年間実修しました。それ以上の指示は何もありません。それで十分だったのです。

ただ座って息を吸い、息を吐く。気持ちをよりリラックスさせて、その後、意識を全身に動かし、何であれ存在する感覚を見ていく。冷たいかもしれないし、熱いかもしれない。痛みや緊張、疼きがあるかもしれないし、あるいはただ気持ちいいかもしれない。時々はとても気持ちがいいのです。だから私はそれに気づき、とてもリラックスした気持ちになり……、とても安らぎに満ちた気持ちになり……、時々は思考が頭をよぎって……、ただその思考を観察し……、その性質を見ているうちに、それらは去っていく。

全ては来《きた》り、去っていく。
私たちが押しのける必要もなく、
それは自ら去っていくのです。

私はこのことを六年間、急ぐことなく行いました。その後、別の先生が私に歩きながらでも瞑想ができると言ったのです！　それ以前に私はそのことを知りませんでした。最初、私は瞑想するというのは結跏趺坐《けっかふざ》で座ることだと思っており、だから私は結跏趺坐で座ろうとしました。実際のところ、それは私にとって難しいことではなかったのです。瞑想について私が最初に聞いたことは……、こう座って……、手をこうして……、それで瞑想する。これが瞑想できる唯一の姿勢だと思っていたのです。

その後、ある人が私に、歩きながらでも瞑想はできると言ったので、私は驚いてしまいました。ですから私は、「本当に？　どうやるの？」と言ったのです。その人は、実は私の友人でした。私たちは大学の寮に住んでいたのです。彼の部屋は私の隣で、私たちは時折ダンマについて語り合っていました。それで、彼は言ったのです。「歩きながらでも瞑想はできるよ」と。「……どうやるの？」。彼が言うには、「歩きながら呼吸にマインドフルで（気づいて）いればいい……。すごく簡単だ……。瞑想の対象を変える必要はない。歩きながら呼吸にマインドフルでいるよう努めるんだよ」。もしくは、「一歩一歩の歩みにマインドフルであることもできる。そうしてもいい」、彼はそう言いました。

そこで、みんなが寝ている時に、私は大学のキャンパスを試しに歩きまわってみました。とても楽しい実験でしたね。歩く瞑想に、私はとても興味をもっていたのです。とても気持ちよくて、静かで、また涼しかった。あの時はたしか十二月で、北半球では寒い季節ですから。大学の周りを歩きながら、本当にわくわくしました。「ああ本当にできる！　本当にできるんだ！」

瞑想はどこでもできる

後に瞑想について議論したところ、彼は「瞑想はどこでもできる」と言っていました。

瞑想のための特別な場所というものはない。しかしもしあなたが特別な場所をもっているなら、それはよいことです。たとえそれがなかったとしても、それはそれで構いません。瞑想はどこでもできるのですから。

大学の東に中国人の共同墓地がありました。大きな墓地で、私たちは丘を越えてそこに行っていました。公園のようなとても素敵な場所で、また清潔でもありました。そこでしばらく座って瞑想し、それから大学に戻るのが私たちの習慣でした。時々、夜遅くなって中国墓地に行けない時は、テニスコートに行きました。座ることのできるベンチがあって、夜には誰も居ないのです。ですから私は、そこでとても安らかに瞑想しました。

一度に少しだけのことを学び、
それを直ちに実行する。
これが最も重要な為すべきことです。
より多く知るまで待ってはいけません。
知っていることを今すぐに行なってください。
そうすることで、より多く知ることができるのです。

そんなわけで、あなたが何かを本当にやっていて、誰かが助言をくれたならば、あなたにはその助言の価値がわかる。あなたはそのことに、既に手をつけているからです。あなたが何かをやっていて困難に突き当たり、その際に誰かがやって来て……、「ああ、こういうふうにしたら問題は解決できるよ」と言ってくれたら、あなたは直ちにその知識を使い、問題を解決し、その助言の価値を理解する。しかし、もしあなたが何もしていない時に、誰かが何かのやり方を幾度となく語ったとしても、あなたは何も学ばない。助言の価値がわからないのです。

食事の量と質に注意

準備をすることは、とても、とても大切です。私たちが考慮に入れなくてはならないことはたくさんあります。あなたが食べるものは、あなたの心と身体に影響を及ぼします。瞑想者はそのことに気づいており、またそのことに敏感でなくてはいけません。

最近、ある人が私に瞑想の調子がとてもよいと言ってきました。とても静かで安らぎに満ちた感じがすると。なぜかと訊かれたのですが、実際のところ、彼は自分自身に、「私はどんな正しいことをしたのだろう?」と、尋ねてみなければならないのです。また、もし瞑想の調子がよくないならば、自分自身に「私はどんな間違ったことをしたのだろう?」と、尋ねてみなければなりません。どれだけたくさん食べたのか考えてみるべきですし、もし座って瞑想する前に大量の食事をしたのであれば、あまりよい瞑想にならないことは確実です。

食事の質に関してもそうで、揚げ物、油分や脂肪分の多い食べ物を一度にたくさん摂りすぎれば、心の働きも鋭敏さを失うことになり、それは瞑想にも影響を及ぼします。コーヒーを飲み過ぎれば、心は落ち着きを失います。正しいバランスの問題ですね。もしコーヒーを飲むのが好きなのであれば、正しい量だけ飲むようにしてください。ただ気を張っておくのに十分なだけ、でも飲み過ぎてしまわないように。そうしなければ、心は落ち着きを失ってしまうのですから。

話す言葉と付き合う人

また、あなたが話す内容もとても重要です。心が落ち着かなくなるようなことを話してから座ったならば、あまりよい瞑想にはならないでしょう。話したことが心に大変な影響を与えるというのは、全くもって自然なことです。だからこそ、ミャンマーの幾つかの瞑想センターでは――ここもそうですが――、先生は生徒に話さないよう指導するのです。日常生活で話さないことは私たちには不可能ですから、何を、どれだけ語るかについて、私たちは注意深くあらねばなりません。マインドフルに話をしていたら、無益なことを語っていた場合、私たちはそれを短く切り詰めることができるでしょう。

私はあなたがたに理想の日常を送らせようとしているわけではありません。そんなことは不可能です。
在家の人が毎日生活するのがどれほど大変なことか私は知っています。
しかし気づきを保っておけば、
どのように、何を語るかが、あなたの心に影響を及ぼし、
また瞑想に影響を及ぼすことを、あなたは知ることになるでしょう。

何か不健全なこと、つまりあなたを欲深く、怒らせ、あるいは動揺させるようなことを語った場合、そうすることであなたは望みを失い鬱っぽくなって、それは瞑想にも影響を及ぼします。可能であれば、何かポジティブなこと、前向きなことを語りましょう。たとえ幸せな状況ではなかったとしても、それをポジティブな方向から見て、そこから何かを学ぶことはできます。「……これは私が学ぶ必要のあることなのだ。……このことが私に、より忍耐強くあるよう教えてくれているのだ。これは私により満たされてあるよう教えてくれているのだ」。誰かがあなたの悪口を言っている時であっても、「……ああ、この人は私の寛容さを試しているんだ。どれだけ私が人を許すことができるかを。どれだけ私が己の平静さを保つことができるかを」。こういう観点から状況を眺められれば、それは瞑想の助けにもなるでしょう。

あなたの心の安らぎは、
あなたが付き合う人にも依存しています。
慈愛に満ちて、親切で、寛大で、マインドフルで
安らぎに満ちた人と付き合えば、
それは瞑想の助けにもなるでしょう。

しかし、もしあなたが、マインドフルでなく、落ち着きがなくて次から次へと話題を移し、あるいは不親切で怒りに満ち、心が乱れていて欲深だったり、また高慢だったりする人と付き合っていれば、それはあなたにネガティブな形で影響を及ぼします。そんなわけで、何であれ日常生活で起ることは、私たちの心と瞑想に影響を及ぼすのです。

心と身体を毒するもの

瞑想において、食べ物が心にどれほどの影響を及ぼすのか知っておくことはとても重要です。

私はこのことをいつもやっています。自分が何をどれだけ食べたか観察しているのです。捨ててしまうのが嫌なので、私は時々、食べ過ぎてしまうことがあります。人が食べ物を捨てていると、私はとても嫌な気持ちになるのです。それでも、できる限りの注意を払って、私は正しい種類の食べ物を正しい量だけ摂るように努めています。間違った食べ物を食べると、胃が消化してくれないのです。それは胃に長く留まって、私はエネルギーを得ることができず、心のはたらきは鈍くなります。間違った種類の食べ物を摂れば、それは身体にとっての毒となるのです。例えば、私は乳製品は全て摂ることができません。乳糖を消化できないのです。牛乳、もしくは何であれ牛乳からできたものを摂ると、私のお腹は、中毒を起こしてしまいます。

食べ物だけでなく、私たちが目にするものも、心を毒することでは同じです。

私たちはより多くの関心を肉体にばかり向けています。肉体についていては実に多くを考えるのに、心についてては十分に考えることをしないのです。私たちは身体を毒さないように十分に気をつけてはいますが、実際には多くの人が間違った食べ物、ジャンクフードを食べることで、身体を毒してしまっています。

同じように、見るものが心を毒することはあり得るし、聞くものが心を毒することもあり得るのです。なにしろ、幾つもの観念が、私たちの心の中には入ってきておりますし、間違った観念は、心にとっては毒になりますからね。心に映し出される様々なイメージ（観念）が、私たちの心、とくに子どもの心にどれほどの影響を与えるかということに、私たちはとても注意深くあらねばなりません。彼らがテレビから何を受け取っているか、友達から何を聞いているか、彼らがどんな観念を受け取っているのかに注意してください。そしてまた、見たものや聞いたものに、あなたの心がどれほど影響されているかについても、よくよく注意してください。よい瞑想者というのは、こうしたことに注意を払うものなのです。

着るものは重要です。
瞑想の際に身につけるには、緩い服のほうがずっとよいでしょう。高いものでなくてよいのです。ただシンプルな服を着てください。

瞑想のための理想的な場所

食べ物が影響しますし、話すことも影響する。見るものが影響するし、聞くものが影響する。着るものが影響するし、そして環境も影響を与えます。とても落ち着いて、ごちゃごちゃしておらず、そして清潔な場所で瞑想するのが最もよいでしょう。

瞑想の場所は、ここのようにとても清潔でなければなりません。ここはとても清潔ですし、静かで落ち着いた雰囲気をもっていますよね。というのも、ここでは沢山の人々が自らのスピリチュアリティを育むための努力をしておりますし、それがこの場にも影響を与えているからです。

時々は私たちに選択の余地がなく、かつその場が瞑想に不適切であることもあるでしょう。そんな場合には、どうしたらいいのでしょう？　私のしたことをお話ししましょう。とても役に立ちますよ。私はそれをいつも、毎日やっています。どういうことなのかよくご理解いただくために、前後の事情をお話ししましょう。

ある時、私はアメリカの、とあるお寺に住んでいました。そこには七人か八人くらいの僧侶と、二十人以上の在家の人たちがいました。そこはもともと子供の学校だったのですが、瞑想団体がその学校を買い取ってお寺に、というか、実際のところは瞑想センターにしたのですね。私はそのお寺でただ一人の英語を話す僧侶で、一日中、朝の五時くらいから夜の十一時、十二時くらいまで、たくさん話をしていました。時々はすごく疲れたり悩まされたりすることがあって、とても多くの人々が周囲で大量の騒音を立てるものですから、心が落ち着かないのです。私は友人の一人に、ここで瞑想し、リラックスするのはとても難しい、時々は私もリラックスしたいのだけど、騒音を無視してリラックスすることはできないのだ、と伝えました。そんなわけで、私はリラックスしたい時には、「邪魔しないでください」と紙に書いて、部屋のドアの外側に貼っておくようにしていました。しかし、私と話す必要のある人たちはとてもたくさんおりまして、彼らは部屋にやってきてはドアをノックし、その紙を剝がしては、「たぶん剝がし忘れたんだと思うのですが」と言いながら、私に見せてきたものでした。

そんなわけで、休む時間はなかったのです。……一日中、……話して、……話して、……私は逃げ出したかった、立ち去りたかった。それ以上やっていられなかったのです。私は友人に告げました。「さあどうしたらいい？　こんなことを長くやってはいられないよ」。すると友人は言いました……。「たいへん申し訳ない！　セコイアの森に行こうじゃないか」。そのお寺はセコイアの森の中にあって、丘を登っていくと、それは素敵な場所なのです。外に出た瞬間に、周囲は森。家はありません。そこでは、家を多く建てることが許されていないのです。ここに一軒の家があったら、次の家を見つけるのは一マイル歩いた後です。私たちはお寺を出て歩き出しました。小道は石と砂利でできた簡素なものです。丘を登って私たちは進み、丘を下ってまた次の丘を登り、そうしてとても素敵な場所を見つけました。木々が切り倒されているのですが、その根っこから小さな木々がまた育っており、それが輪のような形をなしていて、内部ではセコイアの樹の針状葉が隙間を埋めており、柔らかいベッドのようになっていたのです。そこに布を敷き、私たちは座って瞑想しました。セコイアの森の中で瞑想するのは素晴らしかったですよ。とても静かで、落ち着いていて。時々は横になって、昼寝をすることもありました。それからお寺に戻るのです。

理想的な場所にいると想像してみる

その時間はたいへん助けになってくれましたが、時々は外出できないこともありましたので、その時にやったのは、ミャンマーの自分のお寺に帰ったことを想像しながら、ただ自分の部屋で座ることでした。想像は役に立たないなんて思わないでください。……それは私の心に大きく影響するのです。だから私は部屋で座って……、息を吸い、息を吐き……、リラックスして、リラックスしながら……、心が少し落ち着いてきて……。

私の寺院への道は、水田を抜けて行きます。左も右も青々とした田んぼ。すごく広くて、風が吹き抜けている。とても涼しい。鳥の鳴き声が聴こえます。自分が本当にその道を歩いていると想像しながら、ゆっくりゆっくり、私は進みます。温度を、風を、音を、そして田んぼの匂いを感じながら。それから、小さな木の橋を渡ります。その橋の近くには小さな滝があって、想像の中の私はそこにおり、水の落ちる音を聴きながらしばらく座ります。風も吹いていて、それがとても涼しい。

　その後、そこから橋を渡った後に、私は緩い坂道を丘の上へと登り、私の寺院へと向かっていく。小さな切通しを抜ける道で、両端は崖。小さな道はだからそのあいだにあって、広さは二・五〜三メートルくらい。竹藪があって、他の小さな木々も茂っています。そして、その場所を通り抜けて丘をゆっくりと登り、平らなてっぺんにたどり着きます。登ったところには大きな木があまりないので、周囲を全て見渡すことができる。遠くに目をやり、東の、シャン高原の山々を眺めます。その周囲にある全てのものを感じながら、ゆっくりゆっくり歩みを進める。それから寺院に向かうには、丘をまたゆっくりと下らねばなりません。ゆっくりゆっくり、坂道は下っていき、寺では木を切らないものですから、そこへと下ってゆくにつれ、木々はどんどん大きくなっていきます。境内の外では、木々は切られてしまうのですよ。寺院に入って行くと、木々はどんどん高くなり、陰は更に濃くなって、また静かにもなっていく。木々が音を吸い取るからです。ですから木立に入って行くにつれて、辺りはより静かに、より涼しくなっていきます。

　それから更に寺院の奥へと進んでいく。境内の中心には木々のない開けた場所があります。その近くに仏殿と瞑想ホールがあるのですが、ここのような大きなものではありません。とても小さなものです。仏殿兼瞑想ホールに入って、扉を閉めます。寺院の中に入ると、実際にそこに行く時でもそうですが、喧騒に満ちた忙しない世界から、自分が離れつつあるように私は感じます。……喧騒に満ちた、忙しない世界……、それは私の場所とは何の関係もありません。私の寺院は、ただ世界の外にあるのです。断絶しているわけではありません……、それは世界と触れ合ってはいるけれど、世界の外にある。そんなふうに感じるのです。私は寺院に入り、喧騒に満ちた、忙しない世界から離れ去ったと感じる。ホールに入ってブッダに礼拝し、座って瞑想します。

五分くらいの想像ですが、この想像が、私の心に大きな影響を与えるのです。瞑想するのに適当な場所を見つけられなかった時には、これを試してみてください。瞑想のための理想的な場所にいると想像するのです。時間をかけて、ゆっくりとゆっくりと。あなたの心がそれを信じて受け入れた時、それは心に大きな影響を与えるでしょう。

あなたは自分が想像していることを知っているし、
それが本当でないことを知っている。
しかし、たとえ本当でないとしても、
その想像はあなたの心に本当の影響を与えますし、
それがいちばん重要なことなのです。

健全でなければ、不健全になるしかない

あなたは座って瞑想する。心はとても静かで安らかになります。悪いことを想像すれば、それは心に悪い仕方で影響を及ぼしますし、よいことを想像すれば、それは心によい仕方で影響を及ぼします。これはとても自然なことなのですから、よい想像をするように努めてください。

先週、健全な思考についてお話しました。何であれ、健全な思考についてですね。思考は常に去来しているものですから、私たちは何も考えないようにすることはできません。しかしながら、心を健全な思考のほうへと向けかえることであれば、選択できることが時々あります。一日を通じて、可能な限りそうするように努めてください。そうすることに慣れてくると、あなたの心は健全な状態に留まることがどんどん増えて、すると不健全な思考が心に入って来るたびに、あなたは自分の心が落ち着かず、不安で、乱れ疲れていることに気づきます……。その違いを、自分で感じるのです。

不健全なことを考えるのに慣れ過ぎて、そうすることを好んでいる人たちもいます。彼らはほとんどの時間を、怒ったり苛々したりして過ごすのが好きなのです。私はそうした人々を知っています。その内の一人に私は、「君はどうして怒りたいんだい？　君は自分を怒るように仕向けている。それはわかっている？」と、訊いたことがあります。「うん。僕は自分を怒るように仕向けていることを知っているよ」。そう彼は言いました。そこで私は、「どうしてそんなことをするんだい？」と尋ねました。この人は、自分がわざわざ嫌なことを考えて、自分を怒るように仕向けていることを知っているのです。彼の答えは、「怒っている時の自分は、よりエネルギーがあるように感じるんだ」ということでした。一部の人は、よりエネルギッシュであるために、自分を怒るように仕向けるのです。

そしてこの人は、政府や天気、食べ物、新聞やテレビに出ていること全てについて、何であれ誤っていることを、敢えて考えようとしています。彼にとっては、常に何かが間違っているのです。私は彼に、「君はどうして何もかも欠点を見たがるんだい？」と尋ねました。私たちはとても近しい友人なので、あけすけに話すことができるのです。彼は、「間違っていることをそれと知らないのは愚か者じゃないか！」と言いました。彼は何を証明しようとしているのでしょう？彼は全ての間違ったことに目を向けることで、自分が愚かでないことを、証明しようとしているのです。

腹が立った時は、深く内面を見つめるようにしてください。
なぜ私たちはそうしているのでしょう？
私たちは何を証明しようとしているのでしょう？
私たちはそこから何を得るのでしょう？
何かをする時はいつでも、私たちは何かを期待しているのです。
すると……、私たちは腹を立てることで何を得るのでしょう？

彼は自分が愚かでないことを証明しようとしていました。またよりエネルギッシュになることも求めていました。もう一つ私が気づいたのは、この人が健全なことを何一つしていないということでした。世俗のことであれ瞑想のことであれ、健全で有益なことに対して本当に関心を向けていたならば、あなたには不健全なことを考えている時間はないし、周りを見渡して人々のあら探しをしている時間もありません。健全なことを行なっていない人は、自然に不健全なことをするようになります。あいだに立つことはできないのです。ほとんどの人にとって、道は二つしかありません。健全であるか、不健全であるかのどちらかです。

心を安らかで平静で、リラックスした状態に保つことに
馴染んでくると、何であれ不健全な思考が
心に入ってきた瞬間に
あなたはその違いがわかるでしょう。
あなたは安らぎを失って、動揺し熱くなる。
疲れてしまうのです。

「傷つけない」と、意識的に決意する

他の人に五戒を守ることについて話した際、その人から、「瞑想をはじめるには、五戒をどのくらいの期間、完全に守っていなければなりませんか?」と尋ねられました。これは正当な質問、よい質問ですね。ある人たちが言うには、まず最初に戒（sīla, 道徳）を育てなければならない。五戒を守らなくてはならず、瞑想をはじめる前にはその戒が完全でなくてはならない。しかし、期間はどのくらい？　どのくらいの長さかを言うのはとても難しいことですので、私は自分の先生たちにこの質問をし、また自身でもテキストの言うところを探ってみました。そして、大変もっともな回答にたどり着いたのです。

その回答とは、長さは問題ではないということ。

問題なのは、あなたの誠実さなのです。

「私は自分を傷つけない、他の誰かを傷つけない」

いま直ちにあなたがそう決断すれば、
その瞬間から、瞑想をはじめてよいのです。


もしあなたがまだ心の中で、自分が誰かを傷つけるだろうと感じていたら、たとえ瞑想をしたとしても、本当に深い集中、安らぎ、そして洞察を育てることはできません。自分自身と他者を傷つけないという意志が、瞑想には必要とされるからです。意識的に決意すること、それが必要なのです。正直に、誠意をもって、「私は自分を傷つけない。そして他の誰かも傷つけない」と、決意してください。

あなたがこの決意をすれば、その瞬間から、
瞑想する準備はできているのです。
シーラ（道徳）、メッター（慈しみ）、ウィパッサナーバーワナー（洞察の瞑想）は、
全て同時進行で育てていくものです。
それらは同時にあるもので、どれかを
分けて扱うことはできません。

私たちには物事を分けておこうとする傾向があります。
私たちの人生の一つ一つの側面は、
別の諸側面と繋がっているのです。
このことはとくに瞑想者にとって重要です。
私たちの人生の一つ一つの側面は、
他の全ての側面と繋がっているのです。

何であれあなたの行うことは、よきにつけ悪しきにつけ、
あなたの瞑想に影響を及ぼすでしょう。
この真理は私たちの目覚めた人生にとって基礎となるものです。
これが基本なのです。

重要なのは、日常をいかに生きるか

あるミャンマーの瞑想センターの人の話ですが、彼はビジネスマンだったのですけど、ビジネスの取引では不正直でした。そこで、友人の一人がそのことを指摘したのです。「おい、君は瞑想をしてスピリチュアルな徳性を育て、解放を、とても高貴で高等なものを得ようとしている。それなのにビジネスの取引では、君は本当の意味で正直には振る舞っていないじゃないか」。彼がしていたのはほんの少しのずるで、それはみんながやっていたのです。つまり彼は例外的に悪かったわけではなくて、ただ普通に悪かっただけでした。ですから、このビジネスマンは言いました。「その二つは違った話だよ。瞑想センターに行く時には、僕は自分のスピリチュアルな徳性を育て、解放を得ようと試みる。でもビジネスをやっているときには、それはビジネスなんだ。別のことなんだよ！」。そんな区別なんて絶対にできません!!

このことを念頭に置いて、自分が何をやっているか、自分がいまやっていることが、自分のスピリチュアルな理想のために適切なものなのか、自分の理想は何なのか、を見て取ってください。そして、常に自分の理想を念頭に置いて、自分の行為の全てについて、自分のいまやっていることが、自分のスピリチュアルな実践に害を与えるものなのか、それともそれを助けるものなのか、チェックするようにしてください。

重要なのは、我々が自分の日常をいかに生きるかです。

私たちは自分の手持ちのものをどれほど建設的に使い、またどれほどの愛をもって、自分の周囲の人たちに対しているでしょうか。成功と言える人生への二つの鍵は、スピリチュアリティのほうに自分を向けていくことと、仲間に対する奉仕であって、この二つはセットです。どんなやり方であれ誰かを傷つければ、それは私たちのスピリチュアルな実践を傷つけるでしょう。

戒にはたくさんの側面があります。五戒を守ることと、そして、何かを使用する時にはいつでも、自分がなぜそれを使っているのか、よく考えなくてはなりません。何かを食べる時には、それについてよく考える必要がある。「なぜ私は食べるのか?」。衣服を身につける時も同じです。「なぜこの服を着るのか?」。このことをよく考えなければ、欲望に支配され、私たちは欲望によって、ただ見せびらかすために、服を着るようになるでしょう。

何かを見たり聞いたりするときはいつでも、自動的に反応しないために、きわめてマインドフルであるように努めてください。道を下って行って、賑やかなショッピングセンターに向かう時も、マインドフルでいるように。何が起こるか見てみるのです。私たちは目を始終あちらこちらへと向け、多くのことを聴こうとする。その時に私たちはマインドフルでいようとはしていませんし、マインドフルでない時には、心はますますかき乱されていくのです。

スピリチュアルな達成の障害

スピリチュアルな達成の障害になるものは他にもあります。一つは自分の親を殺すこと。親を殺していたら、その人は道智と果智（magga-phala）を得ることはできません。瞑想をすることはできますが、出世間の意識を得ることはできないでしょう。母を殺すこと、父を殺すこと、阿羅漢を殺すこと、そしてブッダに傷を負わせることは、心にたいへん悪い仕方で影響を与えるからです。

誤った見解（邪見）も、とても大きな意味をもちますよ！　もし健全もしくは不健全な行為といったものが存在しないと考えていたら、全ては同じになってしまいます。そのように信じていたら、何かよいことをしたとしても、それがよい結果をもたらすことはないし、何か悪いことをしたとしても、それが悪い結果をもたらすことはないことになる。誰かがこの種の誤った考え方を信じているとした場合、彼はどんなスピリチュアルな目標も、達成することはできないでしょう。あなたがたが、そういった種類の誤った考え方を抱いていないことはわかっています。

たとえ心の中ででも、あなたが誰かを、仲間の瞑想者の誰かを非難したとしたら、その人に対して何か悪い思いを抱いたとしたら、そのことを覚えておいて、許しを請うようにしてください。自分自身に、「私は過ちを犯した」と告げてください。ポジティブな思いを互いに抱きあうことはとても重要です。もし何であれネガティブな思いを互いに、あるいは瞑想している他の人々に抱いたとしたら、その思いやりなくネガティブな思考は、あなたの進歩にとって障害となります。

ですから座って瞑想する時には、まず最初に、この所属、繋がり、援助の感覚、慈愛に満ちた思いを育てるように努めるのです。グループであれ独りであれ、座って瞑想する時にはいつでも、まず瞑想者たちのことを考えて、彼らに対するメッターを育むように努めましょう。「私は彼らの実践を助けるのだ」。もし彼らの実践を助けなければ、あなたは自分のことを他者から切り離されて、とても我儘だと感じることになります。一部の瞑想者たちが互いを非難する時に、私はそのことが彼らに罪悪感と心の動揺を引き起こして、それによって集中できなくなってしまっていることに気がつきました。

気づきの確立は包括的

もう一つ重要なポイントがあります。同様の質問を、数日前にある人が私にしてきました。たいへん長いこと瞑想をしてきている人たちがいますが、多くの場合、彼らは一つのことしかやっていない。例えば、座って常に呼吸に、吸う息と吐く息に、マインドフルであろうと努めること。一つだけしかやらないのです。

ブッダは語りました。
気づきの四つの確立」を、
「Cattāro Satipaṭṭhānā（MN i. 56）、

一つだけでなく、気づき（マインドフルネス）の四つの確立の全てを、私たちは実践しなくてはなりません。本当に深い洞察を育てるためには、四つの全てを育む必要があるのです。最初は身随観（kāya-anupassanā）、身体の気づきで、これについては後に詳しく扱います。二番目は受随観（vedanā-anupassanā）、感覚の気づきです。身随観一つの中にも、たくさんの側面がある。もう一つは心随観（citta-anupassanā）、思考の気づきです。残りの一つは法随観（dhamma-anupassanā）、一般には、あらゆる意識の内容を意味します。できる限り、四つの全てを育むようにしてください。

サティパッターナ瞑想は、全てを包括するものです。
それは排他的ではありません。

サマタ瞑想は排他的です。
あなたは一つの対象を選び、それ以外の全てを排除するのです。

ですがウィパッサナー（サティパッターナ）瞑想において、まずあなたはひとつの対象からはじめます。ゆっくりゆっくり、対象をさらにさらにと取り込んでいき、身体において、そして心において、眼耳鼻舌身、全ての場所において、起こっていることの全てに気づくのです。

質問と善友

何かのやり方を学ぼうとする時にはいつでも、誰かの提供する方法論が必要です。パーリ語の典籍には充分なだけの方法論がありますし、周囲にはたくさんの先生もいます。もはや方法論を学ぶことは、さほどに難しいことではありません。

しかし、ひとつ大切なことは、あなたが
それをよく理解したかどうかをはっきりさせることです。
あなたは質問をしなくてはなりません。

ただ聴いてノートをとって帰るだけでなく、質問をしてください。これは学ぶためのいちばんの方法です。瞑想においても、その他の種類の学びにおいても、本当により多くの質問をする人は、つまり本当に考え、質問をし、本当に聴いている人は、より多く理解するものです。そして、はっきりと理解するまで何度も繰り返し質問をすることは、学ぶためのいちばんの方法です。議論はとても重要です。方法論を学び、質問をして理解を明確にし、そして実践する。実践を行うにつれて、幾つかの問題が出てくるでしょう。問題が生じた時はいつでも、先生に質問してください。先生と話し合い、アドバイスをもらってください。

ほとんどの場合、実践を続けていれば、自分自身の答えを得ることができます。これは本当のことです。私たちはほとんどの時間を森で過ごしていて、先生たちからは遠く離れたところにいました。先生たちには月に一回しか会えないのです。ですから、瞑想して問題が生じた時には、「会いに行った時に、これを先生に訊くことにしよう」と言うのです。それで瞑想を続けていると、ある日、答えが心にやってきて、もう訊く必要がなくなってしまう。

他のたくさんの私の生徒たちについてもそうです。私は彼らの街に時々行くのですが、私がいない時に問題が起こると、彼らは「先生が来た時に質問しよう」と考えて、それに関する質問を書いておくのです。しかし彼らは本当に熱心に、誠実に、心をこめて瞑想を続け、そして自分自身の答えを見出してしまう。ですから、私が行って彼らに会った時には、その多くが、「あなたが来た時に訊くために、たくさんの質問を書いたのですが、瞑想を続けるにつれて、自分の答えを見つけました。だから、いまはたくさんの質問はなくて、一つか二つだけなのです」と言うのです。

瞑想を続けていれば、自分の答えが見つかるでしょう

善友について。よい先生はよい友人です。先生と友人、これらは同一であって、異なる二つのものではありません。ブッダですら、彼自身のことを善友として語っています。よい先生をもつこと、よい友人をもつこと、質問をするために先生とお付き合いを続けること、彼から助言をもらうこと。これら全てがとても重要なことです。先生や友人なしに、導き手なしに私たちがこの道を歩き続けるのはとても難しいでしょう。私たちは多くの間違いを犯すでしょうし、何度も横道にそれるでしょうから。

呼吸瞑想のステップ

瞑想のはじめの段階では、自然なこととして、私たちは心を一つの対象に集中させておこうと努めるでしょう。例えば呼気と吸気、そこに心をできる限り留めようとするのです。そこに心を留めるにつれ、私たちはより高い集中力を、ゆっくりゆっくり育てていきます。心がその対象に、ますます長く留まるのです。心が少しだけ落ち着くと、この感覚、この対象の性質に、変化を見て取ることができます。この呼吸への気づきにも、たくさんの段階があります。それぞれの段階を体系的に実修すれば、気づきと集中力を育てることは、より易しくなるでしょう。

例えば、あなたが最初に知ることは、自分が呼吸しているということです。自分が呼吸しているということを知れば、あなたは一歩進んだことになる。というのも、ほとんどの時間、私たち

は呼吸しているにもかかわらず、そのことを知らずにいるからです。なぜでしょう？　常に何か他のことを考えているからです。考えて……、考えて……。ほとんどの時間、私たちは何を考えているのでしょう？

私たちは自分が何を考えているのかさえわかっていないことが時々あります。ほとんどの時間、私たちは自分が何を考えているのか知りません。思考というのは、多く無意識に起こるのです。自分が呼吸していることを知るたびに、それをきっかけとして、心をこの現在の瞬間に引き戻すことができます。……「私は呼吸している」……。これで一歩です。次のステップは、息を吸ったら息を吸っていると知り、息を吐いたら息を吐いていると知ること。その次は……、呼気と吸気をともに知ることです。

その次のステップですが、息を吸う時に、ゆっくりと吸えば三、四秒かかります。吐く時でさらに二、三秒。その二、三秒のあいだにも、心は何度もどこかに行ってしまうことがあり得ます。心がどこかに行ってしまうことを防ぐために、できることがもうひとつ。五回マインドフルになれるように、吸う息を五つの部分に分割してもいいのです。息を吸っている間に、あなたは自分の心を五回連れ戻すことができますし、吐いているときにも同じことができます。五つ数えるのです。これはあなたが呼吸によりしっかりと気づくために役立つでしょう。

この方法論については誤解があります。息を吸って吐いた時に一と数え、また吸って吐いた時に二と数えるのだと、言う人たちがいるのです。これはつまり、何回呼吸したのか数えているということです。それはそれで、呼吸に心を留めておくのに役立つでしょう。しかし本当の目的は、そのあいだに心がどこかに行ってしまうことができないように、呼吸によりしっかりと気づいていようと試みることです。吸気の間にあなたが五回気づいていれば、心がさまよい出ることはより難しくなる。時々は、息を吸う際に最初は気づきを保っていても、中間や終わりについては気づいていない。こうしたことは起こり得ます。ですから、そうしたことが起こらないよう、心の中で何度も繰り返し、最低五回は数えるのです。五回以上になることはあるかもしれませんが、最大十回を越えてはいけません。十回以上になると非常に速く数えることになり、それが心に落ち着きを失わせることになるからです。あなたが息をどれだけ長く吐くかによって、最低五回、もしくは五から十のあいだのどこかまでを数えましょう。

数は問題ではありません。数える目的を、理解しておく必要がある。その目的とは、心を呼吸へと何度も繰り返し留めることです。決めた数に到達しようとしないでください。このことはとても重要です。呼吸が終わった時に数え終わるために、より速く数えたりはしないでください。自然に、同じテンポで数えるのです。心をそこに留めていただきたいのですが、心をそこに留めるという時、それはどこに留めるのでしょう?

パンニャッティとパラマッタ

心を概念ではなく、感覚に留めてください。

呼吸というのは実のところ概念であり観念です。

パーリ語ではこれをパンニャッティと呼ぶのですが、
この言葉については、何度も繰り返し説明することになるでしょう。

パンニャッティ（paññatti, 施設《せせつ》・概念）とパラマッタ（paramattha, 勝義・真実）という言葉については、懇切丁寧に説明する必要があります。というのも、心をパンニャッティに留めておくのが彼らの習い性だったものだから、ほとんどの瞑想者が、パラマッタに心を留めておく代わりに、多くの場合において、パンニャッティに心を留めているからです。

この言葉を私は何度も訳そうとしてきましたし、ニャーナウィスッディ長老と議論もしました。翻訳では、パンニャッティとは概念（concept）であるとされています。概念とはどういう意味でしょう？　概念という言葉を聞いた時、それをどう理解しますか？「語（word）」とか「名称（name）」とか、パンニャッティの意味を私たちはいろいろと探ってみましたけれども、ぴったりの英訳を見つけることはできませんでした。そこでニャーナウィスッディ長老は、「指示（designation）」という語を提案された。

名称はパンニャッティです。どんな名称もパンニャッティ。入る／出るという方向もパンニャッティです。何かを空気と呼んだなら、その名称もパンニャッティ。あなたが空気と呼ぶものは実のところ、多くの要素が組み合わさったものなのですから。

ですから、複数のものを一緒にして

名前を与え、それを一つと理解したら、
あなたが理解しているのはパンニャッティなのです。
本当のパラマッタではありません。

息を吸う時、その方向は重要ではありません。それに名前を付けることは重要ではありません。それらはともに、パンニャッティだからです。パラマッタとは、あなたが直接に感じているものです。息を吸う時に何を感じていますか？　その感覚、その感じはどこで起こっていますか？　感覚こそが現実なのです！

息を吸い、息を吐く時に何を感じていますか？　何かが優しく触れており、撫でており、押している。これらの感覚が、あなたが心を留めておくべき本当のものです。温度についても同じです。冷たさ、温かさ……。鼻の周りのどこかで、息を吸う時、息を吐く時に、何かが起こっているのが感じられる。心をそこに留めてください。息を吸い、息を吐くたびに、何度も何度も引き戻しながら、心をそこに留めておくよう努めるのです。

最初は、息を吸いながら数えます。一、二、三、四、五。息を吐きながら数えます。一、二、三、四、五。これは短い時間だけやってください。数えることさえも、別の形のパンニャッティであるからです。数は全てパンニャッティであって、パラマッタではありません。数を使う時は、私たちは呼吸にもっと持続的に気づけるように、それを小部分に分割しているのです。これが最も重要なポイントです。そのあいだにいささかの懸隔もなく、呼吸に気づき続けること。方法論の目的を理解すれば、他のことにはこだわらずに、ただ実行することができますね。

空気が入って出ていく時、
心をそれが触れているところに留めてください。
そこに持続的に、間断なく留めるのです。
全力を尽くしてください！

心をパラマッタに留めること

最初のうちだけは、数を数えるか、あるいは「吸う」、「吐く」と唱えることを試してみましょう。しかし、しばらくしたら「吸う、吐く」という言葉を手放し、数えることも手放して、何らの観念も挟まずに、ただ呼吸とともにあるよう努めてください。

一定レベルの集中を育てると、あなたは呼吸の変化する性質に気がつくようになります。……私が言っているのは感覚のことですよ……。呼吸と呼ばれているものもパンニャッティですからね。私たちが直接に知るものは感覚です。自分が捉えているものが感覚であるのかどうか、チェックして見て取るようにしてください。あなたの心はどこにありますか？　あなたは何を考えていますか？

このことについて疑問があれば、質問して理解をはっきりさせておくことが大切です。心をパラマッタに留めていなければ、たとえ心が落ち着いて安らぎに満ち、そして集中していても、あなたは現実を見ることができませんから。

瞑想には二つの部門があります。
第一の部門は、心を散動させないために、
それを落ち着かせ、
集中力（禅定）を育てること。
思考を静めて、
心を一つの対象に留めることです……
これが最初の対象、
瞑想の最初の目的です。

第二は、これがより重要なのですが、
物事のありようを理解すること。
それを現実と呼ぼうと何と呼ぼうと構いませんが、
とにかく、物事のありようを理解することです……
感覚、思考、感じ……
物事を、それがあるままに、理解することです。

パンニャッティに心を留めていたら、心を落ち着かせ、安らぎで満たし、集中させることはできるでしょうが、ナーマ（精神的要素）をナーマと、ルーパ（物質的要素）をルーパと、見て取ることはできないでしょう。この場合、私たちはナーマとルーパの本性にふれようとしているのではなくて、ただパンニャッティ、即ち「指示」に、心を留めているだけなのです。形やサイズ、小さいとか大きいとかは、パンニャッティです。東西南北は、パンニャッティです。パンニャッティの典型例をさらに提示すると……、月曜日、火曜日、水曜日とか。それらは全てパンニャッティ、ただの名称です。

瞑想し、心をあなたが本当に直接的に経験しているものに留めれば、それらは全て消失します。

時々は、自分がどこに座っていて、東を向いているのか西を向いているのかもわからなくなることがあるでしょう。そうしたことを、もう認識しないのです。非常に奇妙な感覚が起こることもあります。時々は、自分が誰だかもわからなくなるのです。というのも、自分が誰かということは、あなたが自分の心に創りだした、もう一つの観念ですから。しかしここに至るためには、無我（anatta）について、深く洞察する必要があります。心がこの無我の智慧を得た時には、あなたは自分の名前すらわからなくなることがあるでしょう。このことについては、時間をとって考えなくてはなりません。それについて考えるには、時間がかかるのです……。しかし、その機会は後に来るでしょう。

パラマッタとパンニャッティについて何か疑問があれば、どうぞ質問してください。これはとても重要なことです。これについては時々、夜に議論をすることがあります。何日もかけて議論をしていて、とても面白いですね……。ニャーナウィスッディ長老と私……、私たちはパンニャッティとパラマッタ、そしてウィパッサナーの対象について、座って議論しています。時には長い時間をかけることもある。時間のことさえ忘れるのです……。一時間くらいのつもりで、夜の九時に座って議論をはじめると、私たちは時間を忘れてしまう。時間はパンニャッティですからね。時計を見たら、十一時半くらいであることに気づくのです。もっと質問があれば、どうぞ訊いてください。いまは質問の時間です。どうぞ自由な気持ちで……。

【Q&A】

Q （質問不明）

A （呼吸の）長短は、パンニャッティです。これはとても良い質問ですね。訊いてくださってありがとう。「長い」ということを考える際、私たちはその言葉によって何を表現しているのでしょう？

大切なことは、心をその言葉に
留めることではありません。
大切なことは、呼吸が長い時に
あなたがその全体を、
始めから終わりまで認識していることです。

心を、触れている感覚に、呼気と吸気が触れている場所に留めてください。その時間がどれほどでも、長かろうが短かろうが、心をそこに留めるのです。最初だけは、あなたはそれが長いと認識し、それが短いと認識します……。これは最初の段階においてだけのことです。ただ自分が息を吸っており、息を吐いていると認識するのは最初の段階。ただ自分が長く息を吸っており、長く吐いていると認識するのは次の段階です。または短く吸っており、短く吐いている、ですね。しかし、その後には長いや短いといった概念は手放して、ただ持続的に、始めから終わりまで、呼吸とともにあるようにしてください。

数えるのは、十を越えてはいけません……。あるぴったりの数まで数えようとはしないでください。数がいくつか、ということは、重要ではないのです。大切なのは、心がそこにあるということ。……これをするのは、最初のうちだけです。

一定レベルの集中に至ったら、数えることは手放して、それで心がそこに留まることができるかチェックしましょう。私たちにはやたらと考えてしまう癖があって、そして思考は非常に素早く、そして簡単に生じます。長い息を吸った時に、私たちは吸い込んだことには気づくでしょう。そこで最初は一、二、三と数えるものの、四、五、六、七、八……については忘れてしまうのです。忘れて、何か別のことを考えてしまう。注意を逸らさないために、私たちは心を何度も繰り返し引き戻し、呼吸に留めておこうとするのです。数えることの目的はそれ。……それができたら、数えることを手放して、呼吸に留まるのです……。


……そして、数えることなしに呼吸に留まることができるなら、もうそれ以上は数えないでください。

数えることが、後には別の障害になるからです。

それらは単に、数字に過ぎませんから……。

私たちは数字を理解しようとしているのではありません……。

身体の感覚を、理解しようとしているのです。

Q　（質問不明）

A　そうです。自分が呼吸していると知ることはパンニャッティです。吸うと吐くはパンニャッティ。数えることに心を留めるのもまたパンニャッティです。長いか短いかというのも、また別のパンニャッティですね。これははじめのうちにはよいのです。そして、どんな言葉も思うことなくあなたが呼吸に留まることができるなら、それがいちばんよいことです。……なんの言葉も思うことなく。長いと短いも、また観念ですからね……。それは比較です……。私たちが主としてやるべきことは、呼吸と持続的にともにあることです。もし呼吸に留まることができたなら、それ以外のことは全て手放しましょう！　短いのか、長いのか、吸っているのか、吐いているのか、それらは重要なことではありません！

Q　（質問不明）

A　ただ心が対象から逸れないように助けてあげましょう。心が静まるのを助けるのです。最初の段階においてだけ、座ってしばらく、ほんの数分くらいのあいだにそれを試してみて、後は手放してしまいましょう！　私たちはあちこち行って、とてもたくさんのことをやって来ましたから、自然に心はスピードを上げる……、考えすぎてしまうのです……。座る瞑想をはじめた時は……、息を吸い……、息を吐き……、それからちょっとだけ数えるようにしてください。

……自分が呼吸に留まることができるかどうかチェックして、もしそれができるようなら、全ての言葉を手放してください。全ての観念を、です。

第三章　ウィパッサナー瞑想への道

瞑想する身体は美しい

クラスへようこそ。お会いできてとても嬉しいです。以前お話したように、最も美しい光景というのは、人が座って瞑想しているところですね。とても美しい。若い男子だった頃、私は誰かが瞑想しているのを見ると、立ち止まってその人を眺めたくなったものでした。実に静かに座っている。彼の身体は不動であって、またしっかりとバランスもとれており、尊厳に満ちている。そんなふうに座っているのが、私にはピラミッドのように見えます。とても安定していて、とてもしっかりしていて、動揺させることができない。それはまた心のあり方も表現しています。とても安定していて、とても静かで。身体の姿勢は、心を助けてくれるのです。それはあなたを安定性、落ち着き、平安へと向かわせてくれます。

仏像、つまりブッダの瞑想している姿を見ると、

私はとても安らいだ気持ちになります。
私はいくつかの写真、とても安らいでいるように見える、
ブッダの姿を集めてきました。

サマーディに向かう人が経験すること

瞑想の対象と、幾つかの異なった種類のサマーディ（集中、三昧）について お話を続ける前に、先週ある人が尋ねてきた質問に、答えておきたいと思います。覚えておくべき、とても重要な質問ですから。また、それは深い意味をもった質問でもある。……私たちの心の本性についてですね……。私は瞑想に関する本を何冊かあたってみました。経験豊かな瞑想者たちが、記録を残しているのです。彼らの知見によると、瞑想による静止状態（サマーディ）が瞑想者に迫りつつあるまさにその時、心は平静になってきて、思考はゆっくりになり、周囲の環境に気がつかなくなる。――つまり、心がどんどん集中してきているということです……。それが起こった時、あなたはまさにサマーディの心に向かいつつある。次に一部の人に起こることは何だと思います？瞑想による静止状態が瞑想者に迫りつつあるまさにその時、初心者は……。（初心者というのは、瞑想をはじめたばかりの人ではありません。初心者というのは、これを乗り越えていない人のことを言うのです。ですから、あなたは長いこと瞑想をしてきたかも知れませんが、もしある段階を乗り越えていないなら、あなたはまだ初心者の段階なのです。このことを理解するというのは、実に謙虚なことです。長いこと瞑想をしてきていれば、自分たちが何でも知っており、たいへん遠くまで至ったと、考えたくなりますからね。一定の段階を乗り越えていないならば、あなたはまだ、初心者の段階にあるのです。）

さて、瞑想による静止状態が瞑想者に迫りつつあるまさにその時、初心者は突然、物質的な現実に引き戻されるのです。物質的な現実というのは、通常の現実のことです。……つまり……物質的な現実に、突然全身がビクリとなって引き戻される。なぜこんなことが起こるのでしょう？一部の人にはそれが起こります。私にも起こったものでした。こんなふうに、起こるのです。……私はとても静かで……、そして突然何かの音を聞き、ギクリとする……、そして覚醒してしまうのです！

瞑想者の経験する「異なる現実」

瞑想する際、あなたは異なる世界、異なる現実に入っていきます。これは、理解しておかなければならないことです。これは「トランス状態」、一種の催眠的な状態によく似ていますが、催眠状態そのものではありません。それによく似ているのです。一部の医者の方々は、よく理解していますね。考えるのをやめて一つの対象に集中している時、ゆっくりゆっくり、あなたの心は集中していき、異なる現実に入っていきます。だから、この現実の境界線で、あなたは色々な困難を経験するのです。あなたの心は行きつ戻りつする。私たちは通常の現実に慣れきっているからです。私たちはこの通常の現実において安心しているし、それを把捉しようと、そうし続けようと望んでいる。それを手放したくないのです……。これは防衛反応です。私たちは、自分自身を守りたいのですよ。

私たちが己を守る一つの方法は、
自分自身を意識の内に置いておくこと、
周囲の環境を意識の内に置いておくことです。
私たちは周りで何が起きているかを知っておきたいし、
自分の身体の状態も知っておきたいのです。

「私の身体はどうなっているだろう？」。瞑想して心が強く集中してくると、ゆっくりゆっくり、あなたは周囲の環境への認知を失っていきます。もっともっと集中していくと、身体の認知も失うことがあります。つまり……、感覚には気づいていますが、形はもうわからなくなるのです。時々は、身体の形や大きさが、解体してしまう。形や大きさは、パンニャッティですからね。心がそれを寄せ集めて、一つの観念に仕上げているのです。パラマッタには、形も大きさもありません。

理解するのが難しければ、一つ比喩を挙げましょう。物理学、ニュートン物理学からの例です。古典力学の本を読んでみると、形、大きさ、運動、全てが存在するのがわかります。ニュートン物理学によって、全てを予測することができるのです。惑星は動きまわりますが、あなたはいつの時点についても、例えば今から十年後に、ある惑星がある場所に存在するであろうことを、予測することができます。それを告げることが可能なのです。惑星は形と大きさ、運動の規則性をもっている。しかし、ずっと下って原子より小さい粒子に至ると、そうした全てのものは見失われます。そこには形がなく、確実に言えることは何もありません。あることが起こる確率が、あるパーセンテージで存在する、ということを言えるだけなのです。あるのは確率だけ。確実なものはもうないのです。

「瞑想するのが怖い」

瞑想においても、そうしたことが起こります。通常の認識状態において、私たちは周囲の環境、形や大きさ、存在、人々、東、西、北、南、時間、日、そして年を認識しています。

瞑想する時には、年とは何か、
日とは何か、日と時間とは何かを、
私たちは忘れてしまいます。また時々は、
自分がどこにいるかも忘れます。
そうしたことを、もはや認識しないのです。
それら全ては、単なる概念なのですから。

あなたは自分がどこに座っているのかわかりません。自分が東を向いているのか西を向いているのかわかりません。時々は、すごく変な感じがします。自分がどこにいるのかわからない。それはとても怖いことだし、一種の精神的な病気のようにも聞こえます。精神的に病んでいるがゆえに、自分が誰だか忘れてしまう人たちもいます。しかし、この状態においても同じく、時に通常の現実の枠を越えた際には、自分が誰かということが、もはや意味をもたなくなることがあるのです。

「私」というのは、観念です。そうした全てのものもまた、あなたは見失うのです。

そうした状態に入っていく際、あなたは何度も何度も戻ってきてしまいます。その状態を、とても恐れているからです。……私は自分が何者か知っていなければならない。周りで何が起きているか知っていなければならない。そうでなければ無防備すぎるから。自分が安全であると感じるために、私たちは周りで何が起こっているのか知ろうとしたり、身体に何が起こっているのか知ろうとしたり、身体あるいは自己に意識的であろうとしたりします。実のところ、これはパンニャッティです。

これは理解しておくべき重要なことです。そうしなければ、ますます怖がってしまいますからね。……「瞑想するのが怖い」……。これは私にも起こりました。突然、身体がビクリとして覚醒し、とても怖くなるのです！　私たちは何かより深いもの、「越境」した何かを経験したいのに、この通常の現実を乗り越えることはとても怖いのです。私たちはただそのために瞑想をしているのに、境界を乗り越える瞬間に、一部の人たちは怖くなり、とても不安に感じます。

身体と周囲の環境をコントロール下に置くことで、私たちは自分を安全だと感じます。コントロール下に置く一つの方法は、何が起こっているかを知ること。私たちは自分の周囲で何が起こっているかを知りたがるし、自分の身体に何が起こっているかを知りたがります。これは防衛反応なのです。

安全な環境を確保すること

長いこと緊張し続けていると、私たちは自分自身にしがみつくことに慣れてしまいます。これは心配が多く不安な人により多く起こることです。

例えば、あなたが深い森の中にいて、そこには虎や蛇、その他の動物がいるかもしれないと想像してください。私は森に住んでいたことがあって、そこには虎がいました。（今は猟師たちによると、虎は人間を恐れていて逃げてしまうとのことですが）、初めて私たちにとって新しい場所に入る時には、とても不安に感じるものです。そこには、虎や蛇といった、現実の危険がありますからね……。虎に関しては、隔離されたエリアにいる限り、自分を守ることができます。しかし、蛇に関してはとても難しい。彼らはとても小さいし、私たちの小屋は竹でできていて、本当に密閉されているわけではありませんから、蛇はなんとか通り抜けて、そこに入ってくることができるからです。這う昆虫や、動物は入って来ることができる……。

ですから、あなたは座っていて「シュー……、シュシュー……」といった音を聞くと、突然覚醒して本当に怖くなる。身体が反応するのです。「あれは何だ？」。あなたはとても不安に感じる。それがただのトカゲだとわかると、よろしい、あなたは戻って瞑想します。しかし、心が完全には瞑想に入りきらない。まだ警戒し続けているのです。警戒を続けたまま、周囲で何が起こっているかを把握しようとしていたら、深いサマーディを育てることはとても難しいでしょう。あなたはまだ覚醒していて、ある程度にしかマインドフルでない。それを越えることができないのです。

ここを乗り越えるためには、ある種の信頼と安心を育てる必要があります。これはたいへん重要なことです。

あなたが信頼する人、先生、家族の誰か、あるいはよい友人と一緒に瞑想するのは、とてもよいことです……。あなたは「自分に万一何かあれば、誰かが周りにいて助けてくれる」と感じることができる。初心者にとって、これはとても大切なことです。ミャンマーでは瞑想する際、身体をブッダに明け渡してしまいなさいと、多くの先生が言います。象徴的に、自分自身をブッダに捧げてしまうのです。それはもう私のものではない。私のものでないのであれば、それについて心配する必要はない。これは象徴的な放棄です。

自分が安全であると感じられ、周囲の環境を信頼できるような方策を、見つけるように努めてください。この場において、あなたは何も恐れる必要はありません。この周囲にいる人はみな瞑想者で、この場所はとても安全で安心です。瞑想をする前に、ある種のメッター（慈愛の念）を育てることが大切です。メッターによって、自分がとても安全だと、感じることができますからね。

私は時々、森の中で、一切の建物、住む場所なしにいることがあります。ある時は木の下で、ある時は簡素な小屋で、またある時は衣でつくったテントで座っています。座って瞑想し、強力なメッターを育てれば、その強力なメッターによって、私たちはとても安全だと感じることができる。私は二十年以上も森に住んできて、何ものからも全く傷つけられたことがありません。時々は本当に深い森にいることもあり、近くには小屋が数軒の小さな村があるだけで、そこで食べ物を得ています。私は文明から遠く離れて、森のもっともっと深いところに入りたいのです。文明は、とても騒々しいものですから。

いずれにせよ……、もしあなたが自分自身を信じているなら、それはつまり、あなたがより安心できるということです……。自分自身を、自分の実践を信じてください！初心者にとって、十分に安全な場所を見つけることは、

とても大切なことなのです。

瞑想とは一種の「明け渡し」

そんなわけで、私たちは自分自身にしがみつくことに慣れるようになる。私たちは自分自身にとても執著するようになっていて、それを常に守ろうとするのです。……自分自身の操縦桿を、握り続けているのですね……。「私は自分の身体と心を、コントロール下に置こうとしている」と、実際に感じられるかどうか、チェックしてみてください。私たちはみな自分自身をコントロール下に置こうとしているのですが、瞑想においてそうしようとすれば、あなたは深い理解を育てて境界を越えることはできないでしょう。

あなたは手放すことを学びます……。
何であれ、起こることは起こるままに。というのも、
瞑想であなたが経験することの幾つかは、まったく
通常の枠を越えたことですから、もしコントロールしようとすれば、
あなたは戻ってきてしまう。先に行くことができないのです!
「自分自身の操縦桿を握り続けること」
私たちはこれを無意識にやってしまう。それが問題なのです。

意識的にはコントロールをやめようとし、手放そうとするのだけれど、無意識にあなたは恐れている。だから不安なのです。それゆえあなたは、自分自身をコントロール下に置こうとし続ける。この恐怖、不安は、私たちに植えつけられたものだからです。どれだけ長いことそうなのかは、わかりません。数百万年のことかもしれませんね。それは私たちのＤＮＡに植えつけられているのではないかと、私は思います。無意識に心理的な分裂の脅威から身を守ってしまうという
この問題は、簡単な話ではありません。

「心理的な分裂」とは、どういう意味でしょう？　統合というのは、自分が誰かという観念を有していることです。分裂は無我（anatta)、自我がないことを意味します。コントロールが存在しないこと。この段階に、あなたは入りたいと思いますか？

自我はなく、コントロールも存在しません。
ただ物質的と精神的のプロセスがあるだけなのです！
コントロールしようとした瞬間に、あなたはそこから抜け出てしまう。
瞑想から抜け出してしまうのです……。
瞑想とは、一種の明け渡しです。

身体と心の防衛反応

私たちは、常に自分自身をコントロール下に置くことを欲しています。「私は自分が誰だか知

っている。私は自分が何をしているか知っている」。このような態度でいては、私たちは境界を越えることができません！　既に「私」はなく、瞑想する「私」ももうありません。あなたは自分の瞑想のコントロールすらしていないのです。あなたはただ純粋に、何が起こっているかに気づいているだけ。ちょうど道路を眺めているかのように、コントロールせず、純粋に気づいているだけです。あなたは外に座って、道路を眺めている。あなたはどの車も、コントロールしたりはしません。それらはただ行ったり来たりしているだけで、あなたは座って注視しているだけです。……何が起こっているか知ってはいるが、私がコントロールしているわけではないのです！

あなたはこうした心の状態を育てる必要がある。コントロールしないこと。だから私は、抵抗せず、コントロールせず、ただ手放して、巻き込まれない観察者でいなさいと、人々に語ろうとするのです。

コントロールを失いつつあるとわかった瞬間、「私は存在する」ともう感じられなくなった瞬間に、湧き上がってくるある種の不安を、私たちは感じます。ですが、これは全ての人に起こることではありません。一部の人にだけ、それは本当に起こるのです。そして、私たちは手を放し、瞑想的なプロセスに入っていきます……。それが起こった時には、もう一度落ち着いて、危険も恐怖もないのだと、ただ自分に言い聞かせるようにしてください。自分自身を信じ、自分の実践を信じて、瞑想を続けるのです。

瞑想をしている時は、私たちは自分自身にしがみついたり、自分自身の操縦桿を握り続けたりはしていません。自分がそうしようとしているか、コントロールしようとしているか、何かをしようとしているかを、チェックしてください。

私たちの心は自らが危険に晒されていると突然に感じますし、いきなり身体がビクリとするのは、再び警戒態勢に入るための防衛反応なのです。だからもう一つの現実へと境界を越える瞬間に、私たちはビクリとして覚醒してしまう。再びコントロールしたいのです。これは身体と心の防衛反応の一種です。このように身体が突然ビクリとするのは、そんなによく起こることではありませんが、起こればとても恐ろしく感じられるかも知れません。より深い安らぎと智慧を育てれば、それは過ぎ去っていくだろうと、自分自身に語りかけ、勇気づけてください。それは過ぎ去っていくのです。この行ったり来たりは、二、三回起こるでしょう。

初心者には、急なパニックの感覚で、瞑想が妨げられることが時々あるかも知れません。一つめは、ビクリとして身体が覚醒すること。身体が反応するのです。しかし他の場合には、身体はまだ動かずとても静かなままで、動揺することはありません。身体は静止した姿勢のままですが、心が反応するのです。初心者には、まさに瞑想による静止状態がやって来る瞬間に、急なパニックの感覚で、瞑想が妨げられることが時々あるかも知れません。瞑想は不意に停止される。止まってしまうのです。あなたは覚醒してしまう。これは無意識な防衛反応の、もう一つの形です。

慢性的に緊張し不安な人は、もし手放してしまったら、何か恐ろしいことが精神面で自分に起こるだろうと感じるのです。「もし手放してしまったら、何が起こるかわからない。ひょっとしたら何かとても変なことが起こる可能性もあるし、自分をコントロールできないかも知れない。自分の通常のあり方に、戻ることができないかも知れない」、彼はそう感じます。そうした人たちは、私たちの中にたくさんいるのです。

メッターと気づきによって守られる

それゆえ、自信と勇気を育てるために、私たちは五戒を実修し、守る必要があるのです。そうすることで、あなたはとても勇気づけられます。

もしあなたが五戒を守っていれば、
あなたの恐れは少なくなります。これは本当です。
自分が親切で、有徳な人間だと信じていれば、
そのことがあなたに、たくさんの力と勇気を与えるのです。

そしてまた、メッター（慈愛の念）も育ててください。あなたが慈愛に満ちた人である時、そのことによって、あなたの心はとても落ち着き安らかになります。私たちは、自分自身のメッターによって守られるのです。あなたは自分の周りに、電波のような、磁場のような、一種の保護を感じることがあります。自身の慈しみの心によって守られていると感じるのです。誰であれ、この力場の中に入って来た人は、あなたを傷つけることがないでしょう。彼らがあなたを傷つけるつもりでやって来たとしても、あなたの思いやりの力場に入ると、彼らは心変わりする……。「ああ、何も言わないことにしよう。何もしないことにしよう」。これは全く本当のことですよ！

慈しみの心を育てるよう努めてください。あなたがこの思いやりの心を強く育てようとすればするほど、あなたのメッターの力場も強化されるでしょう。そしてあなたは、自分自身のメッターによって守られていると感じることになる。たくさんの人が、「自身をどうやって守ったらいいですか？」と、私に質問してきます。

あなたは自分自身を、メッターを育てること、そしてまた気づきを育てることによって守るのです。この両方が、あなたを守り得ます。そしてまた、ブッダを信じ、その説いた実践を信じてください。

瞑想をする前に行う決意

深いサマーディに入る前に、座ってあなたのよい徳性について、よくよく思いを致してください。メッターを育て、ブッダの徳性について思いを致し、それから自分自身に、「私はこれから深い実践に入っていくが、もし本当の危険が迫ったら、私は目覚める」と告げてください。あなたはそう決断することができますし、何度かそのようにすれば、何かが起こった時、あなたは自分が既に目覚めていることに気づくでしょう。

これは全く本当のことです。というのも、住んでいる場所によっては、私たちはこれをやらなくてはならず、危険に備えるためだけではなく、一定の時間でサマーディから出ようと望むなら、そうすることもできるからです。あなたは座って瞑想します。瞑想する前に、「私は二時間座って、その後目覚めよう」と、あなたは言う。そして深いサマーディに入って瞑想し、時間が来ると、あなたは既に目覚めているのです。時計を見ると、まさにその時間。一分か二分前後するだけです。

本当の睡眠に入る際も、多くの瞑想者がこれをすることができます……。瞑想を終えて、あなたは寝たいと思う。普通の、自然な睡眠です。そこであなたは自分自身に、「これから寝るが、四、五時間の睡眠の後、私は目覚めよう」と告げる。すると、決意した時間にあなたは目覚めるでしょう。ひょっとしたら、こうしたことについては聞いたり読んだりしたことがあるかも知れませんね。これは本当のことで、あなたにはそうすることができるのです。

同じことを、本当の危険がやってきたら、あなたはすることができる。「私は目覚めて、自分の為すべきことを知ろう」。長い時間瞑想をする場合——時には、目覚めて立ち上がることすらなく、一日中瞑想することもあり得ます——には、それをやらなくてはならない。瞑想の入門書では、あなたはそれを、つまり、この種の決意をしなければならないと言っています。本当の危険がある可能性もありますからね。森で火事が起こったらどうなります？　これは大変よく起こることです。ですからあなたは、「もし何か危険があれば、私は目覚めよう」と決意するのです。

そんなわけで、先週どなたかが訊いてくださったこの質問は、とてもいい質問でした。こういう質問をぜひ私にしてください。そして、明快に答えることができるように、私に時間をくださいね。

ウィパッサナーの対象は端的な直接経験

今週は、パンニャッティとパラマッタについてもう少しだけ、再びお話ししたいと思います。それから、サマーディの三つの異なる種類について、お話させてください。

パラマッタは、それについて考えることなしに、あなたが直接に経験するものです。パラマッタは、精神的・物質的なプロセスの固有の性質（特性）です。
実際、パラマッタは性質（特性）であって、あなたは性質（特性）を越えては、何も知ることができないのです。

科学者たちは究極の現実が何であるかを見出そうと試みていますが、いまに至るまで果たし得ていません。より深く進めば進むほど、現実はますます幻に似たものになってくるからです。物質には形がなく、大きさもありません。物質を構成する最小の粒子は、光子のようなものです。光は光子です。質量のない、単なるエネルギーの小さな集合。質量のないものを想像することができますか？　単なる純粋なエネルギー、それが光なのです。それを越えた内容については、誰も語ることができません。それについて私たちが語れる唯一のことは、性質（特性）だけ。それ以上のことは何も語れないのです。

瞑想においてもまた、直接に経験するのは性質（特性）です。

例えば、何かに触れた時、あなたは何を感じますか？　あなたはそれを暖かいと感じる。それが性質（特性）です。あなたはそれを柔らかいと感じる。それもまた性質（特性）です。あなたは何らかの種類の振動や動きを感じる。これも性質（特性）です。しかし、私たちは足に触れることはできません。足とはあなたが心の中で組み上げたものですから。あなたは足の性質を言うことができない。実際、あなたは足に触れることさえできないのです。このことを、理解するよう努めてください。最初はこれを理解するのがとても難しいのです。「何だって……、私の足に触れない？　ほら触ったぞ！」。しかし、あなたはどうやって、それが足であることを知るのでしょう？　それはあなたがたくさんの観念を組み合わせているからです。

あなたが何かに触れるとして、目を閉じて……、それから何かに触ったら……、あなたはそれが何だか言えますか？　その形を言うことができますか？　できません。接触した時にだけは、その形を言うことができます……。それは平らな表面だ……。しかし、ボールの形を言うことはできません！　ボールの形をどうやって言いますか？　それを見て、観念を組み合わせているからそう言えるのです。あるいは、ボールに触れて、「ああ、私はこの形を知っている……。これは丸いボールだ……。中は空洞になっている……。だいたい一センチくらいの厚さで……」と言うこともできる。それはどうやって言うのでしょう?　あなたはたくさんのデータを組み合わせている。しかし、もしたった一つだけのデータを取り上げたとしたら、あなたは何も言うことができません。言えるのは性質だけです。……それは硬い、……それは冷たい、……それ以上のものは何もないのです。

瞑想において私たちは、このシンプルで純粋な感覚へ、何も付け加えられていない感覚へと下りていきます。

これが木曜日に私が話そうとしたことです。しかし、これが正しい仕方で理解され得るとは期待していません……。何も付け加えられていない、端的な直接経験。それが私たちの得ようとしているものです。本当に四六時中起こっていることというのはこれですからね。何かを経験した瞬間に、私たちはたくさんの観念を組み合わせて、過去の経験、そしてまた視覚やその他の情報から、一つの観念を形成しようとするのです。パラマッタとは何であるかということを、理解するよう努めてください。ウィパッサナー瞑想の対象はそれなのですから。

変わらない対象への集中がサマーディ

心をパラマッタに留めておくことができない限り、あなたは本当に深い洞察を育てることはできません。何かの対象に集中することで、深いサマーディを育てることは可能です。対象は音や形、色、言葉、観念、たとえ「無」であっても構いません。

かつて私は、「無」を瞑想したことがありますよ。アーナーパーナ（鼻孔の息に集中する瞑想）を修することで、ある種のサマーディを育てるようにし、それから円盤を見つめることで、またある種のサマーディを育てます。明るい茶色の、地の色の円盤ですね。それを見つめ、その中に心を留めておくと、眼を閉じた時でも心にその円盤が残るようになります。つまり、そのイメージを内に取り込もうとするわけですね。そののち、私はベニヤ板を一枚手に入れて、そこに丸い穴を開け、窓に貼り付けました。木や家など、外の物が何も見えないようにするためです。そしてその穴を見つめ、これは穴であると観想する。穴というのはつまり……、そこには何もない。だからただその穴に心を留めて、そこには何もないと考えるのです……。何ものも存在しない。すると、とても不思議なことですが、心はこの「無」に吸い込まれてしまう。そして、すごく安らかになるのです。すごくすごく安らかに。

いまでも、あれをやれたらなあ、と思いますよ。しかし、深い洞察を得ることができるわけではありませんから、実際はもうやるつもりはありませんが。没頭しきって、とても安らかになることはできます。それがなぜ安らかであるかわかりますか？　何もないところでは、心を妨げるものが何もないからです。……無について多くを考えることはできない……。それは全ての終わりなのです！　それは涅槃に似てはいますが、別のものです。あなたはただ「無」を見つめ、その観念を心に留めようとしているだけなのです。時々は、目を閉じても、明るい穴がまだ見えます。あなたは「無」を思考している……、ただ「無」を……、言葉にすることは難しいのですが、本当に安らぎに満ちているのです。

私が申し上げたいのは、どんな対象に集中しても、サマーディを育てることはできる、ということです。ただ座って「コーラ、コーラ、コーラ、コーラ」……と、一日中唱えてもいい。あなたの心は没頭してしまうことができる……。どんな言葉でも、どんな音でも、どんな形でも、どんなイメージでも、どんな観念でもいいのです。ひとたびそれに没頭できれば、あなたはサマーディに入れます。

そんなわけで、これがサマーディの意味になります。
何かの概念、何か変わらない感覚、観念であってもいいのですが、それに没頭してしまうこと。

現実に関する深い洞察を育みたいなら、
現実に触れていなくてはなりません。
ただ実のところ私たちは、常に現実に触れている。常にです。
しかし私たちはその現実を概念に変えてしまう。
私たちはいつも、現実を概念に変換し続けているのです。

眼は形を見ることができない

私たちは何を見ているのでしょう？　実のところ私たちは現実を見ているのですが、その後直ちに、それを概念に変換してしまうのです。私たちが見ているのは、黒、赤、茶、白といった色だけです。しかし過去の経験から、私たちはこれが人間であると知り、またこれが自分の知っている誰かであると知るのです。記憶を失ってしまえば、あなたにはそれが誰だかわかりません。それまでに見たことのなかったものを見たとしたら、あなたはどんな観念を作るでしょうか？

例えば、ここには人々が沢山の異なった種類の果物やケーキやパンを持ってきます。時々、私にはそれが何だかわからないことがあって、質問をしなければなりません……、これは何ですか？　私は自分が何を食べているのか知りたいのです！　自分が何を食べているのか知らなければ、私は不安を感じます。何かを知らない時に、私たちは不安になるのです。私たちは知りたいのです……。これは何だろう……。どうやって作ったのだろう……。私の身体に合うだろうか……。私は知りたい……。人々が何かを持ってきてそこに置くと……、果物やケーキ……、とても綺麗な形をした各種のパイ……、それはエビのように見える……、そして私はそれを眺めている……、これは何だ？　時々彼らは豚肉をもってくるのですが、もし彼らが言わなかったら、私にはそれとわからないでしょう。

食べる前に、私に味が想像できるでしょうか？　できるはずがありません!!　私はそこに座り、それの味がどんなだか考えて一日費やすこともできますが、それで味がわかることは決してないのです。他の誰かに「それがどんな味だか教えてください」と訊くこともできます。その人はそれがどんな味だか一日中語り聞かせてくれるでしょうが、私はそれを聞きつつも、その味を知ることはないでしょう。味がわかるための唯一の方法は、それを口に入れて咀嚼すること。それがどんな味であるかは、そうした後に知られるでしょう。

私たちは常に現実に触れているのに、すぐにそれを概念に変換してしまうのです。何かとても変な果物を見た時――、私はキウィのようなものを、以前に見たことがありませんでした。私がキウィを初めて食べたのは、ここオーストラリアでのことです。私はそれが何だかわかりませんが、ともかくその色を見ることはできる。そして、異なった全ての色を組み合わせた時、私は形を捉えるわけです。

絵画の世界には点描画法という技法があります。何かたいへん尖ったものを手にとって、小さな点を打っていく。そうしてそれらの点を組み合わせ、一つの絵画を作るわけです。これを例に取りましょう。私たちが見ているのはただ各種の小さな色だけであって、それからこれらの点を組み合わせて、心のなかに形を作り出すわけです。私たちの心こそが、形を作り出すものなのです。眼は形を見ることができません。これもまた、理解するのが難しいもう一つのことですね。色を除いてしまったら、見るべき何が残るでしょうか？　何も残りません、全てが消えてしまいます。

言葉は心が作ったもの

音についても同じことです。私たちは音を聞きますが、これは現実です。言葉を私たちは聞きません。言葉は私たちが心の中で作り出したものです。私たちは学ぶ……、それは記憶に基づいた、一つの学びの過程です。理解できない言語が話される国に行った時、あなたは音を聞くけれども、意味を理解することはできませんよね。

音は現実ですが、言葉と意味は、
私たちが作り出したものです……。
それはとても有用なものです。私はそれが無用だと言いたいのではありません。
しかし、通常の現実を超えた現実への、
より深い理解を育みたいならば、
私たちは言葉と意味を乗り越えて進む必要があります。

修行者が瞑想していて、彼が本当にマインドフルで、本当にその場、その時にぴたりと寄り添っていたならば、横で誰かが喋ったとしても、この人には音は聞こえるけれども、意味を理解することはないでしょう。これは一つのテストです。

ミャンマーの幾つかの寺院では、これをやります。誰かがある種のサマーディを育てると、先生は「人々が喋っているところの近くに行って座り、瞑想しなさい」と言うのです。先生は、生徒をわざと騒々しい場所におく。例えばあなたは台所に行って座り、人々が喋っているのを聞いたりするわけです。そこでもしあなたが本当にマインドフルになっていれば、あなたは音を聞くことはできるけれども、意味を理解はしないでしょう。お喋りがあなたの邪魔になることはもはやない。それによって、あなたの心にいかなる観念も、作りだされはしないからです。ただ音が過ぎ去って行く……、過ぎ去って行く……。

初心者にとって、これは難しいですね。この場所でも、道を車が走っています。あなたは心を乱される。「ああ、すごくたくさんの車が道を走っている」。しかし、本当にマインドフルになった時は、音を聞いても、それがあなたの心を乱すことはありません。何がパラマッタであり、何がパンニャッティであるのか。この区別を、ますます知っていくように努めてください。

運動を見ることもできない

あなたは運動を見ることすらできません。これはもう一つの実に奇妙な理解です。私たちは常に、自分が運動を見ていると思っていますからね。運動は触覚の領域に属するもので、視覚の領域に属するものではないのです。

私たちはいかにして、自分が運動を見ていると考えるのでしょう？　何かが現れては消え、また別のものが現れては消えるのです。例えばコンピュータのスクリーンが目の前にあって、あるプログラムが動いていると考えてください。とても小さな点が一瞬光って、それから消失するのです。その点のすぐ近くに、また別の点が光ります。同じ場所ではなく、隣のすぐ近くです。光っては消失する。もう一つの点が光り、そして消える。その連続が、とても速く起こるのです。あなたは何を見るでしょう？　あなたは点が動いているのを見る。しかし実際のところ、それは点の運動ではないのです。これを理解するよう努めてください。私たちは運動を見ることはできません。何かが現れ、そして消える。別のものが別の場所に現れて、そして消える。また別のものが別の場所に現れて、そして消える。

では別の例を挙げましょう。蠟燭を点けてください。その炎をここからあそこに移すことができるでしょうか？　炎についてだけ考えて、蠟燭については考えないでください。心を炎に置いてみましょう。炎というのは常に燃焼しながら消失しつつあるものです。ですからあなたは、蠟燭の炎をここからあそこに移すことはできません。それをここに持ってきた時には、あの炎はそれよりずっと前に消失してしまっています。しかし、何らかのものが持続性を与えていて、燃え続けてはいるのです。……この無常の認識に、より親しんでいくように努めてください。

したがって、次のように言われます。

「あらゆる条件付けられた現象は常に新しい。
ちょうど灯火の炎のように」
古いものは何もないのです。

古いというのは、同じものであるということです。同じものというのは存在しません。あなたがたも、何かの哲学書で読んだことがあるのではないかと思いますよ。誰が言ったかは覚えていませんが、「君は二度同じ川に入ることはできない」という言葉があります。しかし私としては、「君は同じ川に入ることは一度もできない」と言いたいですね。その川はどこにあるのでしょう？　君というのは、何を意味しているのでしょう？　大きなイメージとして川を捉えた時に、あなたは川の観念を獲得します。人のイメージを持続する何ものかとして捉えた時に、はじめてあなたは、「この人があの川に入って、また戻ってくる。彼は同じ川に再び入ることはできない。なぜなら水は動いているから」と、言うことができる。しかし川の観念もあなたが心の中で組み上げたものですし、人の観念もまたあなたが組み上げたものです。そしてそれは、常に変化し続けているのです。

もう一つ例を挙げましょう。たくさんの例に触れることで、私の言う意味を明確に理解していただきたいですからね。キャンバス地の大きなバッグを取って、それを砂、とても細かい砂で満たします。そして、それを縛って長いロープで吊るし、底に小さな穴を開けます。すると何が起こるでしょう？　砂が落ちてきますが、それであなたは何を見ますか？　あなたは線を見る。それは本物の線でしょうか？　線は本当にそこにありますか？　ありません。それは線のように見える。そこであなたはバッグを掴み、それを押す。すると何が見えますか？　線が動いているのが見えます。その動いている線は本物でしょうか？　いいえ、動いている線などありません。ただ、異なった様々な場所を落ちている、細やかな砂の粒があるだけです。線に見える錯覚が前後に動いている。しかし、そこに線はなく、ただ細やかな砂の粒があるだけ。……それが落下して……、落下して……。砂袋のことを忘れて線だけを見れば、よりよく理解できると思います。実際には、そこに線はないのです。

概念化された諸感覚

身体についても同じことです。
それは常に生じては滅している。
形は視覚の領域に属するものではありません。
それは心が組み上げたものなのです。

匂いもまたそうです。私たちには嗅ぐことができて、「これはバラである」と言う。しかし、匂いはバラではありません。匂いは現実です。しかし、名称はあなたが過去に学んできたものであり、あなたは匂いをバラの、つまり通常の現実のバラの、形や色と組み合わせているわけです。ものごとを組み合わせない場合、あなたはどのように純粋な感覚だけを理解するのでしょう？

私の先生は、「砂糖は甘いか？」と、時々私に訊くことがありました。私が瞑想を学んでいるあいだ、彼はそのことを何度も私に尋ねたのです。私は訊かれたことにそのまま答えました……。

「はい、砂糖は甘いです」と言ったわけです。すると彼は、「本当に？」と言う。「彼が何を言いたいのかわからない。質問が理解できない。砂糖が甘いかどうか、なぜ私に訊くのだろう」と、私は思いました。すると彼は、「砂糖という名称は現実かね？　それとも概念かね？」と言いました。「名称はただの名称、概念です」と私。そこで彼は、「名称は甘くないよ……」と。私は「ええ、おっしゃるとおりです……。名称は甘くありません」と言いました。すると彼は、「甘いとは何だね？」と言ったのです。この甘いという名称でさえ、ただの名称に過ぎない。ただ、甘いとは甘いである、と言うことができるだけです。この甘いという名称でさえ、ただの名称に過ぎない。では、それは何なのか。あなたは舌で感じるある感覚を甘いと呼び、その観念を組み合わせているのです。名称や味を告げることなくそれを誰かに示した上で、これの味は何かと尋ねたとしたら、彼はそれを言うことができないでしょう。

概念という牢獄

私たちは自分の現実というものを作りあげる。
これは必要なことであり、
通常生きていく上で役目を果たしていくためには、
大切なことでもあります。
しかし、これは通常を超えた現実を理解するためには、

障害になるのです。

この現実もまた、現実です。私はこの通常の現実の価値を、蔑《なみ》しているわけではありません。ブッダは異なったレベルの現実について説きましたからね。共通了解によって成立する真理、あるいは慣習的な真理というものがあります。それは真理であって、嘘ではないけれども、ある種の超越的な現実である、パラマッタの現実を理解したいと思うならば、私たちはこの通常の現実を乗り越えて行かねばなりません。しかし、私たちはこの通常の現実に縫い付けられている。それを手放したいと思ってはいないのです。

私たちはこの通常の現実に閉じ込められている。だから私の先生は、何度も私に、私たちは概念に閉じ込められている、私たちは概念に囚われていると言ったのです。彼が初めてそのことを語った時、私にはその意味がわかりませんでした。私たちは閉じ込められている。私たちは概念に囚われている……。しかし、私は理解しようと努めました……。彼の言う意味はなんだろう？　私たちが概念に囚われているとはどういうことだろう？　数ヶ月後、私は理解しはじめました……。

そう、私たちは概念に囚われている。
あなたを幸せにするのも不幸にするのも観念です。
もしあなたが本当にパラマッタに触れていれば、

あなたを幸せにするものも不幸にするものも存在しません。

そこで私が知ったのは、全ての観念論、また共産主義や民主主義、宗教のドグマといった、あらゆるイズム（論、主義）は、実際には牢獄だということです。どのようなイズムであれ、それは同じです……。私たちは、観念に執著しているわけですから。私たちは囚えられている。自由ではないのです。

もう一つの現実を理解していれば、ことはずっと簡単になります。あなたはこの通常の現実の中で、よりよく役目を果たすことすらできるでしょう。あなたはもはや、囚えられてはいないからです。あなたには何が起こっているのかわかり、そこでとてもよく役目を果たすことができる。どこにでも適応できるのです。私たちはこの通常の現実をとても真摯に受けとめていて、だからそれは私たちを傷つけるのです。痛みにもかかわらず、私たちはそれを手放すことができない。それが私たちの知っている唯一のものだからです。

瞑想者の知る「現実」

私たちがなんのために瞑想しているのか、理解するよう努めてください。
私たちは何を目指しているのか、そして
どんな種類の現実を、私たちが理解しようとしているのか。

このことは、この慣習的な真理から、もう一つの……何と言ったらいいでしょう……、現実の現実（real reality）へと向かう一歩です。私は「究極の現実（ultimate reality）」という言葉を使いたくはありませんからね。私はこのこと、つまりこの「究極」という言葉について、ニャーナウィスッディ長老と議論をしたことがあるのですが、とても混乱してしまいまして、この「究極」という言葉については、使用をやめるべきだということになったのです。

究極という言葉によって、私たちは何を言おうとしているのでしょう？ これを語ることはたいへん難しい。それは私たちの心によって作り上げられたものではない、あるより深い現実です。私たちはその現実を理解しなければならないのではありますが、それをさらに乗り越えても行かねばならない。精神的・物質的プロセスを超えた、もう一つの現実というものがそこにはあるのです。通常の慣習的な真理から、私たちはパラマッタの現実へと進みます。そこではただプロセスが、現象のみが存在し、持続するものは何もなく、存在し続けるものもない。そこから私たちは、現象の存在していない、もう一つの現実へと進むのです……。それもまた、もう一つのパラマッタの現実であって、理解することはたいへん難しく、また語ることもとても難しいのです。

しかし、これについては後に出てくることになるでしょう。私はそれについて語ることに最善を尽くしますし、私があなたがたを、より混乱させることのないように望んでいます。それは言葉を越えたものですからね。後に私たちはこのパラマッタについて、もっともっと論じることになるでしょう。

メッターのジャーナ

さて、いまから三種類の異なったサマーディ（samādhi，集中、三昧）について、お話したいと思います。

お話したい第一のサマーディは、ジャーナ（jhāna，禅定、静慮）です。皆さんは、このジャーナという言葉を聞いたことがあるでしょう。ジャーナとは、例えばメッター（mettā，慈愛の念）のような、ある観念に没頭することです。

あなたは慈愛に満ちた思いを思念することで、メッターを育てることができます……。「私が幸せでありますように……、私が幸せでありますように……、私が安らぎに満ちてありますように……」。そしてしばらくすると、あなたは本当にこう感じる……。「私は本当に幸せになりたい」。しかし、これはとても奇妙なことです……。人々はとても奇妙だ……。あなたは本当に幸せになりたいのでしょうか？　私たちは次のような単純な問いを、何度も繰り返してみるべきです。あなたは本当に幸せになりたいのか？　幸せという言葉で、あなたは何を意味している？　そしてその幸せを得るための方法を、あなたは知っているのかどうか？　何であれ私たちが日々行うことは、それが自分たちを幸せにしてくれると思うがゆえに、私たちはそれを行なっているわけです。私たちは長いことそれをやってきました。その幸せを、あなたは見出すことができたでしょうか？

私たちはその幸せを育むことができます……。「私は幸せになりたい」。そしてあなたはその願いを、他の人々と共有することもまたできます……。「ちょうど私のように、彼も幸せになりたい、彼女もまた幸せになりたい」。そうすることで、あなたは自分と他者を同一の水準に置いている。何の違いも設けてはいないのです。「ちょうど私が幸せになりたいように……、彼も幸せになりたい……、彼女も幸せになりたい。何の違いもない！　私は他の人のために、過不足なく同じ望みをもてるだろうか？」。あなたは「他の人々が私より幸せでありますように」と言うことはできません。違います……。それは本当のメッターではありません。私たちは一緒でなくてはならないのです。そうしてしばらくすると、あなたは本当に、「ああ……、私は本当にあの人に幸せになってほしい」と感じられるようになる……。最初は全くの他人にこの種の思いやりをもつことは難しいのです。ですから最初は、ただあなたの両親や先生、兄弟姉妹や配偶者のことを、考えるようにしてください。

メッターはウィパッサナーの基礎

ここにまたもう一つの困難があります。というのも、私はかつて慈愛（メッター）の瞑想をある人に教えようとしたのですが、その人は、「私は自分自身のことを考えたくない」と言うのです。私は「ただ自分自身に対するメッターを育てるのです。私が幸せでありますように、とね」と言ったのですが、その人は「私は自分自身のことなんて忘れたい。自分が大嫌いなんです」と言う。彼女はとてもたくさんのひどいことをしてきたからです……。彼女はとても攻撃的で、不親切でした。自分自身にすら親切であることができないのです。

私は彼女に、「ご両親に対してメッターをもつことができますか？」と尋ねました。「私は父が大嫌いです。彼はアルコール中毒者で、家族を捨てて死にました。だから私たちはとても貧乏で、若い頃は苦労したんです。彼は私たちのことなんかどうでもよかった。私たちを愛していなかったんです」と、彼女は言いました。そこで私が、「お母さんはどうですか？」と言いましたら、「ああ、父が彼女を捨てると、母は男のところに行って同棲しちゃったんですよ」との答えでした……。「それであなたはどうなったの？」。「兄弟と私は、何とかして生きようとしました。母が時々やって来て、食費を置いていったんです」。私は、先生はどうかと尋ねました。彼女が言うには、「先生のことなんて考えられません。彼らが私たちに何かいいことをしてくれる存在だなんて思えないです」。彼女にとっては、自分自身と他者に対して本当のメッターをもつことは、とても難しいことだったのです。

私はがっくりきてしまいました。これはとても変なことだと思ったのです。普通であれば、私たちは自分自身を愛しているか、少なくとも誰かを愛していると考えます。私たちの人生には、愛する誰かがいるものです。しかしこの人は、愛せる人は誰もいない、慈しみと思いやりをもてる人は誰もいないと言う。最後に私は、「この世界に、あなたが本当に思いやりを感じられる存在というのはいないのですか？」と尋ねました。しばらくしてから、「そうですね……。私の犬のことは愛しています。実際には、私の犬ではないのですけど。家をシェアしている人の犬なんです。本当には私の犬ではないのだけど、その犬のことは愛しています」。そう彼女は言いました。一部の人にとってはメッターを育てるのが大変難しいということを、私は徐々に知ったのです。

慈愛の瞑想は、ウィパッサナーにとってとても重要です。だからこそ、私はそれを強調しようとするのです。メッターをもたなければ、あなたの心は乾いてしまい、ウィパッサナーを実践することもできなくなります。

あなたには基礎、土台が必要です。メッターと、そしてまたブッダに対する信頼と尊敬。あなた自身とあなたの先生に対する信頼と尊敬。この実践と、自分が実践している方法論を信じること。これらのものがもしなかったならば、瞑想を修する意味はありません。時々は、「私は幸せだ。私は安らいでいる」とただ想像することで、あなたは自分自身を騙すことができるでしょう。しかし、それ以上進むことはできません。あなたはただ想像しているだけで、それは現実ではないからです。

ブッダのような人と付き合うこと

またブッダの徳性を深く思ってください。私はブッダの徳性を思うことに、深く没頭してしまうことが時々あります。そうすることで、とても幸せに、とても安らいだ気持ちになるのです。心の状態、その性質は、心が対象としているものに、大きく依存するものですからね。あなたが誰か大嫌いな人のことを考えたら、あなたは憎しみと怒りを感じる。平安な気持ちにはならないのです。しかし、とても慈愛に満ちており、親切で平安な人、ブッダのような人のことを考えると……。ただそういう人のことを、思い浮かべるようにしてください。

私はブッダと直接の接触や関係をもってはいません。しかし、私の瞑想の先生、最初の瞑想の先生との、個人的な関係はありました。彼がまだ生きているかどうかはわかりません。彼は在家の人で、音楽家であり、楽器製作者でした。私は毎日、彼のことを考えます。彼は私の人生の、大きなターニング・ポイントをなした人ですからね。彼は常にとても落ち着いていて、安らぎに満ちていました。僧侶が落ち着いて安らぎに満ちているのは、さほど驚くべきことではありません。たいして珍しいことではないのです。しかし在家の人がとても落ち着いていて安らぎに満ちており、またとても親切であるのを見るのは稀なことです。

私は彼が動揺したり、傲慢になったり、他人を蹴落としたり、怒ったり、人の悪口を言ったりするのを見たことがありません……。彼は苦労せずとも五戒を守っていましたが、それについて語ることは一切ありませんでした。そして彼は誰にでも親切でしたが、メッターについて語ることも一切ありませんでした。これはたいへんに稀なことです。「私はとても慈愛に満ちた人間だ」などと、彼は言ったりしませんでした。人々は彼をたいへん愛したけれども、彼は誰に対しても偏見をもつことがなかった。たいへんに非凡な人。とても高度に円熟した人でした。彼は誰にも執著することがなかった。若い人でも老人でも、彼はみんなを同等に扱いました。

彼は結婚をしていなくて、年老いたお母さんと一緒に住んでいました。「母が生きている限り、僕は彼女の面倒をみる。その後、僕は僧侶になるんだ」と、彼は言っていました。彼はお母さんのことをとても愛していました。一人息子で、父親は既に亡くなっていたのです。彼はお母さんのことを、とても愛情をこめて、ただ義務としてではなく、本当のメッターによって、かいがいしく面倒をみていました。お母さんのほうもまた、彼のことをとても愛していた。そういう人を見ることで、あなたもまた、とても深いものを理解するのです。それは言葉を超えています。慈しみを語ることさえも、またたいへん難しいのですよ。

私は両親との関係がとても悪かった。私に十分なことをしてくれないからと、彼らのことを何度も本気で憎みました。この人、私の先生は、お母さんのことを真心こめて愛していて、またお母さんのほうも、息子のことを真心こめて愛していました。彼らは本当に献身的だったけれども、執著しすぎてはいなかった。これは全く非凡なことです……、執著しすぎていなかった。彼のことを考えるたびに、私の心は安らぎに満ちる……。この人は本当に稀な人です！

先生から瞑想を習う意義

もう一人の先生は、九十歳で亡くなった高齢のサヤドー（尊師、長老）でした。彼もまたとても円熟していて、親切で、心地のよい人でした。彼は誰に対しても、敬意をもたずに接することがなかった。私は彼が何事についても動揺したり、心配したりするのを見たことがありません。私は時々、心配しました。彼と一緒にアメリカに行った時、出発する直前で、その時期が目前に迫っていた時のことです。飛行機のチケットを取り、フライトも決まっていたのに、パスポートがまだだったのです……。ですから、私は言いました。「サヤドー、一週間後に出発しなければならないのに、パスポートがまだなのです」。彼は言いました。「心配するな」。すごくシンプル。「心配するな」。どうしたら心配せずに、ただそんなふうに言えるのでしょう？　当初、それは私にとってたいへん理解し難いことでした。

人々は、彼のことをただ愛しました。彼は英語が一言も話せませんでしたが、多くの西洋人が彼を見て、たいへんな驚きを抱いたのです……。「この人を見ろ」。とても優しく、とても円熟していて、声の中にさえ、何らの緊張を抱いてはいない。とても柔らかく心地よい声で、落ち着いてはいるが弱さはなく、多くのエネルギーと強さを備えている。強さと自信を伴った、柔らかさと優しさなのです。こうしたことは、本から学ぶことはできません。あなたはその人とともに過ごす必要がある。そうすることで、彼がこのような人であって、自分も彼のようになり得るのだとわかるのです。そのことはあなたにとって、大きな勇気と希望になります。

先生から瞑想を習うことは、とても大切です。基本的な瞑想のインストラクションは、どんな本からでも学ぶことができますけれど、基本的なインストラクションというのは、さほど難しいものではありません。しかし、本当にこれらのより高い徳性を育てようとするのであれば、あなたは先生と、つまり生ける徳性であり、生ける慈しみの例であり、生ける満足、晴朗、平安、解放の例であり、とても自由な人である先生とともに、過ごさなければなりません。

あなたはその人と、長いこと一緒に住まねばならない。私は先生と、五年ほど一緒に暮らしました。その人と長く暮らせば暮らすほど、これが本物であることがわかる。彼は役割を演じているわけではないのです。役割を演ずることは誰にもできます。映画を見ると、そこに誰かが出演していて、彼はとても落ち着いていて、円熟した人物の一部を演じている。しかし、これは単なる演技です……。数年間その人と一緒に暮らしてみて、はじめて本当のことがわかるのです。

瞑想の前にブッダを思う

ブッダについて考える時は、ブッダについてたくさんのことを、どんどん見出していくように努めてください。彼の清浄、彼の自由、彼の智慧、彼のメッター、彼のカルナー（哀れみ、悲）、そして彼の無私性など。こうしたブッダの諸徳性に没頭すれば、あなたはそれらを感じとることになる……。心意識は対象に依存するものですから、何かしらの象徴を保持している時には、それが象徴、つまりイメージとなる。ブッダとは、私たちにとって一つのイメージなのです。

私たちはそれについて……、ブッダのイメージについて考える。彼の清浄、彼の自由、彼の晴朗、彼の智慧、彼のメッターとカルナー……。それについて考えれば考えるほど、あなたの心はその徳性に同調し、あなたは自分に、自分の中に、その徳性を感じることになる。ブッダのメッターについて考えれば考えるほど、あなたはそれを強く感じるからです。それはあなた自身のものになって、あなたはその種の徳性を、強く求めるようになる……。「私はそのようでありたい」。……つまり、あなたは目標を設定する……。「これが私の理想……」。ブッダほどの高い理想には、決して届くことがないだろうけど、少なくとも、一定の段階に達することが私にはできる」。

誰であれ悟った人、ブッダの弟子は、
随仏（随覚、anu-buddha）と呼ばれます。
彼は先導する人で、あなたは随い進む人。
彼は悟った。そしてあなたもまた悟ることができる。
悟りを得れば、あなたも目覚めた人であり、
〝アヌ・ブッダ〟なのです。

私たちが何をしたくて、その目標が何であるのか。それについて非常にはっきりとしたイメージをもっておくことは、とても重要です。曖昧に、「ああよし、私は瞑想して幸せになりたい」などと考えるのは、はっきりしたイメージをもたないことであって、するとあなたは十分なエネルギーを得ることができません。

目標や理想を明確に定義すればするほど、あなたはより多くのエネルギーを得て、より多くの時間とエネルギーを、自分のやっていることに投入することができるようになる。自分のしたいことを、しごくはっきりさせておくようにしてください。私はただ一般的なイメージを示して、皆さんがそれを発展させることができるようにしているだけです。

瞑想する前に数分だけ、ブッダの清浄、晴朗、平安、自由、智慧、メッターとカルナーに、深く思いを向けてください。するとあなたはそれに没頭して、とても落ち着き安らかになる。それからウィパッサナーの対象を瞑想すると、あなたの心は、その対象により長くとどまるでしょう。

こうしたブッダのイメージが、あなたの心を条件付けて、他の世俗的な関心を手放させ、あなたはそうした物事を、もはや重要だと思わなくなるからです……。車について、ビジネスについて、あれについてこれについて……、そうした物事は、後回しにすることができる……。座って瞑想する際は、時に考えはじめてしまうことがありますからね……。「あの請求書を払わなきゃ……。電話をしなきゃ。とても大切なことなんだ」。……瞑想をはじめるとすぐに、何か大切なことが心に浮かび、気を散らしてしまうのです。私が心の準備をするように言っているのは、それゆえです。

この準備はとても大切です。準備をしているからといって、時間を無駄にしているとは思わないでください。自身の準備をすればするほど、瞑想はより易しくなるのですから。

あなたはそうした全てのことを手放すことができる……。あの請求書は重要ではない。あの電話も、もはや重要ではない。それは二時間後にすることができるし、その他のことも……。あなたは後でいちばんいいやり方を見つけることができるでしょうから、いまこの時は、全てを脇においで……。こうした全てを手放すことが、あなたにはできるのです。

ブッダのような、とても自由な人のことを考えると、瞑想以外のことを手放すことが、より簡単になります。

私の実体験で言えば、先生ですね。先生のことを考えると、私は手放すことができる。彼の自由、彼の無執著、彼の満足といった、ある感覚を得るのです。そのように、心の準備をしてください。

ウィパッサナーには近行定で十分

白い円盤や茶色の円盤、あるいはただの穴やメッターの瞑想、またブッダを瞑想することでさえ、その対象に本当に没頭することができれば……、心が本当にそこに没頭し、逸れることなくそこに留まり続けたならば、それがジャーナ（禅定）と呼ばれます。

ジャーナには二つの意味があります。
一つは没頭すること。
もう一つの意味は、焼くこと。
禅定は煩悩を、少なくとも一時的には、焼くのです。

あなたは全く没頭して他の全てを忘れてしまい、心は全くその対象に入り込んで、そこに留まり動揺しない。他の対象に心を移すことが不可能なことすら、時々あります。心は同じ対象に戻ってきてはそこに留まる。とても、とても強い集中です。しかし、これを育てるのはたいへん難しい。しかし、近行定《きんぎょうじょう》を育てることは、とても簡単にできます。近行定とは、つまり近いということ。あなたは中には入っていない。しかし、とても近くにいる。皆さんがこの場所に来る時のようなもの。このホールの中にはいないが、ドアのすぐ近くにいるのです。近行定とはそうしたもので、禅定にとても近い。つまり、心は数分間、対象に留まることができた後、しばらくの間そこから離れて、また戻ってくる……。ちょっと逸れては……、また戻ってくる……。そんなふうに、何度も何度も繰り返すのです。この近行定が得られていれば、ウィパッサナーを修するには十分です。

ウィパッサナーを修するために、
本当の禅定（jhāna）を得る必要はありません。
しかし、一定程度の心の落ち着きと安定性は、
必要とされます。

不自然な呼吸も時には有効

それだけのサマーディ（集中）が得られていない場合であっても、とにかく先に進んで、ウィパッサナーの対象を瞑想することはできます。例えば瞑想の際、心を呼吸に集中させるとしましょう。一呼吸……、二呼吸……。かなり長い間、あなたは呼吸に留まることができます。

私が瞑想した際、最初は呼吸をとても深く、不自然にやろうとしました。それが不自然であることは知っていましたが、こんなふうに深く呼吸をすれば、呼吸に留まることがより簡単になりますので、この方法はとても役に立ったのです。呼吸が心の全てを占めてしまうので、そこから逃げ出すことができませんからね。そうすることで、あなたは呼吸に留まることができますが、長いことそれをすることはできません。しばらくすると、とても疲れてしまいますし、身体も熱くなりますからね。私は最初の十分だけを、この深い呼吸をやりながら座ったものです。最初は疲れますが、しばらくこの実践を続けた後は、もうそんなに疲れることはありません。自分がとても強い息をしているということすら、感じなくなるでしょう。あなたはとても落ち着いて、身体は呼吸を続けている。心は呼吸とともにあります。あなたはもう何も考えていない。もう何も考えることができないのです。

一定レベルの集中を得た後は、通常の呼吸に戻ってください。この粗くて誤った呼吸に留まっていたら、あなたはその粗い感覚に気づいていることになり、サマーディが対象に依存する以上、あなたのサマーディも粗くなるからです。対象がとても粗いものであれば、サマーディもまた、粗くて雑なものになります。普通に呼吸をしていると、呼吸はとてもソフトでゆっくりなものになります。このソフトでゆっくりな呼吸に留まることができれば、あなたの集中はどんどん強いものになってきます。対象が微細になればなるほど、そしてあなたがその対象に留まることができればできるほど、集中はますます強いものになるのです。さきの誤った呼吸は有効ですが、しばらくしたら、それは手放さなければなりません。あなたは有効なものが何であって、いつそれを手放さなければならないかを知らねばならない。

禅定レベルの集中は全く得られないままで、呼吸のウィパッサナーを行ったとしても、ある種の集中力は育てることができますし、しばらくすれば、その空気の出入りをあなたは感じる。本当に、感じることができるのです。ただ純粋な感覚として、あなたはそれを感じることができる。最初のうちは、「私が呼吸している」と、あなたは考える。空気が入ってきて、空気が出ていく。私がそれを、鼻の近辺で感じている。けれどしばらくすると、「私が呼吸している」というのを、あなたは忘れてしまう。「私」も「呼吸」も、もうないのです。入ってくる空気もなければ、出ていく空気も存在しない。鼻ももうない。あるのは感覚と気づきだけで、それが純粋な感覚と純粋な気づきになっていく。もう感覚についての思考ではなくなるのです。あなたは直接にこの感覚にふれており、それは単に感覚であって、もはや空気ですらありません。空気は観念。鼻は観念。入るは観念。出るは観念です。そして「私が瞑想している」というのもまた、もう一つの観念なのです。そうした全ては去って行き、あなたの心は一つの感覚に直接ふれる。そこにあるのは、何も付け加えられず、いっさい概念の添付されていない、純粋な気づきです。あなたは生成と消滅のことすら考えていない。感覚と気づきのことすら、考えていないのです。

瞑想は思考のプロセスを超えたもの

何事についても全く考えないようにしてください。私たちには思考する癖があって、この思考のプロセスを使って物事を理解しようとしてしまうからです。この思考のプロセスは、私たちの左脳で起こります。明晰な観念や興味深い観念を得たいのであれば、私たちは思考し左脳を使う。しかし瞑想とは直観的なものです。ですから瞑想をする際には、私たちは右脳を使用します。これら脳の両半球が、いかに機能するかを理解すれば、あなたは瞑想の際に、自分が何をやっているのかわかるでしょう。しっかりはっきり理解していただきたいのですが、瞑想を本当にしている際には、私たちは何事についても知的に理解しようとしているわけではありません。知的なプロセスは何もないのです。思考は知的なプロセスですが、私たちはこれを越えていかねばなりません。この知的思考の助けに縋ったり、それを使用し続けようとすれば、思考とは通常のものですから、私たちはこの通常の現実に縫い止められてしまうでしょう。通常の現実を超えたものを、もし本当に経験したいのであれば、私たちは思考を手放さなければならないのです。

瞑想をする前には、サマーディ（三昧）が何を意味するのか、ナーマ（名）が何を意味するのか、ルーパ（色）が何を意味するのか、アニッチャ（無常）が何を意味するのか、ドゥッカ（苦）が何を意味するのか、アナッタ（無我）が何を意味するのか、本を読んでそれらを見出すように努めてください。

しかし実際に瞑想をするときには、そうした全てを手放しましょう。何であれ存在するものに、ただ直接にふれていてください。

とても、とてもシンプルであるように！

思考を手放せば、あとは簡単

できる限りシンプルでいるようにしてください。そこにある感覚に、ただふれているようにしましょう。それが生成しているのか消滅しているのか、ドゥッカなのかアナッタなのか、ナーマなのかルーパなのかということさえ、考えようとしてはいけません。思考を介在させることなく、長時間そのようにあり続けることができれば、それは自ら、直観的に現れてくるでしょう。「これは何である」とか「あれは何である」といったことは、語ることのできないものなのです。

無常について、本当の意味で語ることなどできません。実際には、無常について考えることもできないのです。無常を現実に経験する時、それは語ることのできない何かですから。それについて考えようとした瞬間に、もはやそこにはないのです。ですから瞑想中に、「ああ……、何かが生成し消滅している。これが無常か」などと言うことはできません。その瞬間には、あなたはもう瞑想していないのです。あなたは思考のプロセスを使用している。通常の現実に、再び戻っているのです。

瞑想の実践の中で、このことは自然に、何度も何度も起こるでしょう。私たちは思考と分析に慣れきっていますからね。私たちは、何かについて理解することができるのは、それについて考えた時だけだと思っている。思考、分析、そして理解に、私たちは帰ろうとするのです。このことは、何度も何度も起こるでしょう。起こった時には、ただ観察して、「……思考……」と、ただ言うようにしてください。「これはナーマだ」と考えることすら思考であり、また「これはルーパだ」と考えれば、それもまた思考なのです。もしあなたが、「これが生成と消滅か。これが無常か」と考えたなら、実のところそれもまた別の思考なのです。

こうした思考のひらめきが、心に入って来るのを注視してください。よく見ることができるほどに、よく手放すことができるのです。それはすぐには去らないでしょう。とても難しいことなのですが、こうした名付けのひらめきは、徐々に、ゆっくりゆっくり去って行き、そうして一切の言葉が、あなたの心には浮かばなくなります。あなたは存在するものに直接ふれていることができ、概念化せずにそれを理解することができるのです。

このことができれば、残りはとても簡単です。問題は、私たちが存在するものについていつも考えようとして、気を散らしてしまうことにあります。一つの感覚、一つの気づきに、本当にふれていることができたなら、後のことはとても簡単に進むでしょう。

言葉の前にある微細なもの

これから徐々に、ウィパッサナー・ニャーナ（洞察智）について、それがどのように発展していくか説明していきます。それはとても興味深くて、とても自然な話です。もっとも、こんなことは知らないで、ただ瞑想をしたほうが、皆さんにとってはよいのですけどね。

瞑想する前に、私はこうした話を読みませんでした。私はただ瞑想するために森に行き、先生は、私に本は一切読むなと言ったのです。私は先生の法話に足繁く通ったものですが、しばらくすると、「法話にも来なくてよい。行ってただ瞑想しなさい。質問があれば、来なさい。質問がなければ、ただ瞑想するように」と、彼は言いました。私は読むのが好きでしたから、本を手に入れて、どこかに隠しておこうとしたことも時々あります。そうして何日かすると、彼は私に訊くのです。「お前は読書しているのか？」。「そんなには……、そんなには……」。先生に訊かれるのは本当に怖いことでしたからね。「読書はやめなさい。実践するための知識はもう十分だし、読むための時間なら後でもっととることができる。読書はやめて、ただ瞑想し、自分の身体と心にふれつづけていなさい」。そう言われました。

三年間瞑想した後、私はダンマ（仏法）の本を読みはじめました。そしてそれが……、本に書いてあることが、全く真実だとわかったのです。私はそうした全てのことを経験してきて、いまそれを書物の中に見出した。そうして私は、その教えにより確信をもったのです。……これは本当のことだ！

瞑想の際、私は何をしたでしょうか？　私はとてもシンプルなことをやっていたというか、実際のところ何もしてはいなかったのです。私はただ、いまこの時に起こっていることに、ふれ続けようとしただけでした。自分が考えていることに気づいた時には、その思考にふれようとしました。最初の頃は、長いこと考えていたものです。それから私は、「私は考えている」と思い起こします。……そして、「どこからはじまったのだろう」と考える。それから、思考の跡をたどりましたね。とても面白かったですよ。一方が他方とどう繋がっているか。思考と観念、それらは繋がっているのです。そうやって思考の開始点に至ると、「私はここから考えはじめ、そこで終わった。この二つは、互いに全く関係がない！」と、私は思いました。そうしてゆっくりゆっくり、私は考えはじめると、そこで自分が考えていることに気づき、思考のプロセスが止まる、というようになっていきました。……そういう状態に留まるのはとても難しいことです。私は何か他の感覚に、直ちにふれるようにしなければならなかった。そうでなければ、別のことについて思考をはじめてしまうのです。そうしてゆっくりと、スローモーションの形で言葉が自分の心に形成されるのを、私は観察します。とても面白いものですよ。スローモーションの言葉や観念が、私の心に入って来る。次から次へと言葉が移り、そしてまた思考が止まるのです！

後に私は、何か言葉について考えるときはいつでも、それ自体は言葉を超えているある種の感情が、そこに伴っていることに気がつきました。それから私は、何か物事を考える前には、それが人であれ食べ物であれしなければならないことであれ、自分が考えたいことに関する、ある曖昧な観念が、心の中に既に存在していることに気づきました。心の中に言葉を形成する前に、私はその言葉の内容に関する、非常に曖昧な感覚を有しているのです。何かが心に浮かんでくる。それはとても微細なものです。この、何かが浮かんでくるということに気づいた時、それはまた消えて行く……。そして私は、再び落ち着きを取り戻します。浮かび上がってくるものが存在するから、私は本当には落ち着いた状態でいられなかったのです。私の心にはある種の動揺があった。それは飛びまわっていて、何かがそれを後押ししているのです。
この感覚、もしくは感情、あるいは一杯の水を飲みたいといった些細なものであれ、何かをしたいという欲望。それに気がつくようになると、私はそれを観察することができて、するとそれは消えて行く。時々は、心の中に一杯の水のイメージを見ることもあります。そして私は渇きの感覚を感じるのですが、そのことに気がつくと、その感覚はまた消えて、身体と心は再び落ち着くのです。沸騰するポットのように、常に内面には、何か沸き立っているものがある。そのことを自覚すればするほど、それは落ち着き、そして私はただ、思考を止める。ことさら何かをするわけではないのです。

気づきは鏡のようなもの

気づきはただそこにある。
何かに気づこうとするわけではなく……、ただそこにあるのです。
まるで大きな鏡のように、その前を通るものは全て、
鏡の中に映し出される。
鏡が対象を捉えようとするわけではないのです。

対象は通り過ぎ、感覚は生起する。鏡は自動的にそれに気づき、そしてそれは去って行くのです。気づきはただそこにある。あなたは何もしていないのです。この段階において、瞑想とはあなたが行うものではありません。瞑想とは、自然に生じているものなのです。しかし、ここに至るまでにはしばらく時間がかかるでしょう。ある人に言われたことがあります。「あなたは長いこと瞑想をやってきたので、それが初心者にとってどれほど大変なことか、忘れてしまったのかも知れませんね」。そのとおりだと思います。

再び全部を思い返してみますと、最初は逃げ出したかったことを思い出します。すっかり希望を失っていて、「私は本当に瞑想をしたいのに、瞑想は私に向いてないいんだ」と思いました。私には考えすぎる癖があったのですよ。私は心理学や哲学や比較宗教学の本を読むのが好きで、そうすることで、考えすぎるようになってしまいました。作家にもなりたかったですね。時々は、座っていながら文章を、ダンマに関する文章を書いていたものです。素晴らしい思考が心に訪れ、素晴らしい観念が心に育つのです。私は思いました。「ああ……、これは素晴らしい。私はこれを書かなきゃいけない。私のように考えた人は誰もいないだろう!! 私は本当にこれを説明できる。私は本当に人を啓発できるんだ」。すると先生に言われたのです。「書いてはいけない。瞑想の記録すら作ってはいけない」。というのも、記録を残そうとすると、座って瞑想するときに、「ああ……、これは素晴らしい。書き留めておくことにしよう」と、あなたは考えてしまうでしょう。その瞬間に、瞑想はどこかに行ってしまう。その先に進むことができないのです。

あなたは自分の洞察すら手放さなければなりません。「これが起こっているのか。よろしい。手放そう、手放そう」どれほどのものを手放さなければならないかわかりますか？ 私たちは自分の理解に執著する。深遠なものの理解に執著するのです。

【Q＆A】

Q　（質問不明）

A　瞬間定（khaṇik-samādhi）という言葉は、とても重要です。ほとんどの人が、その意味をはっきり理解していません。これを訳すと、「瞬間的な集中」という意味になってしまいますからね。しかし、「瞬間的」という言葉は何を意味するのでしょう？ このサマーディには、「瞬間定」という名前がついている。別のサマーディについて語ることもできます。禅定（jhāna-samādhi）、安《あん》止定《しじょう》（appanā-samādhi）、また近行定（upacāra-samādhi）、即ち、完全な集中と、近似的な集中の状態においては、心は変化しない概念にふれている。サマタ瞑想のサマーディ（samatha-samādhi）が対象とするのは、変化しないものなのです。

ウィパッサナーの対象はプロセスであって、事物ではありません。つまりウィパッサナーの対象は、変化するものなのです。変化するものというのは、それがしばらく留まり、また去って行く、という意味です。対象はしばらくのあいだそこにあり、そして気づきもそこにある。対象への気づきがそこにあるのは、気づきと対象が同時に生起するからです。対象がもはやそこになくなれば、対象への気づきも、もはやそこにはありません。しかし、新しい対象が生起すれば、心はそれにも気づきます。対象は一瞬しか持続しませんから、その対象に対する気づき、もしくはサマーディも、自然、一瞬しか持続しないのです。だからそれは瞬間定、瞬間的な集中と呼ばれるのです。この気づきは、異なった諸対象に対して、何度も何度も繰り返される。それは短いものではあるかも知れませんが、継続的な対象への気づきなのです。

呼気と吸気は、二つの異なったものです。一つの息の中で起こる感覚でさえ、変化しています。それは二、三秒のことですが、たいへん大きく変化している。同じことが何度も繰り返される時でさえ、そこにはある種の変化、不ー連続が存在します。例えば、こんなふうに触ることが何度もありますね。いつも同じものを感じていたとしても、それはやはり新しい感覚なのです。こんなふうに自分自身を触る時、常にそのことに気づいていれば、あなたは瞬間定を育てることになります。そしてあなたは、この瞬間定に、長く留まることができるようになる。最初は数秒のことかも知れませんが、後にそれは数分になるでしょうし、また数時間にさえなり得るのです。瞑想、ウィパッサナー瞑想で非常に深いサマーディを得た際、ある人々にとって、気づきと対象は糊づけされたようになります。それは言わば粘着性のものになって、壁に投げるとそこにくっついてしまうのです。最初あなたがやっているのは、テニスボールを壁に投げるようなもの。それは対象に触れては、また跳ね返って戻ってくる。しかし、しばらくすると、あなたが何かを投げた時、それは対象に留まるようになる。対象は生成し消滅するのですが、あなたの気づきのほうは、その生成消滅を継続的に認知し続けるわけです。そこには、気づきの連続がある。対象が変化し続けているがゆえに、私たちはそれを「瞬間定」と呼ぶのです。

これは、ただ数分の集中を育てるだけで、深い智慧を育てたり、解放を達成できたりする、ということを意味しているのではありません。しかし私たちは数秒の集中からはじめて、それをどんどん長くしていき、そして集中の時間は、一、二、三分……と、徐々に長くなっていく。サマーディが一、二分続いた後、注意は数秒間そこから逸れ、あなたはそのことに気づき、また戻ってくる。そんな調子です。禅定（jhāna-samādhi）においては、「私はこの対象に、気を逸らすことなく一時間留まる」と、あなたは決めることができる。それはまるで、自己に催眠術をかけたり、暗示をかけたりしているようなものです。そしてあなたは、動揺することなく、その対象に一時間留まることができる。しかし、ウィパッサナーの場合、対象は問題ではありません。対象が何であれ、あなたがそれに気づいてさえいればいいのです。

ウィパッサナー瞑想のある段階において、眼前で次から次へと生成消滅する対象を認知し続けるだけの気づきを育てると、あなたはあたかも、座って窓の外に目を向け、車が次から次へと通り過ぎているのを眺めているような状態になります。あなたは車について、それがトヨタであるかマツダであるか、黄色なのか白いのか、といったことを考えようとはしません。あなたは次から次へと去って行くものに気づいている。そこに選択はないのです。

瞑想の初期段階において、
あなたは瞑想の適切な対象を選択します——
呼吸、腹部の膨らみと縮み、あるいは身体における
接触の感覚など、なんであれ適切なもの——そして
しばらくすると、あなたはもう選択しなくなります。
ただ気づいているのです！
対象は常に変化し続けるかも知れませんが、しかし
あなたの気づきは継続している。
瞑想において、物事は常に変化します。
瞑想経験とは、常に同じところに
留まるものではないのです。

時々は、心が一つの事物に没頭することがあり得て、同種——同じものではないけれども同種——の感覚を、あなたは観察する。例えば、こんなふうに触ります。これは同種の感覚です。一つの感覚ではないけれども、同種の感覚が、生成消滅しているのです。あなたは対象とそれへの気づきをともに見ることができて、その両者が、たいへんな速度で生成消滅していることに気づきます。時には、異なった事物が生成消滅していることにも気づくことになります。同種の対象ではなく、異種の対象が、非常に速く、生成消滅しているのです。しかし、どれほど速くそれらが生成消滅しようとも、まるでボールや輪っかといったたくさんのものを同時にジャグリングするジャグラーのように、あなたはそれについていくことができる。気づきはそのようになっていくのです。

瞑想がいつも同じだろうとは思わないようにしてください。時にはあなたの気づきはたいへん広汎なものになるでしょうし、時にはそれがぐっと狭まって、一つの物事、ひとつのとても微細な物事に限定されます。観察の範囲が広すぎて、それにもう追いつくことができず、集中を失い、気が散ってしまうこともあることを、理解しておく必要はあるでしょう。その際には、「ここは注意を狭める必要があるな」ということを、理解しなければなりません。注意を一つの物事へとぐっと狭めた時には、一つの対象に集中すればするほど、その対象がますます微細になり、しばらくすると、それが消えて行くように見えます。それを経験することが、もうできないのです。こうしたことは、時々起こります。サマーディが強くなりすぎて、対象の明晰さが失われるのです。こうした状況においては、もう一つの瞑想対象を選ぶ必要がある。目覚め続けているために、二つの物事を対象にするわけです。時々は没頭しすぎて、サマタ（一つの対象に集中する瞑想）のようになってしまいます。もう生成も消滅も見ることはありません。あなたは没頭して、そこに留まるのです。

ウィパッサナー・サマーディにおいては、ただ没頭して、動かず静かであるだけでは不十分です。私たちは、対象の性質を観察する必要があるのです。

瞑想における対象の性質には二種類あります。
一つは自然な、固有の性質。
そしてもう一つは、共有されている、共通の性質です。

自然な性質とは、例えば硬さや柔らかさ、熱さや冷たさといったものです。熱さと冷たさは同じではありません。それらは異なったものです。しかし、共通しているのは、それらがともに生成し消滅するということです。このことは共通であり、共有されています。これが共有されている性質であるというのは、つまりそれが何であれ、全ては生成し消滅するということ。そしてその点において、それらは共通であるということです。

第四章　最初の洞察智へ

——意識と対象の区別に気づく

スピリチュアルな本性にふれること

ここにいらして、ダンマを学んでいる皆さんにお会いするのは嬉しいことです。皆さんが瞑想しているのを見ると、とても幸せな気持ちになります。皆さんは、喜びに満ちた生を送りたい。もちろん、私たちは誰でも喜びに満ちた生を送りたいし、満足したいのです。私たちは満足を探している。人生全体を通じて、満足を探求しようとしているのです。「私は何か本当に満足でき、永続するもの、つまり永続する満足を与えてくれるものを見出すことができただろうか？」。もし本当にこう訊いてみたら、私たちのうちのほとんどが、「ノー」と言うでしょう。私たちは次から次へと色々なことをやり、短いあいだの満足を得ます。たぶん数時間か、数日か。その時間が過ぎると、満足は去ってしまう。あなたがもし本当に喜びに満ちた生を送り、満足し、満たされたいのであれば（これが最も難しいことです。満たされる〔fulfilled〕こと。いっぱいに〔full〕、十分に〔filled〕なること。それ以上何も欲しくなく、もう何も欠けていないこと。満たされているということは、空虚感の反対物です。満たされているということは、いっぱいに、十分になること。これ以上はないと感じ、満足することなのです）、あなた自身のスピリチュアルな部分にふれるようにしてください。満たされたと感じるために、出かけていって外側の何かを探し求めたりはしないように。私たちは生きるために、生活するために、健康でいるために、たくさんのことを必要とします。

しかし、満たされたと感じるために、出かけていって外側の事物を探し求めたりはしないでください。外的な事物は何も、あなたを満たされたと感じさせてはくれません。唯一、あなたを満たされたと感じさせてくれるのは、自身のスピリチュアルな本性に深くふれること。とても高貴で、とても美しい本性にふれることです。

私たち人間は、言わば二つの本性——低級な本性と、高級な本性——をもっているのです。アビダンマ（テーラワーダの仏教哲学）を学べば、心の要素に二つのカテゴリーがあることがわかるでしょう。一つは「美しい」もの、もう一つは、「美しくない」ものです。私たちは、これら二つの性質を有しているのです。例えば、我儘は美しくないが、寛容は美しい。他の生き物を傷つけることは美しくなく、自制は美しい。マインドフルでないことは、美しくない。心の中を覗いてみれば、そのことはわかるでしょう。マインドフルでない時、心は落ち着かず、あちらへ行ったりこちらへ行ったりしている。家をもたない人のようにさまよって、どこにも至りつかず、あちこちに住み、物事を行う。こうしたことは、健康的ではありません。


心がマインドフルな状態でない時、それは家のない人のように感じられる。とても不安で、とても不幸なのです。

マインドフルでいる時、あなたは本当に在宅していると感じられる。

ですから、「マインドフルネス（気づき）こそ我が家」なのです。

マインドフルでいる時、あなたは在宅している。

マインドフルでない時には、
あなたはどこにも至りつかない路上にいる。

あなたの自己の、スピリチュアルな部分にふれてください。

自身の美しい部分に……。マインドフルでいてください。


本当にひどく何かを欲したならば、それを得る道はあるものです。つまり、あなたが本当にマインドフルでいたいと欲するなら、そうする道はあるということ。難しいことではありません。……もし本当に、あなたがマインドフルでいたいのであれば……。私たちは、己の目標やゴールを、非常にはっきりとさせておかなければならない。あなたは本当に、マインドフルでいたいのでしょうか？　時を追うごとにマインドフルになっていかないかぎり、幸せで喜びに満ち、満たされたと感じる道はないのです。

人生という学校

世界とは、チャンスを与えてくれる場所です。そう、ここにいるということ、人類としてこの人間の世界にいることはチャンスなのです。菩薩（ボーディサッタ、ゴータマ・ブッダの前身）の物語をいくつか読んだ時、私は菩薩たちが、完璧な場所に住むことは望まないことに気がつきました。なぜでしょう？　推測するのはとても簡単なことだと思いますよ！　学ぶことが何もないからです。全てが完璧ですからね。だから彼らは、わざわざ自分が困難に直面するような場所に向かったのです。

ブッダと彼の従兄弟の話を読んだ時もそうです。彼はブッダをたくさんのトラブルに巻き込みましたね。誰のことでしょう？　デーワダッタ、そのとおりです！　彼はブッダをたくさんのトラブルに巻き込みました。私はまさにそうしてくれたことで、デーワダッタにとても感謝しているのですよ。とても逆説的なことに聞こえるかも知れませんが。どうしてでしょう？　デーワダッタのおかげで、私たちはブッダの優れた徳性について、より多くを知ることができるからです。そうでなければ、どうやって私たちはそれを知ることができたでしょう。ある意味で、彼はブッダがその完全性を明らかにし、それを私たちに示すことを可能にしてくれた人なのです。

とてもたくさんの困難と不完全を抱えるからこそ、この世界は学びのための素晴らしい場所なのです。

世界はチャンスを与えてくれる場所であり、私は学びと成長の機会を心待ちにしています。すべての困難は、学びと成長のためのチャンスなのです。この一つのことを本当に理解すれば、たとえどんなことが起ころうと、あなたは自分の人生を無意味だと感じることが決してないでしょう。物事が上手くいこうが駄目であろうが、あなたは常に、そこから何かを学んで成長することができます。実際のところ、私たちはそうした困難に直面して、それを適切に、つまり適切な仕方で克服した時に、より多くを学び、成長することができるのです。困難に反応して、そこでさらに不健全な行為をしてしまったら、私たちは学びません。成長しないのです。

困難は学ぶための、成長し、よりよい人間になるための機会です。人生を長い学びのプロセスとして見れば、人生で起こることに、無意味なものは何もありません。全てに意味があるのです。

私たちがここでやっていることはそれです。常に、一日中マインドフルであり続けること。……たくさんのものを見て……聞いて。心はそれに反応し続けています。

こうした全ての経験に対して、
心がいかに反応するかを観察すること。
ただそうすることによって、
私たちは学び、成長するのです。

ご自分を、大きな大学で生涯学習する生徒だと考えはじめてみてください……。カリキュラムは、あなたが生きている世界に対して、生まれた瞬間から死ぬ瞬間までに、取り結ぶ関係全てです。これは非公式の学校。一つ一つの試みは、学ばれるべき価値あるレッスンであり、また一つ一つの経験も、学ばれるべき価値ある経験なのです。要は単純なことで、どこであれあなたのいる場所を、学びの場にしてしまうということです。

自分自身と、自分の周りの世界について
学べることを全て学びましょう。
実際のところ、これは本当に教育なのです。
自分自身について学び、そして

自分の周りの世界について、また
自分と世界の関係について学ぶこと。
世界とは、生きているものとそうでないものの全てを含みます。
これが最高の教育なのです。

考える瞑想と考えない瞑想

さて、私たちの瞑想の対象がパラマッタであって、それは精神的と物質的の現象が有する自然の性質であるということは、もうわかりましたね。例を挙げましょう。見ること……、誰でも視覚をもっています。誰でもものを見るのですが、瞑想者は、とても違った見方をするのです。瞑想の際、あなたは何をするのでしょう？　見ていることに対する気づき。あなたは何かを見て、それについて考えることなく、その感覚に完全に寄り添っている。これが大変重要です。「それについて考えないこと」。考えることは、ウィパッサナーではありません。サマタではあり得るかも知れませんけどね。この両者については、非常にはっきり理解しておくようにしてください。

ある人々は瞑想に関する本を読んで、瞑想する時には、何かについて考えるのだと言ったりします。その通り。それも一つのタイプの瞑想、即ちサマタ瞑想です。例えば慈愛の瞑想（mettā-bhāvanā）において、あなたは人々について考え、慈しみの思いを念ずる。仏随念の瞑想（buddhānussati-bhāvanā）でもまた、あなたはブッダとその徳性について考える。そしてブッダの徳性に没頭した時、あなたの心は自動的にその徳性の内に入りこみ、心はブッダと同じ徳性を、なんとか一定程度もつことになります。

メッターについてさえも、事情は同じです。あなたがメッターを育て、またそうすることに慣れた時には、誰のことも何のことも考えていないのに、ある種の愛の感覚を感じることがあるのです。あなたはそうした状態に至ることができる。実際のところ、これはメッターの高次の状態なのです。もはやそれについて何も考えてはいないけれども、あなたはそれを感じている。とても温かく、思いやりがあり、柔らかで寛大な気持ちになるのです。

したがって、考えながら実践する種類の瞑想は存在するのですが、考えないで実践する別の種類の瞑想も存在するのであって、ウィパッサナーは考えないほうに属します。しかし私たちは考えることに慣れきっているので、ウィパッサナーを実践している最中にすら、そのあいだに思考は何度も何度も入ってくる。ウィパッサナーについてすら私たちは考えてしまいますし、またその他のことについてもです。私たちは自分の経験にコメントする。私たちの心には、コメントを好むもの、コメンテーターが存在するのです。ニュースや映画を見るときに、起こっていることについて語り、解説する人がいるようなものですね。心とはそうしたものなのです。

私たちの心は、常に物事を説明している。
これはこれ、これはよい、あれは悪い。
心の中で、コメンテーターが常にコメントをしているのです。

あなたが瞑想していて、事態は上手く運んでいる。すると思考がやってくるのです。「ああ、とてもいい感じだ。事態は上手く運んでいる」。

思考という障害

瞑想する際には、考える必要がないということを、私たちは知っておく必要があります。思考はやって来るでしょう。しかし思考を奨励してはならない。それがどんなに美しいものであってもです。私がまだ初心者のころ、瞑想していると時々、たいへん美しい思考が次々と、とても美しい繋がり、とても興味深い繋がりをもって心に入って来たものです。私はこうしたダンマの思考に、とても執著していたので、それらを手放すことができませんでした。私はこれらの思考を覚えておきたかったのですが、それが大きな障害となったのです。

友人たちと一緒に瞑想していた時、彼らの多くはそれほど知的な人たちではなくて、あまり多くの本は読みませんでした。彼らは何冊かのダンマの本を読んでいましたが、それ以外のテーマに関してはあまり多くを読んでおらず、考えてしまうことがあまりなかったのです。そして、とくに私は若いころ文章を、思想的に豊かな文章や、ダンマに関するよい文章を書きたかったものですから、その野心と抱負のゆえに、瞑想すると心にダンマの思考がいつもやってきて、私はそれを手放すことができなかったのです。このことゆえに、あまり高い教育を受けておらず、知識人でもなかった他の全ての友人たちよりも、私は瞑想の進歩に、長く時間がかかることになったのです。

彼らはより深いサマーディを得て現実にふれ、非常に深遠な智慧を得ていました。私は時々、とても恥ずかしく感じることがあったものです。「教育のないこの人たちが、私より上手くやっている」。競争がはじまり、それが心に入ってきます。「彼のほうが上手くやっていて、私は同じようにできていない」。先生に会いに行った時、彼は私に訊いたものです。「瞑想はどうだ?」。「特別なことは何もありません」、そう私は言いました。「でも、幸せな感じがします」。ほんの少しばかり幸せが増した感じがする、ということ以外、私には何も言うことがなかったのです。

ある時、とてもシンプルで明らかな洞察が、私の心に浮かびました。即ち、私は常に、何かを恐れているということです。しばしのあいだ、心がたいへん落ち着いて安らかになり、そうなってから、私はそれ以前の人生において、このような平安を感じたことが一度もなかったということを、思い出すことができたのです。実際のところこれは深い洞察ではなく、いかなる種類のニャーナ(洞察智)でもありません。それはただの落ち着きであり、気づきでした。完全にマインドフルで、落ち着いて、とてもリラックスしていて、何事についても考えない。未来についても過去についても考えず、まさにいま・この瞬間にいる。とても静かで安らかな、ほんの数瞬の状態です。この状態から出た時、私はこのような平安を、それまでに一度も感じたことがなかったことがわかりました。人生を通じて、私は何かを恐れていたのです。私は成功した人間になれないこと、愛し、愛されないこと、そうしたたくさんのことを恐れていた。その恐怖はたいへん曖昧であることもあります。それについて語ることすらできないけれど、それでも人は感じている。人は恐怖を抱えているのです。

経験それ自体が意味ではない

いずれにせよ、瞑想する時、私たちは考えません。思考が浮かんだ際には、ただその思考を認識し、手放します。後に別種のウィパッサナー、チッタアヌパッサナー（心随観、心の観察）を修する時には、思考を調べるのもいいでしょう。しかし初心者のうちは、思考を追わないようにしてください。もし思考を追ってしまったら、それはひたすら続いてしまいますからね。

例えば何かを見ている際、私たちは本当には何を見ているのでしょう？　私たちが見ているのは色だけで、この色というのは網膜の反応です。科学的に説明すれば、私たちの脳が色だと解釈しているのは、網膜の反応だということになる。では何が網膜に入ってきて、それにぶつかっているのでしょう？　それはルーパ（色）です。

ルーパというのは、外界に存在しているものではありません。実際そこに本当には何が存在しているのかということを、私たちは知らないのです。見る時には、目の中と、そして脳と心の中で、何かが起こっている。それらは全て、ともに繋がっているのです。異なったエネルギー、異なった周波数をもった光子に我々の神経系が反応し、異なった強度のインパルスを発生させて、それが色をつくっている。色覚異常の人たちは、異なった色を見せても、その全ての色を見ることはできません。彼らにわかるのは、かすかな色の濃淡だけです。いわば色はそこにあるのだけれど、彼らはそれを経験しないのです。

私たちが「色」とか「見る」とかいった言葉で意味しているのは、つまり私たちの経験であって、外界に存在する何かではないのです。この考え方を理解しようと努めてください。私たちが見るのは自身の経験だけであって、外界に存在するものを本当に見ているわけではないのです。外界には何かが存在するのかもしれません。外界には何かが存在して、それが私たちの経験の基盤になっているのですが、私たちはそれが何であるのかを本当には知らないのです。私たちは網膜に落ちてくる何かを経験し、網膜は何かしらのインパルスを作り出して、神経系がそのインパルスを脳に運ぶ。心と繋がった脳によって、私たちは解釈を行います。こうしたことを説明するのはとても難しいことです。私たちが人間を見る時、それは私たちの心の解釈であって、目の解釈ではないのです。目は色以上の何も見はしないのですよ。

ブッダは実に簡潔な瞑想の指示を与えています。

「見る時は、ただ見ることだけがある」
(diṭṭhe diṭṭhamattaṃ bhavissati ~ Udn 8)
ただ見ることだけがある。付け加えられるものは何もなく、解釈もないのです。

瞑想の際に、私たちが行おうとすることはそれです。私たちは、自分の見ているものに、気づこうとするのです。最初は思考が続くでしょう。これは美しい。これは素敵だ。しばらくすると、そうした思考が浮かんでくるのを観察するにつれて、それらはスローダウンし、スローダウンしていって、そして停止します。最初に思考をやめた時には、あなたは思考なしには何も経験している気がしないでしょう。経験が、とても曖昧になるのです。それは無意味になる。実際、経験は無意味なのです！　私たちは意味を創造する。ある水準においては、意味を創造することは私たちにとって重要です。しかしウィパッサナー瞑想をしている際には、私たちは通常の経験を越えた何か、通常の現実ではないもの、自然ではあるが通常ではないものを、経験しようとしているのです。

私たちは意味を創造し、私たちは解釈する。実際のところ、私たちは自分の解釈を理解しているのです。何かを私たちが理解する際、それは自分自身の解釈であるということ。私たちは己の解釈について、多くの人たちとの合意を得ています。あなたは何かをある一定の仕方で解釈し、私も何かをある一定の仕方で解釈する。私たちはそこで合意をしていて、それで「ええ、あれはそれですね」と、私たちは考える。しかし実際のところ、それは解釈に対する単なる合意にすぎないのです。私たちは外界に何があるのか本当には知らない。解釈に合意しているだけです。

瞑想する時、私たちはとてもシンプルになる。
心が極度にシンプルになるのです。
思考はとても複雑なもの。
思考がなければ、経験、つまり感覚的な刺激は、とてもシンプルなものになります。
私たちはこのシンプルなレベルへと降りていく。
私たちはそれについて考えることなしに、何かをただ見るのです。

気づきに気づくこと

例えばこんなふうに絨毯を、考えることなしに見て、そして思考が止まったら、私は自分が見ているものに気づいているのです。つまりは色と模様ですが、模様でさえも、一種の組み合わせではありますね。もう私は、絨毯のことを考えない。すると絨毯は、もう存在しなくなるのです。存在するのは、ただ私が見ているものだけ。異なった色があるだけで、絨毯はもうないのです。このレベルまで到達した時、あなたはパラマッタにふれている。初心者にとって、これを行うのはなかなか易しいことではありません。

ですから何かを見ている時、私たちは対象が、いわば眼にやって来るのに気づいている。そして考えるのをやめ、対象への気づきをますます深めると、対象に気づいているこの気づきに、あなたは気づくようになる。何かがあるということを、知っている何かが存在するのです。あなたは気づきに気づくのですよ！　これはとても重要なことです。ここではじめて、プロセスが完結するのですよ。対象があって、あなたは対象に気づいており、そして対象への気づきに気づいている。二つのことが、継続しているのです。このことはゆっくりと生じるでしょう。私たちがしようとしていることはそれなのです。

気づきの気づきは、とてもパワフルです。それによって、あなたは本当に生きていると感じるでしょう。生徒の一人が私に語ったことですが、初めて気づきに気づいた時に、彼女は自分がたったいま人間になったような気がしたそうです。本当に人間であるということは、自分が気づいているということに気づくことです。これはとても貴重なこと。この気づきは、実に貴重なものなのです。

初心者の場合、何かを見ると、心が直ちにそれを解釈しはじめてしまう。「ああ、これは素敵だ……。これは好きだ。これは美しい」。それは絵画かも知れないし、林檎かも知れない。車かも知れないし、男かも知れない、女かも知れない。そういったもろもろ。あなたは直ちに、自分の解釈したものを見てしまう。そんな時にはどうしましょう？　慌てないでください。そうした思考が浮かんだ時には、すぐにそのことに気づくのです。何かを好ましくないと思ったら、「私はこれが好きじゃない。これはひどい」、そういった、好まないこと、反感、落胆、そんな思考が浮かんだ際には、直ちにそれに気づくこと。ことはそのように続いていきます。それは長いこと続くでしょう。解釈し……、反応する。解釈し……、反応する。しかし解釈をやめた時、あなたはもう反応することがないでしょう。

解釈と反応をやめるに至るまで、
これを長いこと続けてください。
そうしてあなたは、存在するのが
対象と気づきだけであることを知るでしょう。

気づきは対象ゆえに起こる

しばらくすると、この対象のゆえにこの気づきが起こるということに、あなたは気づきます。眼を閉じると、あなたは何か他のものに気づく。眼にはある種の曖昧なイメージを見ることができるのですが、外界のものには何も気づいていないのです。記憶はあなたに、そこにたくさんの座っている人々、だいたい六十人くらいの人々がいることを告げますが、それはあなたの記憶がそう言っているのです。眼を閉じると、あなたはその対象にもう気づきません。開けると突然、そこに気づきがあるのです。この気づきは、対象に条件付けられている。この対象があって、この気づきがあるのです。事態を逆から捉えた時にも、この気づきのゆえに、対象への気づきが起こるのだということが、あなたにはわかります。この気づきがなかったら、対象の存在を見ることはできません。あなたはそれを知ることができないのです。

あなたはことを両面から見る。ある時は対象を見て、そこに対象があると知りますが、これは気づきです。対象ゆえに気づきがあり、気づきがあるからこそ、そこに対象があると言い得る。あなたは気づきにも気づくのです。

この対象は、心にどのように影響するのでしょう？　何か美しいものを見ると、それはあなたの気づきを惹きつけます。それはあなたの意識を惹きつける。あなたはもっと見たいと思い、注意を逸らしたくないと思う。その対象、その感覚と、もっとともにいたいと思うのです。あなたはそうしたイメージ、そうしたルーパ〔物質〕が、意識を惹きつけているのがわかる。だからあなたは、心をその対象へと向けるのです。これは心を転換し、意識に方向を与える心の要素です（アビダンマにおいて、これは作意〔manasikāra〕と呼ばれます）。

そこであなたは、対象のゆえに、心が対象へと向くことを知る。何かがはっきりと見えない時、あなたはそれを見ようとします……。そこに、何かがそこにある。そのように、あなたに見るよう仕向けているものは何でしょう？　対象による誘引です。心、意識は対象に惹きつけられる。この対象が、何らかの力をもっているということがあなたにはわかります。それは意識を惹きつけるのです。

全体のプロセスの中で起こることには、それが何であれ、ふれ続けるようにしてください！　もう一度やってみましょう。目を閉じる。そこに外界の対象への気づきはない。……さて、目を開けます。これを二、三回、とてもマインドフルにやってみると、目を開けた途端に、心の中で何かが起こるのがわかるでしょう。気づきが直ちに現れるのです。あなたは気づきの、即時の現れを経験する。私たちはこのことを、習慣としてたいへん長く続けてきましたから、それを本当には知らないのです。私がこれをする時は、椅子に座って外の森と丘を眺め、目を開けたままにして、この見ることの気づきにふれ、対象に気づき、色に気づいているようにします。そうして目を閉じると、それは消えてしまうのです！　対象が消え、気づきが消える。

意識には常にすき間がある

私たちは目を閉じても、内側の誰かがそのことに気づいており、その誰かは存在し続けると信じがちです。私たちはその「気づいている誰か」を、持続的なものであると理解している。上記のことをとてもマインドフルにやってみると、目を閉じ、対象が消え、そして対象の意識も消える。それから別の意識がそこに立ち上がってきます。別のもの、新しいものです。先週申し上げたとおり、全てこの世界に起こることは常に新しいのです。

全て条件付けられた現象は常に新しいのです！
古いものはなにもない。常に新しいということの意味は、
常に生成消滅しているということ。というのも、
もし消滅しないならば、それは新しくあり得ないからです！
それは古くなくてはならない。
何かが長いこと留まるならば、それは古くなるのです。
何かが常に新しいということは、
つまり、それが生成消滅するということ。
新しいということは、生成消滅することなのです。

目を開け続けたらどうなるでしょう？　意識はずっとそこにある？　いいえ、ずっとそこにはありません。それが大変な速度で生成消滅するものだから、私たちはそれがずっとそこにあると考えるのです。生成消滅しているのは、同じタイプの意識ですからね。意識のタイプが同じだから、私たちはそれが同一だという感覚を抱く。それは同一ではありません。ただタイプが同じであるだけです。この二つは、全く異なった事態です。長く瞑想した後に、あなたはこのことを経験するでしょう……。この気づきそれ自体、それもまた生成消滅するもので、そのあいだにはすき間があるのです。

初心者にとって、この認識をすることは簡単ではありません。瞑想に長いこと、多くの日々を費やした後、すき間が常に存在することを、あなたは経験することができるでしょう。物事を「これ」といった形で見た際には、それは非常に固いものとして現れます。しかし、あなたがもっともっとマインドフルになった時には、固体性というものを、あなたはもう経験しません。全ては震動し、運動するものとなる。私たちの網膜もまた、常にオンとオフを繰り返しています。そうしてあなたは、自分の眼の中で何かが起こっていることに気づくことになる。ちょうどテレビのブラウン管を見ているようなものです。ドットが生成消滅している。あなたはそのことに、ますます気がついていくようになる。

この段階に達した時、一部の人たちは、「眼が何かおかしい。ものがはっきり見えない。焦点が合わない」とこぼします。もしあなたにそれが起こったら、それは自然に起こることなのだということを、思い出すようにしてください。ますますマインドフルになっていくにつれ、普通であれば感じないものが、とてもクリアになってくるのです。
聞くことについても、同様です。

思考が経験を強烈にする

座って瞑想する際には、私たちは目を開けて瞑想することも、同様に学ばなくてはなりません。しかし初心者のうちは、目は閉じたほうがよいでしょう。

ブッダは聞くこと、見ること、味わうこと、嗅ぐこと、身体で感じることの瞑想を教えました。
そして思考についてもまた。六感全て。残されたものは何もありません。
自分自身を、この六感全てにマインドフルであるよう訓練してください。

しかし初心者のうちは、目は閉じておくのがよいです。座っている時、聞くことのスイッチを切ることはできません。あなたは音を聞く。最初はそれらを解釈してしまいます。これはトラックだ。これは人が話しているのだ。そしてこれは、誰かがそこを歩いているのだ。あなたはそれを解釈する。解釈する時はいつでも、あなたは反応しているのです。あなたは誰かが話しているのを好まない。「誰かがとても大きな声で話している。ここはとてもうるさい。とてもたくさんの車が道路を走っている。さて私はどうしよう」。あらゆる種類の思考が心に浮かんできます。

心に浮かんでくる思考に、ただ気づいていてください。そしてあなたが解釈しコメントしていることを知ってください。

心の反応と解釈に、マインドフルになればなるほど、それはますます少なくなっていくでしょう。しばらくすると、解釈し反応しはじめた瞬間にあなたはそれに気づき、それは止まるのです！　それを何度かやった後、あなたは反応するのをやめる。しばらくのあいだ、あなたは何かを聞き続けるけれども、それを解釈することはない。そして非常に長いあいだ、解釈をしないでいると、おかしなことがまた起こるのです。あなたは物事をあまりよく経験していないような感じになる。あなたの経験、それはもう強度を保たなくなるのです。

思考のゆえに、私たちは何かをより強烈に経験するのです。ですから、考えることをやめて、ただそれに気づくようになった時には、私たちは何かを本当に強く感じるということがもうありません。つまり私が言いたいのは、物事がもはや程度の激しさを伴わないということです。痛みについてすらそうです。例えば座って瞑想をしている時に、膝が痛むとしてみましょう。痛みに反応すればするほど、それは激しいものになります。それについて考えるのをやめて、何もしようとはせずに、ただその痛みに気づいていて、それを克服しようとはせず、解釈もせず、ただその痛みとともにあれば、しばらくの後、その痛みは曖昧になり、以前ほど痛くはないと感じられます。思考のプロセスが、感覚をより強いものにするのです。

考えるのをやめて、ただ対象に気づく時、

それはとても曖昧になりますので、私たちは何かが失われているように感じます。私たちは、何かを掴んでいたいのです。

例えばあなたが大きくて丸い、よく滑るボールを持っているとします。あなたはそれを、片手で持つことができるでしょうか？　できませんね。それは大きくて丸い、よく滑るボールですから。しかし、そこに取っ手を付けたとすれば、あなたは取っ手によってそれを掴むことができる。名称であるとか、タグであるとか、解釈であるとかは、ちょうどこの取っ手のようなものです。その取っ手によって、私たちは物事を、たいへんしっかりと把握することができる。私たちはそれを手放そうとはしませんが、その取っ手がなければ全てがつるつる滑ってしまい、保持することができないのです。考えることをやめ、対象に直にふれた時には、あなたはもう何も把握することができません。それは滑りやすく、曖昧なものになる。そうなるべきものなのです。

音は心の中にある

ですから、音を解釈するのをやめてください。直にそれにふれていれば、音によって聞くことが続いているのだとわかるでしょう。聞くことはどこで起こっていますか？　最初あなたは、聞くことが耳で起こっていると感じます。音波が耳に当たっていることすら、感じとることができるでしょう。あなたは本当にそれを感じるのです。非常に敏感になってくると、あなたは音波を、肌でも感じることができるでしょう。それは耳だけでなく、肌にもやって来て触れているのです。あなたは音にとても敏感になり、しばらくすると、それはまたとても痛いものになります。

友人の一人がよい瞑想者で、彼は医者でもあるのですが（医者はたいへん一生懸命働くものですから、そのせいで、彼らには一生懸命働く習慣がついています。実際、医者になるためには必死に勉強しなくてはならないし、瞑想するとなると、彼らは同様に、たいへん一生懸命やるのです）、その人が言うには、「瞑想する時、はじめ私は、この音は外にあり（彼はこのように、交通量が多くて人口の多いエリア、しかも角地に住んでいました）、その音が私にやって来て、それを耳の中で感じるんだと思っていた」。後に彼は、「音は耳の中で起こっている」と考えました。そしてしばらくした後、彼は音が心の中で起こっていることに気づいたのです。彼はそれを心の中で感じることができた。

音の意識と対象それ自体とが、互いに触れ合う。あなたはその、対象と意識が互いに触れ合う衝撃を感じるのです。これをやってみてください。騒音に、異なった種類の音に、思いきりマインドフルになるのです。それについて考えてはいけません。最初は、音が外にあるように感じるでしょう。しばらくすると、耳の中で音が起こっていると感じるようになる。そしてまたしばらくすると、あなたは音が心の中にあると感じるでしょう。

心なしには、何も経験できません。

この意識の生起ゆえに、あなたは自分が音を経験していると感じるのです。

快や不快は解釈によるもの

プロセス全体を経験するようにしてください。そのプロセスにおいて、あなたは好悪をもって反応するかも知れませんから、それにも気づいているように……。私はこの音が好きだとか、私はこの音が嫌いだとか、そんなふうに反応した時には常に、それにも気づいているようにしてください……。これは聞き心地が良い、これはとてもひどい、この音を聞くのはとても痛々しい、そんな反応です。

普通には、私たちの眼が快（楽）か不快（苦）かの感覚を経験することはありません。眼は、ただ中立（不苦不楽）の感覚を経験するだけです。しかし、見る際に私たちは解釈をして、それで好きだと感じた時は幸せを感じ、嫌いだと感じた時は不幸を感じます。これは眼識（眼の意識）ではなく、意識（心の意識）のはたらきです。そんなふうに私たちが解釈をせず、眼識のはたらきが止まるところまでとどまったならば、私たちは何らの快も不快も経験しません。全てが中立になるのです。何かを見た時、快いものも不快なものもない。解釈こそが、それに快や不快の性質を与えるのです。

溶接のような、とてもまぶしいものを見ると、とても眼に痛く感じられます。そこで痛いのは眼の対象なのかルーパなのか、という疑問が起こりますが、実際のところ、痛みを解釈しているのは網膜ではありません。痛みを感じているのは、身体の別の場所です。耳についても同じことです。それが気づいているのは音だけであって、痛みに気づいているわけではありませんが、それらは全て同じ場所に存在します。それらは全て、同質のものとして混在しているのです。

こうしたことを、しっかりはっきり理解するようにしてください。これらは私が説明しようとしている、古典的な注釈の話ですから。

瞑想する時に

こうしたことを考える必要はありません。
起こることの理解を、ひとまず今だけ試みてください。
瞑想する時、あなたは考えることがなく、
理解しようとすることもしない。
ただ直接に、起こることにふれるだけです。

嗅覚・味覚・触覚について

鼻で嗅ぐこと、においについてですが、例えば座って瞑想する時、何かが燃えているにおいのすることが時々ある。瞑想ホールでは多くの場合、お香を焚きますからね。これを好む人もいますが、嫌いな人もいます。あなたはそのにおいを感じ、それについて考える。これは甘いにおいだ。いいね。時々、それが嫌いな場合には、「この人たちは、このひどいにおいを好んでいる。

なんでこんなものを焚くんだ？　肺に悪いだろう」と言う。あなたは考えはじめてしまうのです。そんなふうに考えはじめてしまった時には、その思考に気づいてください。好むとか好まないとかいうのは、私たちの解釈です。私たちは何かを好むように条件づけられており、また何かを好まないように条件づけられています。ですから、それは私たちのもつ条件づけです。もし本当に、それが肺にとってよくないと感じるのなら（においにアレルギーをもつ人たちもいます）、どこか別の場所で座ってもよいのです。

大切なことは、反応しないこと。解釈しないことです。

何かのにおいを嗅いだ時、あなたはただそれに気づく。このにおいゆえに、この意識が存在する。においに敏感な、この身体の部分があるからこそ、この意識が起こるのです。対象と、感覚の身体的基礎（根）、そして意識。瞑想において、あなたはこの三つ全てに気づくことができますが、しかし、この三つの異なったもののことを、考えようとはしないでください。この三つのどれにでもあなたは気づくことができますし、一つに気づくことができればそれで十分なのです。この異なったものの全てを、見ようとはしないでください。ある人々にとっては、そのうちの一つの側面を見るのが易しいでしょうし、別の人は別の側面を見るでしょう。しかし、それは同じプロセスなのです。三つのうちの一つの側面に気づいていさえすれば、それで十分です。過度に頑張り過ぎると、あなたは落ち着きを失ってしまう。それについて考えはじめてしまうのです。

ふつう座って瞑想する際には、とくに何かを味わうことはありません。時々、口の中で酸っぱい感じがすることがあるかも知れませんが、それほど明らかな感覚ではありません。したがって、それはさほど重要なことではない。しかし食べる時には、それが美味しければ私たちは好みますし、美味しくなければ好みません。その際には、対象への反応が続くのです。ですから、食べる時には気づきと自覚をもって食べること。食べ物のにおいがすると、私たちはそれを好むか好まないかのどちらかです。ふつう瞑想ホールで座る際には、食べることはありません。味わうことに関する気づきを、実践する必要はないのです。

身体についても同じことです。あなたは身体に何かを感じる。解釈することなく、その感覚に直にふれてください。私たちは常に、身体に何かを感じています。例えば呼吸をする時、それは一種の感じであり、感覚です。空気がとても優しく鼻孔に流れ込んできて、また鼻孔から流れ出ていく。そこにはある種の感覚が、持続的に存在します。そこで私たちはその感覚に、考えることなく直にふれる。それは長いかも知れないし、短いかも知れない。瞑想の主たる対象は、その全体のプロセスに気づくことです。経典においては、「長く息を吸う時は、長く息を吸っていると知る（Dīghaṃ vā assasanto: dīghaṃ assasāmīti pajānāti ~ MN i.56）」と言われています。これを読むと、「私は長く息を吸っている。私は長く息を吐いている」と、呼吸について考えなくてはならないように聞こえます。そんなことをしようとしたら、あなたは落ち着きを失ってしまうでしょう。やり過ぎているのです。初心者にとっては、ただ「吸っている」、もしくはただ「入る」と言いつつ、息の全体をはじめから終わりまで感じることが有益でしょう。

感じてください。それについて考えてはいけません。
あなたが考えることを本当にやめて、
呼吸に直にふれはじめれば、心は直ちに、
別種のモード、異なったモードへと移行します。
(テレビには、たくさんの異なったモードがありますね)
心もまた、はたらきかたの異なる複数のモードをもつのです。

ラベリングは杖のようなもの

言葉を使う時はいつでも、私たちはこの通常の現実において機能しています。他方、いかなる種類の言葉も、いかなる種類の形やイメージも使用するのをやめた時、私たちは異なったモードで動いている。そして瞑想においては、私たちは異なったモードで動くのです。私たちは物事を、慣れ親しんだ普通の仕方ではなく、異なった仕方で理解する。言葉を使用するやいなや、直ちにあなたは、自分の心を通常の見方やはたらき方へと、引き戻しているのです。このことは瞑想の初期に起こります。私たちはそれを直ちに根絶することはできません。それが起こった時にはいつでも、そのことに気づくようにしてください。

初心者にとっては、考えること、ラベリングすること、名付けることも

また役に立ちます。しかし、しばらくしたら、それらは手放さなければなりません。それはあたかも、歩く時に、杖を使用するようなものなのです。

自分が弱っていると感じた時には、何か支えてくれるものが必要になります。歩行用の杖であるとか、時にはロープとかですね。身体に障害があったり、何か怪我をしている人たちは、リハビリをし、再び歩くことを学んでいる時に、転ばないようにつかまる何かを必要とします。彼らはロープや手すりにつかまって、ゆっくりと歩く。しかし歩くことを学んだ後には、ロープや手すりは不要です。そうしたものを、彼らは手放す。だって、もし何かにつかまり続けていたら、どうなりますか？　彼らはそれに頼るようになってしまい、つかまるものはむしろ障害と化してしまうでしょう。

例えばあなたが歩きながら、杖を使っていたとする。一歩ごとに杖をあなたは下ろし、次の一歩で、またあなたは杖を下ろすわけです。もしあなたがとても弱っていて、とてもゆっくり歩いているなら、そのように杖を使うことはたいへん有益だし、役に立ちます。しかし走ることを既に学んでいるのに、一歩進んでは杖を下ろし、また一歩進んでは杖を下ろすということをやろうとしたら、あなたは走ることができるでしょうか？　そんなことをしようとしたら、ゆっくり進まざるを得なくなります。ですから、あなたは杖を脇に置く。それはかつて役に立ったが、いまは必要ないものなのです。

あなたは瞑想実践の仕方に、大いに習熟する必要があります。

初心者にとって、「吸っている、吐いている……、吸っている……、吐いている」とラベリングすることは役に立ちます。心が非常に雑然としていて落ち着かないから、ラベリングが役立つのです。心を一つの息に留めることは難しい。だからあなたは言葉を使い、心を呼吸へと、何度も何度も引き戻すのです。

呼吸に留まることを学んだ後は、この「長く吸っている」を手放して、ただ「入る」、「出る」を使いましょう。しばらくしたら、それさえも手放してください。もう何も言う必要はないのです。

初心者にとって、何らかの集中や気づきを育てる方法はたくさんあります。以前お話ししたように、一つの息の最中に、一、二、三、四、五、六と、十までの数を数えるなど。これをやってみてください。息を吸う時に、最低で五、最高で十までの数を、心の中で数えるのです。なぜそれをするのでしょう？　心を呼吸に、次から次へと、続く呼吸に留めたいからです。もしこれをしなければ、ある一秒には呼吸に気づいているけれども、次の一秒には別のことを考えて、心が逸れてしまうことになる。心が逸れてしまわないために、何か別のことを考えてしまわないために、あなたは数えようとするわけです。そんなわけで、これは初心者にとっては有用です。

しばらくしたら、数える必要はありません。
名づける必要もありません。
何もする必要はないのです。
ただ、呼吸とともにいてください。

何であれ存在するものとともにあること

瞑想をしている際、あなたは身体にいろいろな感覚を感じるでしょう。時には熱く感じ、時には冷たく感じる。時にはぞくぞくし、時にはただ痛い。その感覚が非常に強いものになると、自然に心はその感覚へと向かいます。心がそこへ行くのを止めることが、あなたにはできない。心がそこに行ってしまったら、その感覚とともにいてください。何も問題ありません。ウィパッサナーの対象は、変わってもよいのです。あなたが対象に気づいている限り、あなたが考えていない限り、瞑想の対象は変わっても構いません。だからこそウィパッサナーの禅定（集中）は、カニカ・サマーディと呼ばれるのです。それは瞬間定と訳される。瞬間定というのはつまり、対象は変わっても、集中（定）は存在し続けるということです。一つの対象は数瞬持続し、あなたはその対象とともにいる。それが消えると、心は別の対象に移り、それが数瞬、実際のところは一瞬だけ持続するのですが、あなたはまた、その対象とともにいるわけです。

瞬間定とは、あなたが対象に一瞬だけ気づくこと、あるいは集中が一瞬だけしか持続しないことを意味するのではありません。

それが意味するのは、あなたの集中が瞬間……、瞬間……、瞬間……、瞬間、と、このように間断なく起こることです。

間断なくというのは、集中が途切れてしまわないこと。

これがカニカ・サマーディです。


なんであれ、たいへん強くてクリアな種類の感覚が生じた時には、それが音であれ痛みであれ、その感覚とともにいてください。何も問題ありません。

瞑想する際には、なんであれいまこの時に起こることが、あなたの瞑想の対象です。前に起ったことでもなく、次に起こるであろうことでもありません。とてもよい例があります。雲の多い雨の日で、雷がずっと鳴っている。外に出て空を見あげると、あなたは時々、光を見る。数秒間持続して、それは消えます。あなたはそれがどんな形になるか、言うことはできない。それが生じた時に、あなたはそれに気づく。光が存在しない時には、それはもう存在しないのであって、あなたはそれについて考える必要はないのです。

準備を整えて、現在にあり続けてください。
そうすれば、対象のほうからやって来ます。
そしてあなたはそれに気づく。
次に何が起こるかと期待せず、
経験をつくりだそうと試みず、
瞑想経験を、よりよいものにしようとせず、
何であれ生じることに、完全に寄り添っている。
これが瞑想のもっとも重要な側面、即ち、
何であれ存在するものとともにあることです。

痛みへの対処法

私たちはずっと座っていることができません。私たちの身体は動くことを必要とし、何か運動すること、姿勢を変えることを必要とする。これはとても大切なことです。というのも、ブッダが言うには、身体を一つの姿勢にあまりにも長く保ち過ぎると──「あまりにも長く」というのが、どのくらいの長さなのか、私はわかりません。これは人によるでしょう──、身体が痛くなってくる。そして身体が痛くなり、耐え切れなくなると、心が落ち着きを失う。心が落ち着きを失うと、平静もしくは安らぎがなくなり、もはやサマーディが存在しなくなる。サマーディなしには智慧がなく、智慧がなければ解脱はありません！

痛みに耐え切れなくなった時には、それに耐える必要はありません。姿勢を変えてください。姿勢を変える時には、とてもマインドフルにそうすること。座っている状態から、あなたは少しだけ動きたいと思う。そうして構わないのです。ゆっくりと動きましょう。そうすると、動くにつれて、痛みがどんどん小さくなっていくのがわかります。痛みが小さくなっていくのを感じてください。痛みの変化と減少に気づかないまま、姿勢を直ちに（突然）変えてしまわないようにしてください。そうしてしまうと、あなたの気づいていない、マインドフルでない、認知のすき間が存在することになります。

手足に痛みがある時、心はそれを好みません。あなたはそれを取り除きたいと思う。これは習い性ではありますが、痛みに対して何らかの行動をしなければ自分自身を傷つけてしまうかも知れませんから、実のところこれは有用な習慣でもあるわけです。例えば何かとても熱いものを拾い上げた時、私たちはそれを直ちに手放します。そうしなければ、火傷してしまうでしょうからね。これは私たちの学んできた、生きるための反応なのです。座って瞑想している時は、私たちはそこに本当の危険がないことを知っています。

痛みを感じている時は、
その痛みとともにいることができる限り、それに耐えましょう。
心がどのように反応するか観察するのです。

これはとても大切な学びのプロセスです。

ブッダは非常に深遠な教えを説いています。「私の身体は痛くとも、心は痛くないだろう。そのように、自分自身を訓練すべきです！」(āturakāyassa me sato cittaṃ anāturaṃ bhavissatīti. Evaṃ hi te, gahapati, sikkhitabbaṃ ~SN iii. 1)。

私たちは身体の全ての痛みを、本当の意味で取り除くことはできません。年を取っていくにつれ、自分が痛みとともに生きざるを得ないことをあなたは知ります。みんな関節炎になる。痛みから逃げられる道はないのです。薬を飲み過ぎれば、それによってあなたの肝臓や腎臓、その他多くの内臓が破壊されてしまう。薬を飲みたいのであれば、それは構わないのですよ。私が言っているのは、そういうことではないのです。

普通の痛みであれば、それがあなたをひどく傷つけることはないでしょう。ですから、痛みとともにいて、心がどんな反応をするか観察してみてください。痛みに耐えられないからではなく、落ち着きのなさゆえに動こうとすることもありますね。痛みとふれあったままでいるという習慣が私たちにはありませんから、それで動いてしまうのです。

痛みを感じた時には、痛みについて考えず、痛みという言葉すら使わずに、それに注意を向けてください。最初は痛みという言葉を使っても構いませんが、既に注意したように、痛みという言葉を使う時には、それを「痛み」と解釈しているわけですから、もっと痛くなってしまいます。痛みはあなたが好まないものです。ですから自動的に、あなたはその痛みという言葉に反応してしまいます。

痛みという言葉の使用をやめ、
ただその痛みの中に入っていって、その痛みとともにいれば、
痛みがとても面白いものであることがわかるでしょう。
あなたの心は、長いことそこに留まることができます。

私の友人の何人かは、痛みをとても恐れていて、瞑想をしたがりませんでした。彼らは瞑想が、とても痛いものだろうと考えていたからです。ゆっくりゆっくり、彼らは瞑想の仕方を学び、しばらくすると、彼らは痛みとふれあって、そこに留まるようになりました。そして、痛みがとても面白いものになることに気がついたのです。彼らは痛みに没頭しました。

痛みとともにあることに積極的であれば、
それはさほどに耐え難いものではありません。観察に積極的でなければ、
それはますます耐え難いものになります。
これはあなたの心が、経験を見る仕方の問題なのです。

長く座れるように訓練する

痛みを感じた時はいつでも、それとともにいるようにしてください。実際のところ、痛みはあなたを殺しはしません。「これが私の限界だ。こんなふうにこれ以上座り続けることは、もう本当にできない」とわかった時には、とてもゆっくり、数ミリだけ動いて、痛みが減っていくこと、その経験全体、そしてまた心も観察してください。痛みがほんの少し減った時、心はほんの少しリラックスします。「ああ……、いまはいい。いまはましに感じる」。そしてまた、ほんの少し動く。すると痛みがましになる。また動く。そうして、もう痛みを感じない、別の姿勢を発見するのです。あなたは幸せに感じ、とてもリラックスする。そうして、瞑想を続けます。一時間か、あるいは二時間ほども座り続ける。ミャンマーでは五時間、六時間と座る人たちがいますし、それ以上の時間を座る人たちさえいます。皆さんは信じないかも知れませんね。食べることも飲むこともなく、二十四時間座る人たちもいるのですよ。

一時間座ることすらできない人たちも見かけます。そうしたいと望めば、身体を訓練することが彼らには可能なのですが、これ以上はできないと、彼らは思っているのです。これが自分の限界だと思った時、そのポイントに来た時には、身体は過剰に反応するものです。

「もっとできる」と知っている時には、
心は反応しないものです。
限界を延ばすことを、あなたはゆっくり学んでいけます。

三時間座れるようになった後には、瞑想がとても深く、とてもとても深くなることが、あなたにはわかります。気づきはますます明瞭になる。考えることをやめて、あなたは現実とますます深くふれあうようになり、とても細かく微妙な物事が生起するのを見ることができる。

立つ瞑想から歩く瞑想へ

より長く座ることを学ぶこと、そしてまた立つ瞑想を学ぶことも大切です。ここでは立っている人を見ませんね。みなさん、床か椅子の上で座っています。しばらく立って瞑想してみてください。ただ、倒れることが怖ければ、手を手すりかテーブルの上に置けば、バランスがとれるでしょう。時々は、立つ瞑想をすることはとてもいいことなのです。できるだけ長く立ち、それから歩きましょう。歩く時は、それもまたとてもマインドフルに行なってください。

歩こうとする意志からはじめましょう。長いこと立っていると、身体は姿勢を変えたくてたまらなくなります。あなたは動きたくてたまらなくなり、その意志はとても強いものです。それ以上、立っていられない。それ以上、立っていたくないのです。そのエネルギー、動きたいと思うエネルギーを感じてください。時々は、足は動いていないのに身体は動いているように感じることもあるでしょう。あなたは身体が引っ張っているように、何かが引っ張っているように感じる。心と身体に、そのエネルギーを感じることができるのです。心が動くことを考えた瞬間、直ちに身体で何かが起こります。動こうとする身体の部分が、まるで違ったようになるのです。全ての神経と筋肉が、直ちに動く準備を整える。あなたはエネルギーがそこにあり、血が流れ、神経と筋肉が緊張するのを感じる。そのことに気づいたら、それらの感覚を手放してやります。しばらく、数秒すると、その望み、動こうとする衝動が戻ってくる。あなたはその望みがやって来るのを知り、何かが自分をせきたてているのを感じます。そうしたことが数回あった後、あなたは本当に動こうと決意する。

動く時には、とてもゆっくり動いて、感じ、感覚、緊張を観察してください。あなたは自分の筋肉で何かが起こっているのを感じる。形ではなく、その感じにふれるのです。あなたは「歩く……、歩く……、歩く……」と言う……。初心者のうちは、構いません。ここにいる皆さんは、初心者ではありませんね。これは上級者用の瞑想クラスですから。しかし私は、初心者の段階にも戻ってみたいと思います。あなたが「左、右、左、右」と言う時、それはただの言葉ですね。これを「右」と言い、これを「左」と言うわけですが、それはただの名称です。そしてあなたは、形にもまた気づく。この長くて丸い足が前へと動き、伸びて、また動く。そのことに気づくわけです。初心者は、それで構いません。

しばらくすると、気づきの対象は形でも名称でもなく、動いているあいだの感覚になります。瞑想の対象にすべきなのは、この感覚なのです。筋肉ではどのように感じているか、そして心ではどのように感じているか？　これをとてもマインドフルにやってみると、動こうとするためにさえ、少しだけ思考する上、全身の協力も必要とすることに、あなたは気づくでしょう。身体と心の協力がないと、一インチさえ動けないのです。例えばあなたがそこに立っていて、動こうと決意したとする。すると何が起こるでしょう？　あなたは体重をもう一方の足に移す。その足は全身の体重を支えなければならず、両足の協力を感じることになります。

動くということはそれほど単純なことではありません。そこではとても複雑なプロセスが進行しているのです。興味をもってください。何事も急いでやらないように。あなたのしていることは、ただ一歩進む際に、あなたの身体で何が起こっているかの観察なのです。深い興味をもって行なってください。いま何が起きているでしょう？

歩行瞑想の強いサマーディ

これをやると、あなたはとても興味をもつことができて、その興味のゆえに、心は静まって没頭します。その没頭、サマーディのゆえに、あなたはまたより多くのエネルギーを感じるのです。時々は、ある種の喜びも感じます。喜びは興味にとても近いものですからね。興味がなければ、喜びもありません。ピーティ（喜）の訳の一つは、興味です。ですから、強い興味をもつようにしてください。動こうとしたら、何が起こるだろう？　全身と心を観察してください。動き出す前からです。これをやる際、例えばここからあそこまで動くとしたら、とてもゆっくりそれをやってください。すごく没頭することができますよ。サマーディが、とても強くなり得るのです。サマーディが得られないから、歩く瞑想はよくないと言う人がいます。たぶんその人は、深い興味をもって歩いたことがないのでしょう。深い興味をもってそれをしたなら、あなたはとても強いサマーディを得ることができるのです。

歩く瞑想を修することで得られるサマーディは、
座っている間に得られるサマーディよりもずっと強いと、
ブッダは言っています。
(caṅkamādhigato samādhi ciraṭṭhitiko hoti ~AN iii.30)
これは知っておくべきとても重要なことです。というのも、
動いているプロセスの中で、そこに留まることができたならば、
あなたの気づきはより強いということですから。

「したいという欲望」の観察

姿勢を変える時、聞く時、見る時に、そのプロセス全体に可能な限り、考えることなくふれるようにしてください。そのプロセスの中に、意志があり、決意があり、願望があり、心に立ち上がる欲望があり、動きたいという欲望があり、見たいという欲望があり、聞きたいという欲望があり、飲みたいという欲望があることに、あなたは気づくでしょう。その「したいという欲望」を観察してください。

座って瞑想する際は時々、とても喉が渇きます。あなたは飲みたいと思う。その願望はとても強いものです。あなたはその願望を感じ、時に一杯の水を心に見ることもある。水を一杯飲んだら、とても素晴らしいだろうなあ！　座っていて、身体のどこかが痒くなることもあるでしょう。あなたは掻きたいと思う。掻く前に、その掻き「たいという欲望」を、あなたは観察することができます。ひとたび手を動かすことを決意したら、その際に、あなたはとても違った感じ、手のエネルギーの変化を感じる。そこで何かが起こっているのです。心のイメージの中で、手が動いているのも、あなたには見える。しかし、現実の手はまだ動いていません。こうした全てに気づいてください。ゆっくりと動き、掻いて、そしてゆっくりと手を戻し、瞑想を続けてください。

いま私が説明していることは、実のところとてもシンプルです。しかし、シンプルなことを行うのが難しいのです。私たちは、物事をどんどん複雑にしてしまう。瞑想をするというのは、とてもシンプルなこと。それができますか？　あなたは、シンプルになろうとしていますか？

では質問の機会を設けましょう。私が意識と対象について語る時、それは実際には、名色分離智（Nāma-rūpa-pariccheda-ñāṇa）のことです。最初の洞察智。存在も、名称も、形もなく、ただ感覚と気づきのみが存在することの洞察です。感覚が存在し、そして気づきが存在することを、あなたは知る。感覚は自然、自然現象であり、気づきもまた自然現象です。この意識は存在ではありません。あなたがそれをつくっているのではないのです。それは条件によって生じているもの。この二つのものを非常にはっきりと観察した時、それが最初の洞察智になります。最初の四つの洞察智に関しては、非常にはっきりと理解していただきたいので、何度も繰り返しお話をしてみるつもりです。説明不足の部分を、残しておきたくないのですよ。第四の洞察智が終われば、残りはとても簡単です。ウィパッサナーの洞察智は十一ありますが、最初の四つが最も重要です。

対象と意識への気づき。
それらを自然現象として見て、
存在であるとも、男であるとも女であるとも見ないこと。
これが第一の洞察智です。

【Q&A】

Q　（質問不明）

A　ブッダは歩く瞑想について語っていて、それによってサマーディが得られ、それはとても強いものだと言っています。というのも、歩く瞑想ではずっと動いているわけですから、より多くのエネルギーが必要とされる。プロセスにふれつづけているためには、より多くのエネルギーを投入し、より多くの注意を払う必要があるわけです。何かが安定的なものであれば、それとともにあることは比較的易しいですし、ただリラックスしていられます。何かが変化し、動いている時には、より多くの努力とエネルギーを、そこに投入しなければなりません。そして、ひとたびそうした種類のエネルギーと努力を育て、またそうした種類の気づきも育ててから座りに行けば、瞑想はたいへんシンプルで易しいものになります。

自分自身でやってみれば、理由がわかることでしょう。十歩、歩ける場所があれば、歩く瞑想をするには十分です。一歩一歩に、長い時間がかかりますからね。深い興味をもってそれを行い、それからマインドフルに座りに行って、何が起こるか見てください。あなたはより落ち着き、安らかで、よりマインドフルになっているでしょう。最初に歩く瞑想をやって、それから座る瞑想をされることをお勧めします。あなたはその違いを、本当に感じるだろうと思います。初心者のうちは、両方をやることがとても大切です。しかし、どんどん深いサマーディを育てるにつれて、しばらくしたら、あなたは二時間座った上で、それから一時間歩くことができるようになる。さらにしばらくすると、三時間座ってから、ただ身体にいくらか運動させるために、一時間歩くようになります。サマーディに、どんどん深く入れるようになるのですよ。

Q　（質問不明）

A　『大念処経《だいねんじょきょう》（Mahā-satipaṭṭhāna Sutta）』には、歩く瞑想についての一節があります。その一節の注釈をご覧になれば、さらに詳細な指示が得られるでしょう。

Q　（質問不明）

A　身体の感受性（触覚）――実際には肌や、また筋肉の深いところもですが――、それによってあなたは何かを感じる。なんであれ身体で感じることを、あなたは触覚ゆえに感じているのです。視覚、聴覚、嗅覚についてもそう。鼻はにおいを感じとり、舌は味を感じとりますね。眼は光と色を感じとり、耳は音の波動を感じとる。身体は、熱さと冷たさ、硬さと柔らかさ、動き、振動、緊張を感じとります。

Q　（質問不明）

A　そうです。「受随観（vedanā-anupassanā）」というのは、痛みに気づくことです。ただし、痛みだけではありません。楽受（sukha-vedanā）、苦受（dukkha-vedanā）、そして捨受（upekkhā-vedanā）の全てです。私のお話していることは、あなたは痛みとともにいるけれども、それに名前をつけることはもはやない、ということです。最初、あなたはそれに名前をつけていますね。しかし、しばらくすると、それに名前をつけることはもはやない。あなたは痛みとともにいる。それが苦（dukkha）であろうが、楽（sukha）であろうが、捨（upekkhā、中立）であろうが、痛みとともにいるのです。受（vedanā、感覚）への気づきは、それが身体においてであれ、心においてであれ、受随念です。あなたはそれに、名付けることなく気づくのです。

Q （質問不明）

A わかりました……、三種類の受（vedanā）ですね。身体においては三種類の全て、楽（sukha）、苦（dukkha）、そしてまた捨（upekkhā）も感じます。身体にはほぼ常に、ある種の軽い痛みが存在しているのですが、私たちはそれに注意を払いません。注意すると、その痛みが感じられます。痛みがもう存在しなくなると、とても軽い感じがする。瞑想中に時々、とても安らかで平静になり、たいへん軽い感じがすることがあります。全ての痛みが去るのです。ここにあるのが、楽受です。捨受があることもあります。眼には、視覚にとっては、受というのは捨（中立、不苦不楽）のみです。においについても同じ。においは鼻にやって来ますが、そこで本当に痛みを感じることはありません。あなたはただにおいに気づくだけ。ですから、そこには楽も苦もないのです。何かひどいもののにおいを嗅いだ時には、身体と心がそれに反応しますが、それはまた別のプロセスです。

友人の一人が事故にあって、その後、もう全く何のにおいも嗅げなくなってしまいました。彼はひどいにおいのする場所で働いているかも知れませんが、それに反応することはないのです。

Q （質問不明）

A もう一方の足をより重く感じるのですか？　持ち上げた時の重さのことを言っている？　重さがあるから、あなたは重力を克服しなければならず、抵抗を克服しなければならず、持ち上げるために努力を投入しなければならない。ご存知のとおり、私たちは動くことに慣れきっていますから、そのためにどれほどの努力がいるのか、本当にはわかっていないのです。

例を出しましょう。ずっと昔に、私たちは友人同士で、自分たちの一人が、一ヶ月のあいだ全く何もすることなく瞑想できるような環境を、アレンジすることに決めました。つまり、私たちはただドアの前に鉢を置いて、ドアを閉め、座って瞑想するのです。僧侶の一人がその鉢をもっていって、そこに食べ物を入れ、水入れを全て満たし、全てを掃除して元に戻し、鉢をそこに置いておきます。そろそろ食べようと思ったら、私たちはドアを開け、鉢を取って食事をします。誰もやって来て、邪魔をすることはありません。私たちはそれを長い期間やりました。長時間、ただ座って瞑想し、ただ運動するために外に出て、足を伸ばすためだけに数分間歩きます。それから、戻ってきてまた瞑想するのです。すると、まぶたがとにかく落ちてきます。全身がとてもリラックスしているものですから、しばらくすると、目を開けるのに、目を開けることさえ難しくなるのですよ。まぶたを上げるのに、たいへんな努力がいる。目を開けるのに、とてもたくさんのエネルギーを必要とするのです。話すことを再開した時には、ただ話すためだけに、ずいぶん多くのエネルギーを引っ張り出してこなければなりませんでした。頰の筋肉もとても柔らかくなっていて、笑うことさえとても難しいのです！　私たちはこの重荷に慣れきっているものですから、それがどれほどのエネルギーを要求するのか、本当にはわかっていないのですよ。

Q　（質問不明）

A　実際のところ、そうでもありませんよ。最初は、数ヶ月間それをやってから考えはじめると、考えるのが難しいと感じるでしょう。これはしばらくのあいだだけです。私たちはこの過程を、何度も繰り返しますからね。ミャンマーの自分の寺に住んでいた時、私はそこで最低四ヶ月間は一人でいました。そうした状態から出てきた時、最初のうちは、考えることが少しだけ難しいでしょう。あなたは考えたくないのですからね。考える必要はないのです。それでも、何かを言わなければならない時は、あなたには言うべきことが、迷いなくぴたりとわかります。あなたは短く、ポイントを押さえて語る。とても明晰なのです。何かを言いたい時、あなたは自分の言いたいことにぴったりと寄り添いながら、とてもはっきり語るのです。

また、瞑想する前には、こうした名称や観念や関係を、私たちはとても真面目に捉えています。しかし瞑想をした後には、これらが単なる解釈であることをあなたは知り、それをあまり真面目には捉えません。それでも、意味はわかっているのです。

あなたは他人と同じ仕方で、正しい仕方で解釈する。真面目に捉え過ぎることなしに、それを適切に使用するのです。あなたは概念や観念、そして名称に囚えられることなくそれを使う。概念、観念、名称は、牢獄です。それらは有用ですが、また牢獄でもあるのです。心を本当に解放したいのであれば、私たちはその限界が何であるかを知らねばなりません。

それは一つの現実の形です。それは私たちが生きていくために大切なもの。物事を正しい仕方で解釈しなければ、私たちは生きていくことができないでしょう。進化の過程で、私たちは物事を正しい仕方で解釈することを学んできました。とくに森の中では、そこに座っていて何かを聞いた時、それを正しい仕方で解釈しなかったら、あなたは虎に食べられてしまうでしょう。虎の声を聞いた時、あなたはただドアを閉めるのです。開けたままにしておいたら、たぶん困ったことになるでしょうね。

物事を正しい仕方で解釈することは役に立ちます。しかし通常の現実を乗り越えたい時には、そうした全てを後に残していく必要があるのです。

Q　（質問不明）

A　はい、それはおっしゃるとおりです。それをすることができるなら、深い洞察智を育てるために、たいへん役に立つでしょう。初心者がそれをすることはお勧めしません。智慧は徐々に育むほうがいいですからね。あなたが突然ある人に、「そこの洞穴の、小さな部屋に行って住み、そこから出てこないように。食べ物は運んであげるから、そこで四ヶ月過ごしなさい」と要求したら、その人は気が狂ってしまうでしょう。私たちはいつも自分自身から逃げようとしているのです。内面にあるものに、私たちは向き合うことができない。とてもたくさんのものが内面にあります。あらゆる種類の記憶、感情、感覚、欲望。とてもたくさんのものが内面に。もし突然にそれ（長期間、独りで住んで瞑想すること）をやったら、何もかもが壊れてしまうでしょう。

徐々にそれをすることを学びましょう。
常に自分自身とともにいることは、易しいことではありません。
自分自身とともにいることを学んだら、
反応することなく、ただ観察して手放してください。
そうすれば、とても深いサマーディと、非常に深い洞察智を、
育むことができるでしょう。

Q　（質問不明）

A　……実際のところ、それは自然にやって来ます。わざわざ何かをする必要はありません。それは起こるものなのです。

もしあなたがただ一つのことを純粋にやることができたなら、
つまり一切誤解することなしに、起こっていることに
ただ気づくことができたなら、残りのことは自然に起きるでしょう。
これが瞑想実践の美しいところです。

自分がもし純粋にマインドフルであったなら、残りのことは自然に起きると、あなたにはわかるのです。

何であれ問題が心に浮かんだ時には、その問題に気づくことができれば……、つまり、疑問は心に浮かんできます。……どうしていいかわからない……。その疑問に気づいて、それを手放してください。それができれば、心は再び静まります。しばらくすると、あなたはどうすればいいかわかる。考えなくても、為すべきことがわかるのです。

多くの人々が、私の先生のもとで瞑想する際、やって来ては次から次へと質問をし続けていました。彼はとても我慢強く、とても親切で、全ての質問に答えていました。しかし、そうしてしばらくすると、彼は「よりマインドフルになりなさい。そうすれば自分の答えが見つかるでしょう」と言うのです。これは本当に大切なことです。というのも、彼はいま既に亡くなってしまっているのですから、すると誰が質問に答えてくれるでしょうか？

（先生のお名前は何ですか？）私の先生の本当の名は、ダンマナンディヤ長老といいます。

Q　（質問不明）

A　そうです。とても、とてもマインドフルになった時には、心は考えられないことがあります。とくに、ある種のサマーディや洞察智を得た時はそうです。心を他の対象に逸らそうとしても、そこに行かない。心が戻ってきてしまうのですよ！　ではどうしましょう？　ただそのままにしてください。しばらくそこに留まって、ある程度時間が経った後、他のことをする準備ができたと感じたら、そうしてください。心にそれをする準備ができていなかったら、強制しないこと。それはある種の催眠状態のようなものです。催眠状態にある時には、そこから素早く出てくるべきではありません。それはある種の没頭状態なのですから、時間をかけて、ゆっくりそこから出てきてください。

ウィパッサナーにおいてもまた、思いきり没頭してしまうことはあり得ます。その状態に入った時は、素早く出るよう自身に強制したりはしないでください。時間をかけましょう。数分で十分です。ただ、出てくるための心の準備をしてください。

考えることは重荷です。あなたがとても平静で安らかになり、思考も動揺もないならば、そこに留まることは構いません。このやっかいごとだらけの世界から、しばらくでも離れることは、とても素晴らしいことですからね。

第五章　第一と第二の洞察智

——意識と対象の区別に気づくこと、そして現象の原因を把握すること

私たちの最も重い荷物

瞑想クラスへようこそ。お会いできて嬉しいです。一部の方は非常に早くここに来て、座って瞑想していますね。皆さんがここに来て瞑想しているのを見ると、とても励まされます。つまり皆さんは本当に瞑想したいと思っていて、自分がやっていることを本当に好きで、愛しているということですからね。


私は実のところ皆さんを教えるためにここにいるのではなく、皆さんを助けるためにここにいるのです。

本当に学びたいと思った時だけ、あなたは学ぶ。

あなたを本当の意味で教えることのできる人は、誰もいないのです。

これは理解しておくべきとても大切なことです。

今日の瞑想クラスを、私は質問からはじめたいと思います。とてもシンプルな質問で、答えもまたシンプルですが、少し考えてみてください。

私たちが担っている、最も大きな荷物はなんでしょう？

数分だけ時間をとって、考えてみましょう。正しい問いをするということはとても大切なことですし、また問いを生きるということもとても大切なことです。この考え方、問いを生きるということは、たいへん重要です。問いを生きた時にだけ、私たちは生きた答えを得るでしょうし、そうしたら私たちは、その答えを、また生きなければなりません。その答えを生きた時にだけ、私たちはまた別の、とても深くて有意義な問いを見つけるでしょう。そして、私たちは再びその問いを生きるのです。問いを生きるということが、答えを見つけるための正しい仕方です。あなたは問いをもっていますか？　あなたは問いを生きていますか？　どんな問いでも構いませんが、その問いはあなたの人生から出たものでなければなりません。それはあなたの心から出たものでなければならない。それは生きた問いでなければならないのであって、単に理論的もしくは仮説的な問いであってはならないのです。それは何か、とてもリアルなものでなければならない。

本当の問いをもっている人、
そしてその問いを生きている人は、

人生をとても真摯に、とても有意義に、
そしてとても深く生きるのです。
その問いを長く生きた後、
人生が彼らに答えを与える。
あなたの人生が、あなたに答えをくれるのです。
書物や他人に、本当の答えを見出すことはできません。

それらはただ、いくらかのヒントだけはくれるかも知れない。
しかし、その答えの本当のところを見るためには、
あなたは再び自分の人生を注視しなければならない。
その答えの本当のところは、文章の中にはない。
それはあなたの人生にあるのです。

再び質問です。あなたの担っている、最も大きな荷物は何でしょう？　自分自身に、この質問をしてみたことがありますか？　もしなければ、いま訊いてみてください。私の担っている、最も大きな荷物はなんだろう？　思いつきますか？

（誰かが「私（I）」と答える）

そのとおりです。私たちの担っている最も重い荷物は「私（I）」です。

このことを感じますか？　あなたがこの「私」をただ手放すことができれば、再び軽くなったと感じるでしょう。これが最も重い荷物なのです！　だから私たちは瞑想において、存在するのは自然現象、つまり純粋な精神的と物質的の現象だけだと観察することを、いちばん最初に学ぶのです。一つの現象は精神的なもので、これは身体的もしくは物質的なもう一つの現象とは、全く別のものです。

最初の洞察智は、存在するのはただ現象だけであると観察すること。恒常的なものは何もなく、存在者もなく実体もなく、「私」もなく自我もなく人格もなくて、ただ純粋な現象だけがあると知ることです。この洞察智は驚くほどの安らぎをもたらしてくれます。それは心から重荷を取り去ってくれるのです。この「私」というのは、心の創り出したものです。心は、己の重荷を自ら創り出す。この最初の段階の悟りによって、この私－性、私－性という誤った見解（邪見）、有身見《うしんけん》（sakkāya-diṭṭhi）が、すっかり根絶されます。

それは欲望を根絶するわけではありません。これは注意しておくべき大切なポイントです。それは怒りや、プライドのような競争心さえ根絶はしません。それが根絶するのは、「私」という誤った見解なのです。時々、人々は「この人たちは瞑想しているのに、まだとても欲深い」と言う。そう、彼らはまだ欲深いことがあり得ます。しかし、その欲は「私」に裏付けられてはいないのです。彼らは欲深いかも知れませんが、出かけて行って盗んだり騙したりはしない。彼らは欲しい物を適切に、適切な仕方で入手するでしょう。

ナーマとルーパ

先週お話したことを復習して、そこから続けることにしましょう。

Nāmarūpānaṃ yāthāvadassanaṃ diṭṭhivisuddhi nāma

~Vsm 587

Nāmarūpānaṃ というのは複合語です。nāma（ナーマ、名）と rūpa（ルーパ、色）ですね。ナーマはプロセスです。実体でも存在者でもなく、恒常的なものではありません。それは常に存在するものではない。ナーマとは、生起するものなのです。ルーパもまた、物ではありません。実のところルーパとは、性質もしくは特性なのです。このことを頭に入れておいてください。いつも私たちがルーパという言葉を使う時、それは物について語っているのではないのです。私たちは、性質について語っています。例えば熱さは性質であって物ではなく、冷たさが物ではなくて、それは性質でありプロセスであるといったように。それは継続的に、起こり続けていることなのです。それは継続性を有していますが、生じては滅し、生じては滅し続けています。だからそれは、プロセスと呼ばれるのです。

この二つのプロセス、ナーマとルーパは別個のものです。それらは同じものではないのです。この二元論の否定を耳にすることがあって、ナーマもしくはルーパといったものは存在せず、両者は同じであると言うのですが、それは真実ではありません。それらは同じではない。それらは全く別個のものです。ナーマはある種の意識であって、知ることです。ルーパは、この知るという性質をもたない、単なる対象です。ナーマは知るという性質であり、ルーパは何も知ることがありません。それは単に、純粋な物質的性質なのです。それらは物質的と精神的の、二つの異なったプロセスです。

瞑想の実践において、心はとても落ち着き平静になります。時々、二、三の思考が去来することはあるかも知れませんが、心は一つの対象に、長い時間、留まるのです。それは一つの物事に集中しはじめる。複数の物事を組み合わせないのです。この、何も組み合わせないということは、たいへん重要です。

複数の物事を組み合わせる時、私たちは概念を得ます。
パンニャッティを得るのです。複数の物事を組み合わせず、
何かを純粋にあるがまま見るならば、
その時、私たちは本当にその性質を、
ナーマかルーパを見ているのです。

連続性と同質性は思考の産物

心がとても平静になり、純粋な性質を見る時に、私たちはそれが単に純粋な性質であって、存在者ではなく、男でも女でもないことがわかります。これが最初の洞察智。とても大切なことです。この最初の洞察智に至ることができなければ、進歩の望みは全くありません。この対象に気づいているこの意識が存在していることを、私たちは見るようになる。例えば、この音。私が音を出した時、この音は純粋な物質的性質です。それはプロセスなのです。あなたはその響きが続いていているのを聞くことができ、そして、それは去って行く。

私が音を出す前は、この音に対する気づきはありません。この気づきは、この音のゆえに起こるのです。あなたはその二つを非常にはっきり、全く別のものとして見ることができる。気づいているということは、既に存在していたわけではありません。その音を聞くのを、待っているわけではないのです。気づきは、音が生じた時に起こります。音に対するその気づきの前には、別の気づきが存在していて、それはまた次の気づきが生ずることとの条件でもあります。しかし、それらは同じではありません。

私たちは、常に何らかの同質性が存在すると考えている。何かが常に存在していると思っているのです。これが、私たちが心に連続性を創造する仕方です。思考が連続性を創造し、それがこの同質性という観念を創造する。思考を全く止めてマインドフルになり、何であれいま・この時に生ずることに集中し注意を払う時、私たちは何かがいま・この時に生じているということを知ります。それは以前にはなかった。それがあるのは、いま・この時なのです。

私たちは「名称と形態」を見るのではない

先に引いた、“Nāmarūpānaṃ yāthāvadassanaṃ diṭṭhivisuddhi nāma”ですが、yāthāva というのは、本当に、適切に、正しく、ありのままに、という意味です。dassanaṃ は見ること。ナーマとルーパ、精神的と物質的の現象を、ありのままに、本当に、適切に、正しく見ることがdiṭṭhivisuddhi と呼ばれる。diṭṭhi は見解、visuddhi は清浄、もしくは浄化を意味します。そして、本文において（二番目の）nāma は、「〜と呼ばれる」を意味する。

このナーマというパーリの単語を見る時、それがたくさんの意味、つまり異なった文脈において異なった意味をもつということを、私たちは頭に入れておかねばなりません。ある場合には、一部の人たちは nāma-rūpa を「名称と形態」と訳します。この文の場合には、それは「名称と形態」を意味しません。私はこのことについてニャーナウィスッディ長老と議論をしたことがあるのですが、二日かかりましたね。私たちはたくさんの翻訳を検討しました。ナーマは、ここでは、名称を意味しません。そして別の場合には、それは「〜と呼ばれる」、あるいは「〜を意味する」を意味します。本文の最初のナーマは、精神的プロセスを意味しています。同じ文の（最後の）ナーマは、「〜を意味する」、もしくは「〜と呼ばれる」の意味です。

ですから、このパーリの文を訳すと、「“diṭṭhi-visuddhi”（見解の浄化、見清浄《けんしょうじょう》）は、ナーマをありのままに、本当に、適切に、正しく、精神的現象のプロセスと見て、そしてルーパをありのままに、本当に、適切に、正しく、物質的現象のプロセスと見ることを意味する」、ということになります。

したがって、ここでは、nāma-rūpa は名称と形態を意味しません。名称は概念であり、形態と形状もまた概念です。それらは現実ではありません。

私たちが瞑想して、この名色分離智（Nāma-rūpa-pariccheda-ñāṇa）を育てるという時、それは私たちが名称と形態を知ることを意味しているのではありません。それが意味しているのは、私たちが精神的と物質的のプロセスを見ることです。誤った翻訳は、私たちにとても誤った観念を与えてしまう。それは私たちを、たいへん混乱させることがあるのです。

例えば私たちが座って瞑想し、息を吸って吐いている。最初、私たちは自分の身体の形や鼻の形に気づいていますし、時々は、長いロープのようなものが出たり入ったりしているというように、空気の形を想像しさえします。この「長い」というのは、あなたの想像したものです。出たり入ったりする長い空気が、どこにあるのでしょう？　長い空気など存在しません。しかし、時々そのように感じられるのです。ゆっくりゆっくり、私たちはこうした全ての形状と名称の想像を克服していきます。そして私たちは、純粋な感覚の気づきに至る。何かが流れ込んできて、触れており、押している。この触れており、押しているというのがプロセス、とてもシンプルなプロセスです。このシンプルなプロセスの中にさえ、私たちは誤った見解をもってしまいます。

この誤った見解を除くために、私たちはこのシンプルなプロセスを、他の何ものとも混ぜることなく観察します。

私たちは、それをただ純粋な感覚であると見るのです。

プロセスの二種類に気づくこと

そしてしばらくの後、私たちはこの感覚に気づいている、この意識が存在していることに気づきます。その感覚は温かいかも知れないし、冷たいかも知れない。息を吸う時、それは少しだけ冷たいですし、息を吐く時、それは少しだけ温かい。この温かい、もしくは冷たい、また押している、触れている……、そうしたことにあなたは気づくようになります。それについて、考えているのではありませんよ。そして私たちは、そこに二つの全く別個のプロセスが継続しており、そのどちらも存在者ではなく実体ではなく、またどちらも長く持続することはない、ということを知ります。それらはいま生起し、そして、いま消滅しているのです。

最初、私たちは生成消滅を重視せず、単なる純粋なプロセスを重視します。この物質的プロセス、この物質性に、意志の作用はありません。それは意志をもたないのです。例えば、髪の毛は自分が頭にあることを知りませんし、どこにも行きたいとは思いません。では、行きたいと思うのは誰でしょう？　心、意識です。この物質性は、意志作用、意志をもちません。それを見て、意識がその対象へ行き、対象に達するのです。私たちは聞きたいと思い、注意を払う。この注意を払うというのが、ナーマの一つの性質です。対象を受け取り、対象を知覚し、対象を知ること。これらもナーマの諸性質です。

何も知らないものがあって、それが物質的プロセスであり、そしてもう一つのプロセスが存在して、それが対象を知っている。この二つは、全く異なるものです。ナーマは対象のゆえに生起する。対象がなければ、何らの意識も存在し得ません。意識とは、そこに最初からあるものではないのです。

例えば、私がこういうふうに触った時、音はこの棒から出て来ません。ベルからも出て来ませんね。これはつまり、音は最初からそこにあるわけではないということです。私がどのくらい強く打つかで、音の性質は変わってきます。音は次から次へと出て来るのを、最初からそこで座って待っているのではありません。もしそれが出て来るのを、最初から座って待っているのであれば、私がどれほどの強さで打とうが、同じ音が出て来ることになるでしょう。しかし、条件を私が変えれば、結果のほうも変わってくる。ですから、音は棒にあるのではなく、ベルにあるのでもなく、そこで待っているのでもありません。それは棒がベルを打った時に生じる。つまり、全ては新しいのです。

音を何か新しいものとして理解することは、とても重要です。事情は見ることに関しても同様で、気づきがない時、目を閉じている時は、前にあるものをあなたは見ません。目を開けた瞬間に、何かがあなたの目に飛び込んできて、この気づき、この見る意識が起こるのです。それはこの瞬間に起こる。あなたは対象と意識という、二つのものを見ることができます。これが、名色分離智と呼ばれるのです。

別の場合には、例えばあなたが動きたいと思った時、最初に意識、動こうとする意志が起こり、それから手か足が動きます。音の場合には、音が意識の前提条件をなす。音のゆえに、意識が起るのです。動きの場合には、運動の前提条件をなすのはあなたの意志です。物質的プロセスが精神的プロセスを条件づけ、精神的プロセスが物質的プロセスを条件づける。はたらき方は、双方向です。空腹を感じて食べたいと思う時、私たちは食べ物を取って口に入れます。しかし、本当には誰が食べているのでしょう？　食べるというはたらきは身体によって、つまり物質的プロセスによって為されます。手が食べ物を取って、それを口に入れる。手を動かさずにただ座って食べ物を見つめ、口に向かえとそれに命じても、食べ物は動かないでしょう。

名色分離智に至れば見清浄

心は意図し、身体に方向、指示を与える。つまり、心が意図して、身体が食べるのです。

心と身体が食べているのであって、「私」が食べているのではありません。食べているのは心と身体ですが、私たちは、私が食べていると考える。実際には、ただ心と身体のプロセスが食べているだけなのです。これをプロセスとして理解できれば、あなたはこの見清浄を得たことになります。

飲みたいと思う時も、そのプロセスは同じです。歩きたいと思うときも、同じこと。例えばあなたが長いこと立っていて、とても疲れ、足もたいへん凝ってくる。あなたは動きたいと思い、意志が浮かんでくる。「動く、動く」。それが実際に身体を押すのです。あなたは動くことを決意し、足を持ち上げ、前進させて、それを置きます。ですから……、心と身体が動いているのであって、存在者が動いているのではないのです。こうした見方が、名色分離智です。実際には、存在者などいないのです。

存在者を真実のものとして見る現実というのは存在します。これが、世《せ》俗諦《ぞくたい》(sammuti-sacca, 日常的現実)です。二つの現実を混同しないでください。世俗諦においては、存在者があり、男があり、女がある。パラマッタが問題になると、私たちは瞑想時に世俗諦を乗り越えて、ただ性質だけを注視するのです。しかし、瞑想する時には、私たちはそのことについて考えません。大切なのは、瞑想する前に考えてみようとすることです。けれど、座って瞑想する時には、ナーマ・ルーパについて、もう考えるのはやめてください。あなたがますますマインドフルになり、心がますますプロセスに留まるにつれて、それは自然に、自発的に現れてくるでしょう。そして、非常にはっきりとした理解が生じることになる――二つのプロセスが続いている、と。

ナーマ・ルーパのプロセスを、適切に、正しく理解する、もしくは見るということは、「これはナーマだ。これは精神的プロセスだ」と、わかることを意味します。つまり、これは存在者ではないということ。これは精神的プロセスなのです。そして、ナーマは単にこれ(プロセス)を意味します。それは物質的プロセスとは混ざり合わない。混ざることもなく、付け加えることもないのです。ふつう私たちは物事を一緒くたに混ぜていて、それに関する曖昧な観念をもっています。しかしここにおいて、私たちは非常にくっきりとした見方に至る。これはナーマ、端的にナーマであって、ルーパとは混ざり合わない。両者は相関してはいるが同じではない。それらは二つの別個のプロセスである。このナーマを超えたものは何もない。ナーマは端的にこのナーマであって、それ以上のものではない。

そしてまた、「これはルーパだ、物質的なものだ」とも理解します。熱、冷たさ、動き、圧力、重さ、等々。そこにあるのは端的な物質的プロセスです。物質的なのはここまでであって、それ以上ではない。それは自身に限界をもつ。物質的なのはここまで。それもまた精神的なプロセスと連関するものではあるけれども、精神的なものとは混ざり合わない。「それ以上のものではない」のです。

「ただ自然の固有な性質を見ること」。たくさんの異なった性質があります。ただ自然の固有な性質を見ることによって、プロセスを何か自我や「私」といったものとして見るような、見解の不浄が一掃され、理解の不浄が除かれます。ですから、その不浄を、「私」という誤った見解を、あるいは魂、存在者、実体という、誤った見解を除いてください。魂の存在を信じる、この誤った見解を除くことが、diṭṭhi-visuddhi であると理解されるべきなのです。人がこの名色分離智という洞察智に至った時、その洞察智を得た状態が見清浄（diṭṭhi-visuddhi）です。それは、第一の洞察智とともにやって来るのです

第二の洞察智

第二の洞察智は、縁摂受智《えんしょうじゅち》（Paccaya-pariggaha-ñāṇa）です。paccaya は原因、pariggaha は把握、理解を意味します。ñāṇa は洞察智の意味ですね。この把握（grasping）という英単語には、たく

さんの意味があります。一つは、何かを手に握ること、それをたいへんしっかりと持つことです。しかし、それはまた理解をも意味する。ですから、現象の原因を把握すること。現象の原因を見ること、理解すること。それらは相関しているのです。まず私たちは、対象を対象として、意識を端的に意識として観察します。それからゆっくりと、この洞察智が成熟してきた時に、それについて考えることなく、瞑想者は、この対象ゆえに意識が生じるということを、観察しはじめるのです。

この対象はこの意識の原因である。意識はそれ自身によって生じるのではありません。誰かが意識を創造するのではないのです。それはただ何の理由もなく生じるのではない。それは、生じるべき原因があるから生じるのです。その人の知的な発達具合、または知識のいかんによって、異なった人々は、原因の異なった側面を見ます。ある人々はより多く見て、ある人々はより少なく見ますが、それは問題ではありません。重要なことは、何が生じようと、それに原因があることをあなたが観察することです。例えば、また音について言いますと、音の意識は音のゆえに生ずる。このことは全く明らかです。しかし、そんなことであれば誰でも知っているのに、なぜ瞑想しに行く必要があるのかと、疑問に思うかも知れませんね。音によって音の意識が生じているということを知るために、瞑想する必要はない。私たちはそのことを知的に知っているのです。しかし、瞑想によって知るというのは、まるで異なったことなのです。

知的な理解は、我の存在に対する

この強い信念を除きはしません。

私たちは、私たちが音を聞いていると考える。

「私が音を聞いている」

しかし瞑想においては、この「私」が消える。

ただ聞いている意識があるだけなのです。


この意識がたったいま、音のゆえに生じているのであって、「私」が聞いているのではないと、あなたは観察します。耳があるから聞くということがあるのだという理解に至ることもあるでしょう。聞くということは意識です。音と耳、つまり耳の敏感な部分である鼓膜が、聞くということの原因です。長い期間、瞑想を続ければ、「私が注意をした時だけ、私は音を聞く」という理解に、あなたは至ります。この「私」という言葉を、私は慣習的な意味で使っているのですよ。時々は、周囲でたくさんの騒音が続いていることがあります。人々が喋っているとかですね。しかし、注意を払わなければ、私たちは聞くことがないのです。

心が対象へと向かい、注意を払っている（manasikāra）のだと、
私たちは観察するようになります。
注意を払うことなしに、聞くことはないのです。

眠っている時、鼓膜はまだ機能していて、たくさんの音も生じているのに、注意を払っていないがゆえに、私たちはそれを聞きません。これはたいへん明らかな例です。起きていて、読書にとても集中している時もまた、近くの誰かが名前を呼んでも、私たちはそれを聞きません。注意を払っていないからです。音と、それを感じとる耳、そして注意が、「聞くということ」を条件づけているのです。

見るということは驚くべきこと

見ることについても同じです。私たちは、私たちが見ていると考える。しかし、この洞察智を得た上で何かを見る時、私たちが知るのは意識です。対象ゆえにこの意識があるということを、私たちは知る。しばらくすると、考えることなしに、あなたにはわかってくるかも知れません。目が対象を感受するからこそ、私たちは見るのです。時々、人々が私のところにやって来て言います。「私たちが見ているということは、実に驚くべきことなんですね」。突然その人は、私たちが見ているということが、本当に驚くべきことであるのに気がつくのです。これを経験したことがありますか？　それは実に驚嘆すべき、奇跡的なことなのです。そんなふうに、私たちは何かを突然、新しい仕方で感じます。

なぜ「見ない」ということにならないのか？　ある哲学者、ウィトゲンシュタインですが、彼のことを聞いたことがありますか？　彼はバートランド・ラッセルの同時代人です。実際には、彼はラッセルの生徒であって、彼の教授職を引き継ぎました。彼はとても深遠で意義深いことを言っています。「なぜ何も無いのではなくて何かが有るのか？」と、彼は言いました。このことが本当にわかったら、たいへんな衝撃を受けてしまうかも知れませんよ。何かが存在するということは、実に驚嘆すべきことなのです！　花があって、樹があって、昆虫や動物がいて、人間がいて惑星がある。なんと驚くべきことでしょう。なぜ何も無いのではないのか？　なぜ何かがあるのか？　ただ何かが存在するということこそが、真に驚くべきことなのです。

同じように、瞑想者は、見るということが起こっていて、それが真に驚くべきことであるのに気がつきます。その人は見ることを新しいプロセス、新しい経験として観察する。ほとんどの時間を、私たちは夢の中にいるかのように、無意識に物事を行いながら、ふらふらと過ごしています。そこで突然、私たちは目を覚まし、そして……、見るということがあり、それが本当に驚くべきことであるのを知るのです。あなたは見るということを、真に新しい何かとして経験します。それはあなたを本当に襲ってくる。あなたを打つのです。誰かが私のところに来て、「ああ、驚くべきことなんですね。私たちは見ている、聞いている、考えている」と言う時、私は本当に幸せに感じます。それはなぜ起こるのでしょう？

過去・現在・未来に関する疑いを克服する

Etass'eva pana nāmarūpassa paccayapariggahaṇena tīsu addhāsu kaṅkhaṃ vitaritvā ṭhitaṃ ñāṇaṃ

kaṅkhāvitaraṇa-visuddhi nāma.

~Vsm 598

Etass'eva pana nāmarūpassa：つい先ほど論じたナーマ・ルーパの
paccayapariggahaṇena：その原因を見ることによって
tīsu addhāsu：過去、現在、未来。瞑想する際、私たちは現在だけに注意を払います。過去は過ぎ去ったものですから、私たちはそれに注意を払いません。そして未来はその場にないものですから、私たちはそれにも注意を払いません。しかし、現在を適切に理解する時には、私たちは過去や未来もまた理解するのです。
kaṅkhaṃ vitaritvā：ナーマ・ルーパが条件のゆえに生じること、生じるべき原因が存在するから生じることを私たちが知った時、このことをたいへん明らかに知ることによって、全ての疑いが根絶されます。kaṅkhaṃ は「疑い」を意味します。vitaritvā は「克服して」。私たちは疑いを克服するのです。
私たちがもっている疑いとは何でしょう？　私たちは、この「私」について考える。「私は前世に生まれていたのだろうか？　来世に生まれることになるのだろうか？」。しかし、このナーマ・ルーパ、つまりこのプロセスと、そのナーマ・ルーパが生じる原因を知った時、いまそれが起こっているように、以前にもそれは起こってきており、また起こるだけの十分な原因があれば、未来にもそれは起こるであろうと理解するのです。条件があれば、それは起こるでしょうし、条件が存在しなければ、それは起こらないでしょう。「私は以前に存在しただろうか?」と問うならば、それは誤った質問です。「私は再び存在するだろうか?」。これも誤った質問。阿羅漢には死後、何が起こるのかと訊く人たちもいます。一人の人格の観念を伴ってこうした質問をしているのであれば、この質問は誤ったものです。現実には、「私」のようなものはなく、存在するのはプロセスです。

もしあなたが、いま起こっているプロセスと、いま起こっているプロセスの原因を理解したら、物語がいかなるものであれ、男性、女性、母親、父親、あれやこれやと、私たちがいかに呼んでいようが、そうした全ての名称と観念を取り除いて、それを単にプロセスとして見たならば、たったいまナーマのプロセスとルーパのプロセスが生成消滅している、ちょうどそのように、過去にもまたそれらが生成消滅しつつ存在していたのだということが、あなたにはわかるでしょう。現在を完全に理解するということは、過去と未来に関する疑いを根絶するのです。

また、そうすることによって、「誰がこれを創ったのか?」という疑いも根絶されます。それはただ前触れもなく、理由も原因もなく起こっているのか、それとも全てそれを起こさせている誰かが存在するのか?

これもまた、きれいさっぱり解決されてしまう問いです。
私たちは、誰もそれを創ってはいないことを知るのですから。

それはただ、自然の原因と自然の結果であるだけなのです。

縁起の真実を見る

時々はその人の知識によって、例えば縁起（paṭicca-samuppāda）について学んである人であれば、彼らはその真実を見はじめることになります。しかし、学んでいないのであれば、それはそれで構いません。

縁起の基本的な考え方は、この原因のゆえにこの結果が生じ、原因が存在しなければ、何の結果も存在しない、ということです。原因が止まれば、結果も止まる。簡単に言えば、縁起とはこのことです。

その人がもし広い知識をもっていれば、この音とこの耳により、そして音と耳と意識がこうして同時に起こることによって接触（触）がある、と理解することでしょう。こうして接触することによって、受（vedanā）がある。つまり何らかの種類の快か不快の感覚、あるいは感じがあるわけです。この快か不快の感じによって、欲求か忌避かが生じる。私たちはその真実を、非常に明らかに見ることができます。完全にそれを見ることはできないかも知れませんが、その一部は、非常に明らかに見ることができるでしょう。

もし何かを以前に聞いたり見たりしたことが一度もなくて、それを見たり聞いたりするだろうという期待ももっていなかったら、そのものに対する欲求は存在し得るでしょうか？

あなたはそれが何かも知らないのですから、それに対する欲求は存在しませんね。欲求はどのようにして起こるのでしょう？　以前にそれについて聞いたことがあるか、見たことがあるからですね。接触するがゆえに受があり、受のゆえに愛（taṇhā、渇愛、欲望）があるのです。

人の知識いかんによることですが、瞑想中に、考え過ぎているわけではないけれども、突然、ひらめくような理解が浮かんでくることがあります。とても短くて簡潔な、時々はごく短いパーリの単語も、あるいはあなたが英語で読んでいるのなら、英単語さえ、心に浮かんでくるでしょう。こうした思考はとても深遠なものではありますけれど、それらについて、あまり考え過ぎないようにしてください。それを考え続けたら、あなたの気づきと観察の継続性は、阻害されてしまうことになります。瞑想実践のあいだに、こうした思考は何度も繰り返し浮かんでくるでしょう。それらを観察してください。「考えている……、考え込んでいる……」というふうに。

こうした思考はその瞬間において、たいへんパワフルなものであり、多くのエネルギーをもっていて、非常に深く、非常に明晰で、また非常に啓発的なものであり得ますから、結果として、私たちはそれについて語りたくなります。それについて語るのを、止めることができないのです。この種のことがあなたに起こった時は、もしそれについて語りはじめてしまったら、あなたは自分の気づきを失ってしまうのだということを、理解しておくことがとても大切です。瞑想リトリート（合宿）の最中や、また他のどんな状況でもそうですが、その際にもし本当により深い洞察智を得たいなら、それについて考えたり語ったりしてはいけません。それをコントロールすることは、たいへん難しいことではあるのですけどね。私たちはそうした明晰な洞察智を得て、そのことをとても幸せに感じ、たいへんな安心を得たと感じて、同じことが、誰であれ自分たちの近くにいる友人たちにも起こって欲しいと思います。もしこの人がこれを理解したら、彼らは本当に安心を得るであろうということがわかるのです。というのも、あなたは自分自身で、その種の安心を経験したわけですからね。

ブッダへの新しい敬意

この「私」という重荷。あなたがナーマ・ルーパをひとたび見て、
ナーマ・ルーパの生成消滅する原因をひとたび知れば、
素晴らしい安心を感じます。
大きな喜びと歓喜、
溢れるサッダー（信）がそこにはある。
そしてまた、あなたはブッダも信じます。

ある人が私に語ったところでは、彼が初めてこれを体験した時、身体に大きな喜びと歓喜を感じ、直ちにブッダのことを考えたそうです。「ブッダは本当に正しかった」。その瞬間には、多くの人々が礼拝し、ブッダに敬意を表します。本当の敬意、本当の尊敬、まことの信が現れるのです。あなたは自身を強制するわけではない。それは全く自然に起こるのです。よい瞑想者である別の友人もまた、座って瞑想していて、深い洞察智を得た時に、「私はこの気づきの実践を教えたブッダに敬意を表します」と口にしました。これは実に新しい尊敬の仕方です。とても個人的なもの。何か他の理由や原因のゆえではなくて、ただブッダがこの気づきの実践を教えたから尊敬するのです。

再生と転生は大きく異なる

典籍にはたくさんの異なった疑いが言及されていますが、それら全てを通覧する必要はありません。最初のものは、「この生の前に、私は存在したのだろうか?」です。これが一つの疑い。「この生の前に、私は存在しなかったのだろうか?」。これは実際には、違う角度から見た同じ問いですね。もし「私」がかつて存在したのなら、それはどのような「私」だったのでしょう? それはどんな形状で、どんな外観をしていたのか、私は男だったのか、それとも女だったのか? あらゆる種類の疑いを人々はもちます。私は先週、前世には女性であって、いまは男性である友人の話をしました。

男性であることを誇りに思い過ぎたり、
女性であることを不幸に感じたりはしないでください。
誰かがよりよいということはないのです。
本当に大切なのは、あなたの実践、あなたの理解、
そしてあなたの心根です。

そんなわけで、「私は女性だったのだろうか？」、「私は男性だったのだろうか？」、「私はヨーロッパ人だったのだろうか、それともアジア人だったのだろうか？」。あらゆる種類の疑いがありますが、これまで述べたことを非常に深く理解すれば、あなたはこうした名称が単に慣習に過ぎないことがわかるでしょう。

「私は再び生まれるのだろうか？」、「私は再び生まれることはないのだろうか？」。これらは同じ疑問ですね。「魂が、内部のどこかに生きて存在しているのだろうか？」。これもまた別種の疑いです。物質的と精神的のプロセスをたいへん深く見ていくと、全てが常に生成消滅していることがわかるでしょう。恒常的な実体などというものはない。全ては変化しており、生成消滅しているのです。この「私」は、どこからやってくるのでしょう？

「再生（rebirth）」という言葉を使う時、それは「転生（reincarnation）」とは大きく異なったものです。私たちはこの二つを、時々はそれらがまるで同じであるかのように使ってしまうことがあるのですけどね。この二つの言葉は、同じではありません。「転生」が意味するのは、何か恒常的な実体が新しい身体をもつということです。つまり、魂が新しい身体に入っていくということ。新しい身体に入っていく魂などというものは存在しません。存在するのは意識だけ、精神的なプロセスと、物質的なプロセスだけなのです。テクストにおいて、このことはたいへん細かく、同じことを何度も繰り返しながら説明されています。それは瞑想に関する、二巻本のテクストです。その詳細を全て通覧するとしたら、とても長い時間がかかるでしょう。ただこのことを、嗅ぐことや味わうこと、触覚や音や見ることといった、その他の文脈においても、私がさきに説明したように理解するよう努めてください。これを一つの例として、身体と心における他のプロセスについても、理解するようにするのです。

ただ簡潔に言いますと、一部の非常に深い理解をもっている人たちは、縁起を最初から観察します。では、「無知」や「知らないこと」を意味する無明（avijjā）は、何を知らないのでしょう？　真実を知らない、現実を知らないのです。私たちは知らないから、もし私がこれを行えば、私は私を幸せにしてくれる何かを得るだろうと考えてしまう。この事態を「知らないこと」と呼ぶのです。私たちを本当に幸せにしてくれるものなど、全く存在しないのですから。

このことを考えると、とても憂鬱になってしまいますね。私たちはあまりにも長いこと、自分自身を騙してきましたから。とにかく目を覚まし、成長してください！　あなたは何か、自分を本当に、常に満足させてくれるものを見つけたことがありますか？　私たちはそれをずっと探しています。私たちを本当に満足させ、本当に幸せにしてくれるであろうもの。それを見つけたことがありますか？　そんなものは存在するのでしょうか？

何かが私たちを幸せにしてくれるだろうと信じること、そして
物事を、それが私たちを幸せにしてくれるだろうという希望をもって行うこと。
それは幻想。それは無明です。そしてまた、四聖諦《ししょうたい》を理解しないこと、
それもまた同じ事態です。

布施に関する誤った期待

皆さんが馴染むことができるように、ことをとてもシンプルな仕方で語りたいと思います。例えば毎週日曜日に、私たちはここで布施（dāna）をしますね。人々がやって来て、私たちに良質の食べ物を布施する。毎日、人々はやって来て、私たちに食べ物を布施しますが、これはよい行いです。気前のよさというのは素晴らしい！　私たちはお互いに助け合うこと、与え合うことを必要としています。私たちはお金を与え、食べ物を与え、衣服を与え、時間を与え、注意を与え、知識を与える。教えることもまた与えることで、よい行いです。しかし、あなたはそうすることで、何を期待しているのでしょう？　この期待がとても重要です。「もし私がこの尊敬すべき比丘《びく》（僧侶）に食物を布施したら、このカンマ（業、行為）の結果により、私は大金持ちとして生まれるだろう。私はとても幸せになるだろう。私はとても満足するだろう」。これは幻想です。その行為は結果をもたらすでしょう。それはそのとおり。しかし、それによってあなたが本当に幸せになるわけではありません。

布施を行なっている時でさえ、私たちはそれを山ほどの無明によって行なっていることが時々あります。それが私たちに本当の幸せ、本当の満足をもたらすだろうと、考えながら行なってしまうのです。私たちはなぜ布施をするのでしょうか？　布施をする時、私たちは何を期待しているのでしょう？

期待すべき最善のことは、
「この気前のよさの力によって、瞑想実践を行い、
現実、真実を理解する機会を得られますように」
これが私たちに期待できる最善のことです。

たくさんの物語の中で、誰かが少量のこれを布施したら、大量のそれを得たといった話を、あなたは聞くだろうと思います。これはよい投資だ。そうした発想は、貪欲と「私」に基づいています。私はたくさんのものを再び得るだろう。これはよい投資だ。その思考を深く見つめてください。あなたがあまりに多くを期待するなら、それは貪欲だからです。あなたは布施を行なっているが、それは貪欲に、「私」というこの誤った見解に根ざしている。この種の見解のゆえに、私たちはよいことを行い、また時々は、愚かにも悪いこと、不健全な行為、盗むこと、殺すことを行いますが、これらは全て、「もしそれを得れば、私たちは幸せになるだろう」という信念に根ざしています。それは例えば、そうすれば幸せになるだろうと信じて、麻薬を摂取するようなものです。よい行為であろうが、悪い行為であろうが、深い理解をしていなければ、私たちはそのことを、「私が何らかの結果を得るであろう」という信念によって行なってしまうでしょう。

ある人が深く瞑想する時、彼もしくは彼女は、
「無明を原因として行《ぎょう》（形成作用）があり、行を原因として意識がある」

(avijjā-paccayā saṅkhārā; saṅkhāra-paccayā viññāṇaṃ)

ということを観察しはじめるでしょう。

そして縁起の全体のプロセスが続きます。

深遠な縁起の観察

縁起を説明するためには、もう一つ別のクラスが必要です。それをごく深いところまで説明するためにはね。この縁摂受智は原因と結果について説いているものですし、縁起もまた原因と結果に関するものですから、それらは関連しているわけです。ここにたいへん面白く、とても深遠な一節があります。

Kammaṃ n'atthi vipākamhi, pāko kamme na vijjati,
Aññamaññaṃ ubho suññā, Na ca kammaṃ vinā phalaṃ.
Kammañca kho upādāya, tato nibbattate phalaṃ.
Na h'ettha devo brahmā vā, saṃsārass'atthikārako,
Suddhadhammā pavattanti, hetusambhārapaccayā ti.

~Vsm 603

Kammaṃ n'atthi vipākamhi, pāko kamme na vijjati：原因は結果の中にはなく、原因の中に結

果はない。それは他方の中にあるものではないのです。その二つは同じものではない。もし、結果が原因の中にある、あるいは原因が結果の中にあると考えるなら、あなたはその二つを一緒のものとして捉えているのです。それらは一緒のものではありません。それらは別のものなのです。

Aññamaññaṃ ubho suññā：一方は他方を欠いている。これはあれの中になく、あれはこれの中にない。双方が、互いを欠いているのです。

Na ca kammaṃ vinā phalaṃ：しかし、結果をもたらさない原因は存在しない。原因があれば、結果は存在することになります。これはとても美しいガーター（偈《げ》）ですね。とても深遠で意義深い、クイズのようなものです。

Na h'ettha devo brahmā vā, saṃsārass'atthikārako：サンサーラ（輪廻的生存）を創る創造者は存在しない。

Suddhadhammā pavattanti, hetusambhārapaccayā ti：ふさわしい諸条件のゆえに、ただ純粋なダンマ、そして純粋な自然が生起している。

その人の知性、知識に応じて、こうした多くのことが心に現れてきます。「……これが生じているのは、十分なだけの諸原因があるからだ」。瞑想のこの段階においては、多くの思考が自然に起こります。あなたは全く真実で、非常に深遠なものを観察しはじめるからです。何度も繰り返し、心の中にたくさんの繋がりが現れてきます。しかし、それについて考えすぎてはならないということを、覚えておくことが大切です。あなたは何らかのサマーディと、いくらかの気づきを育んできたからこそ、物事をたいへん明らかに見ることができて、それがあなたに、とても深遠な思考をさせているのです。

自分自身の洞察智に、たいへん執着してしまうということはあり得ます。「ああ、いまはすごくはっきりと見える。これは全く真実だ」。そんなふうに、あなたはことを反復し続け、それについて考えたいと思うのです。

小さな預流者

これら二つの洞察智を理解した人は、「小さな預流者《よるしゃ》」と呼ばれます。預流者（sotāpanna）とは、「流れに入った人」の意味。本当の預流者は、最初の道果（magga-phala, 道と果という流れに入る智）を既に得た人です。この段階は、本当の道果ではありませんが、ナーマ・ルーパとナーマ・ルーパの原因を理解した人は、恒常的な実体、「私」、自己に関する誤った見解のうち粗いものを、多く根絶します。この見解の清浄さゆえに、その人は本物の預流者にとても似ている。だから彼は、小さな預流者と呼ばれるのです。

この一節はとても啓発的です。

Iminā pana ñāṇena samannāgato vipassako
Buddhasāsane laddhassāso laddhapatiṭṭho niyatagatiko

~Vsm 605

この理解、この洞察智を（ñāṇena）有している（samannāgato）瞑想者（vipassako）は、安心を得ている（laddhassāso）。つまり、以前には重荷を背負っていたのだけれど、いまはその重荷から解放されているということです。彼は立脚地（laddhapatiṭṭho）、依るべき何かしらの深い洞察智をもっているのです。この洞察智を得てそれを維持している人がniyatagatikoで、これは彼が低次の存在領域（悪趣）に再生しないことを意味します。彼は確実に善趣（sugati）、よい生に生まれるのです。

あなたの再生は、あなたの心の質、あなたの意識の質に依存しています。この深い洞察智は圧倒的な力をもっており、あなたにある種の見解の清浄をもたらします。そして、この見解の清浄ゆえに、心の質はたいへん高くなりますから、それは低次の領域に再生することができないのです。あなたの人生は、あなたの心の質に依存している。両者は釣り合わなければならないのです。低次の質の意識は、低次の領域、低次の質の人生に、いわば再生を得る。あなたがひとたび、より深い洞察智と清らかな理解を得て、そしてまた戒の清浄、明晰な心の清浄、この洞察智の清浄を有していれば、意識の質は非常に高くなりますから、低次の領域に生まれることはあり得ないのです。しかし、もしあなたが戒を失い、この智慧を失えば、その保証はなくなります。この洞察智を保ち続けることができれば、あなたは低次の領域に生まれることがないのですから、それによって、素晴らしい安心を得ることができます。

「私」で煩悩を後押ししないこと

私の友人の一人が瞑想者だったのですが、彼がいまでもそうであるかは知りません。とても忙しい人ですから。まだ瞑想者であってくれればいいと思います。その彼が、かつてこれらの洞察智を見通した時、私のところにやって来て言いました。「これを理解する前には、何かが欲しいと思った時には、それをもっていなければならない、それがなかったら私は幸せになれないだろうから、行ってそれを得なければならないと思っていました」。この、もっていなければ「ならない」は大きな重荷ですね。続けて、彼は言いました。「私はまだとても欲深いですが」（実際、彼はとても欲深い人です）、「何であれ貪欲が心に浮かんできた時はいつでも、私はそれが貪欲であるとわかるのです。それ以前には、自分は本当にそれが欲しいのだと考えていたものですが」。

もしあなたが、「私」とこの「欲しい」を同一視していたら、それは大きな問題になります。しかし、「欲しい」と自分自身を同一視しない時、あなたはそれをプロセスとして、つまり欲望、強い欲求の生起として観察します。「いまはそれについて何もする必要がないんですよ」と、彼は言っていました。最初は、もしそれが手に入らなかったら、自分は幸せになれないだろうと彼は思っていた。「私はそれが欲しいし、もしそれを手に入れたら、私は幸せだろう。もしそれが手に入らなかったら、私は幸せではないだろう」。いま彼は、その欲望を自分はただ観察することができて、それは素晴らしい安心だと言っています。ここまでできれば、あなたは九十%の不幸を根絶することができる。あなたは貪欲と欲望を、ただそのものとして見ることができるのです。

この「私」という誤った見方に後押しされなければ、どんな煩悩も弱いものになります。煩悩は、「私」という誤った見方に後押しされる時はいつでも、たいへん強いものになる。
「私は怒っている。私は動揺している。私はよりよくなりたい」。

この種の思いが心に現れた時はいつでも、ただ身を引き、距離をとって、同一視せずに、それをただ精神的なプロセスとして観察すれば、その思いは力を失います。あなたは自分の尊厳、自分の平静さを保つことができますし、もしそれが本当に必要なら、それを手に入れるためのよい方法を見つけることもできるのです。

必要なものと欲しいもの

必要なものと欲しいもののあいだには、たいへん大きな開きがあります。欲しいものには限度がありません。本当に必要なものはとても少ないのです。幸せでいるために私たちが本当に必要とするものがどれほど少ないことか、皆さんにはとても信じられない思いがすることでしょう。

かつて私の先生についてお話したことがありますね。皆さんの中の何人かは、覚えていらっしゃると思います。彼はとても小さな部屋に住んでいます。彼はたいへん学識のある僧侶で、特別に優秀な人です。私は非常に幸運なことに、かなりたくさんの先生方と接してきました。彼らは自分の教えていることを実践し、また自分が実践していることを教えています。彼らは頭や本によって教えているわけではなく、自分自身の人生から教えるのです。そんなわけで、この先生はとてもシンプルな生活を送っています。彼は木製のブロック一つで寝ている。その上にタオルを置き、枕として使っているのです。カーペットはありません。床の上には何もないのです。床の上に布を広げて、そこで彼は寝ることになる。家具はない。部屋には何もありません。彼を訪ねてきた人たちは、彼が何も所有していないことに気がつきます。この僧侶が何も所有していないとは聞いていたが、その場に行って部屋を見てみると、彼が本当に何も所有していないことが実際にわかった、と彼らは言っていました。

彼は一日一食。ベジタリアンです。ほとんどの場合は少しのごはんとちょっとのトマトサラダ、もやし、少量の茹でた豆と、少量のその他の野菜です。人々は彼にケーキやビスケットを差し上げるのですが、彼は食べません。彼が言うには、こうしたものは身体に合わないのだそうです。一日一食、彼はそれを四十年以上続けていて、とても健康です。私が彼のことを知ってから二十年になりますが、病気をしたのは二回だけで、それは食中毒のせいでした。誰かが身体に合わないものを差し上げたのが一回で、二回目は、ある人が豚肉を細かく切っていて、その日、先生に食事をさし上げた人は彼が肉を食べないことを知らず、また、その豚肉は野菜と混ぜられていたので、先生にもわからなかった。だから彼は食べてしまい、下痢をしたのです。驚きですよ。あんなシンプルな食事を一日一回で、人が健康を保つことができるなどと医者に言ったら、その人はあらゆる種類の栄養失調に陥ることになると、九十九％の医者は言うだろうと思います。しかし、彼にそうした兆候は全くありません。私は彼のようにはなれませんが、彼はそのように生きています。全て彼の所有しているものは、小さな一包みで運ぶことができます。欲しいものと必要なもののあいだには、圧倒的な開きがある。しかし今日、人々は己の欲求を、ますます増大させていっていますね。

自分の心を理解し、
この貪欲を理解して手放せば、
人生をとてもシンプルで易しいものにすることができます。
人生はもはや、ひどい重荷ではなくなるのです！
実際、人生の負担はそれほど大きなものではありません。
貪欲の負担のほうがより大きいのです。

今日はここでやめて、質問を受け付けるべきでしょうね。来週は第三と第四の洞察智についてお話するつもりです。第三と第四はとても重要、第一と第二もとても重要です。それらは基礎ですからね。最初の二つが理解できなければ、先に進むことはできません。

【Q&A】

Q　これらの洞察智を、どうやって維持したらいいのでしょうか？

A　瞑想を続ければ、維持することができますよ。それらを維持するのは、瞑想実践なのです。そしてまた、ひとたびそうした種類の洞察智を育てれば、あなたはその重要性を理解することができます。その洞察智は、人生をたいへんシンプルにすることを助けてもくれます。この洞察智がなかったら、私たちは人生をたいへん複雑にしてしまう。あなたはあまりにも多くの不必要なことを行い、あまりにも多く不必要に考え、見、聞き、食べ、あちらへこちらへと行ってしまう。

この洞察智をひとたび育てれば、
人生には重要なことと重要でないことがある
ということがわかります。
あなたはその二つを、たいへん異なったものとして見るのです。

ほとんどの場合、私たちは全てをごっちゃにしていて、全てが同程度の重要性をもっていると考えています。私たちはたいへん多くのことに関わっていますから、十分な時間がない。瞑想する時間さえないのです。子どもたち、夫、妻、仕事といったものに関する私たちの心配の多くは、必要のないものです。あなたがこれらの洞察智をひとたび得れば、心配することは滅多になくなります。あなたの心配は、ただ直近の問題だけになる。病気になった時だけは、それについて心配して医者にかかる必要があります。しかし、今後十年とか三十年の間に何が起こるだろうかなどと、座って考えたりは、あなたはしない。あなたはする必要があること、しなければならないことをするのです。そしてあなたはたくさんのものを手放すことができる。とてもシンプルになるのです。

だから私は、ほとんどの瞑想者、洞察智を維持している本当の瞑想者は、大変シンプルな人生を生き、大変シンプルな生活を送ると言ったのです。彼らは複雑な生を送ることができません。

私の友人の一人がよい瞑想者なのですが、彼女は家に新しいものを入れることが、本当に嫌だと言っていました。その新しいものは彼女の心を占領して、時間を奪ってしまうだろうからです。たいていの人は街へ行くと、たくさんの店を見、とてもたくさんの美しいもの、役に立つものを山のように見て……、「これが欲しい、あれが欲しい」、……このことに終わりはありません。この人が言うには、道を歩いて様々な店に目を向けるたびに、あまりにも多くのがらくたを見るとのことです。こんなものを誰が必要とするのだろう？　そんな必要性を誰が創りだしているのだろう？　人々は必要性を創りだして、自分が本当にそれを必要としており、またそれを所有しなければ幸せにはなれないだろうと、あなたに信じさせているのです。ペテンなのですよ！　この精神的なプロセスを深く理解している人たちは、自分たちがそれを必要としないことを知っているのです。

あなたはとても多くのものを捨てて、自分の人生をたいへんシンプルにすることができ、それで瞑想するための時間をより多くもつことになるでしょう。洞察智を維持することは大切ですし、そのための唯一の方法は、実践し続けることなのです。

あなたが智慧を深く深く育んでいき、悟りの最初の段階に達したら、後戻りすることはありません。悟りの最初の段階に達するまでは、実践し続けなければならないのです。

Q　（質問不明）

A　ナーマにはたくさんの意味があると言いましたね。私たちは既に、ナーマが名称を意味し、ルーパが形態を意味すること、またナーマが精神的プロセスを意味し、ルーパが物質的プロセスを意味することを知っています。こうした意味を、文脈に即して使用してください。ナーマは他にもたくさんの意味をもっていて、混乱しがちです。たくさんの意味があることを理解して、その文脈にふさわしいものを使うようにひとたびなれば、もう混乱させられることはないでしょう。

Q（質問不明）

A 簡潔に言えば、最初の洞察智とは、あるのは物質的なプロセスであって、それは存在者ではないこと、そしてもう一つのプロセス、つまりは意識、精神的なプロセスも存在する、と知ることです。この二つは別個のものです。物質的なプロセスは精神的なプロセスではなく、精神的なプロセスは物質的なプロセスではありません。ただし、一方は他方を条件付けるものではありません。

例えば、何かを聞いた時、その音は聞くことを条件付け、耳も聞くことを条件付けます。音と耳、つまり鼓膜は、ルーパ、物質的プロセスです。あなたは音に注意を払い、そしてこの聞くという意識が生じますが、これがナーマですね。もう一つの例は、動きたいと思った時、動きたいという意志が生じますが、これは意識です。それで身体が動く。目を閉じたり開いたりする時でさえ、開けたい、閉じたい、という意志が存在するのです。意志とそれに伴って生ずる意識がナーマです。

第二の洞察智は、このことにたいへん近い。このナーマはこのルーパによって生じ、そしてこのルーパ、物質的プロセスは、このナーマ、精神的プロセスによって生ずることをあなたは知る。状況に応じて、この両者は互いを条件付け合います。その条件付けを知ること、条件によってそれが生じるのだと知ることが、第二の洞察智です。

第三と第四の洞察智に関してはまだお話していませんが、お知りになりたいとのことですから、非常に簡潔に説明しましょう。第一の洞察智は無我（anatta）、つまりナーマとルーパをプロセスとして見て、存在者、実体、魂としては見ないこと。これが無我の意味です。それが十分な原因のゆえに起こると知ること、それもまた無我です。それは創造されるものではない。だから、これもまた無我の智（anatta-ñāṇa）ですね。第三の洞察智では、この生成消滅のプロセスを観察して、そこに「無常・苦・無我（anicca, dukkha, anatta）」の、三つ全てを見るのです。第三の洞察智に至ってはじめて、人は本当の無常、生成消滅を観察しはじめますが、それはまだ真に成熟した観察ではありません。第四の洞察智は、苦と無我ではなく、無常をより強調します。それらはともにあるものですが、第四の洞察智は、生成消滅をより強調するのです。来週、第三と第四の洞察智について詳細をお話するつもりです。繰り返し説明するにつれて、概念の中身がますますはっきりしてくればいいいと思います。

Q　（質問不明）

A　最初の二つの洞察智さえ、ただ読書だけからそれを知ることはできないでしょう。それについて語った時に、理解するのは容易いけれど、それは本当の洞察智ではなくて、知識なのです。

実際に経験した時に、そのことがわかるでしょう。その瞬間には、あなたはそれについて考えているわけではないのですから。あなたは本当に、非常にはっきりそれを見ている。それがどれほど明らかかは、本当に驚いてしまうくらいですよ。それは本当にびっくりしてしまうことでもあります。

Q （質問不明）

A 私が知っている数人の人たちは、読書をあまりしないけれども、最初の洞察智に達していました。しかし、より深い洞察智に達することはたいへん難しいですね。彼らは、思考はただ思考であり、そこに存在者は存在しないと観察する。私はそういう人を一人知っています。彼はどこの瞑想センターにも行っていませんでしたが、彼と話をした際に、それに関する彼の語り方は、この人が単なるプロセスというものに関して本当の深い理解を有していると感じさせました。彼は、単なる思考だけが存在するのであって、それは私のものではない、それらは来ては去って行くのだ、と言ったのです。

Q （質問不明）

A 言われることを私が理解する限りでは、それは小さな洞察智ですね……。ブッダは三種類の異なった理解について語りました。第一は、誰かがそれについて語っているのを聞いたり、それについて読んだりした時に、何かを理解すること。これは一種の小さな洞察智で、「聞くことからなる智（sutamaya-ñāṇa）」と呼ばれます。二番目は、深く考えた時に、より深い洞察智を得ること。これは「考えることからなる智（cintāmaya-ñāṇa）」と呼ばれます。そして三番目が、本当の瞑想的洞察智です。これは「瞑想からなる智（bhāvanāmaya-ñāṇa）」と呼ばれる。

最初の二つのレベルについては、ただ読んで聞いて考えることができる。あなたはたくさんの誤った見解を、ただ読んだり考えたりすることで、除去することができるのです。だから、読むこと、聞くこと、考えること、質問して物事を明らかにすることが大切なのです。だから私たちは、小さな洞察智を得るためにここにいる。聞くことと読むことによって、あなたは深い洞察智を得ることができますが、進むべき次の段階がもう一つある。つまり、瞑想的な智（ñāṇa）です。これがブッダの教説の美点ですね。ブッダは読むことや聞くことから得られる知識や理解、そして考えることから得られる知識を認めている。ほとんどの場合、人々はここで止まってしまう。とくに西洋の哲学者たちはそうです。彼らはここで立ち止まる。ブッダはさらにもう一歩、瞑想的な智へと進むのです。

Q　……しかし瞑想をしていない限り、本当に深い洞察智を得ることはできませんね。

A　そのとおりです。だから仏教は実践的なのです。もしあなたが、ナーマ、ルーパ、無常、苦、無我を本当に理解したいのなら、ほかに道はありません。

唯一の道は、本当に瞑想をすること、

本当にマインドフルになることです。
これがブッダの教説の深さです。

Q （質問不明）

A サマタ瞑想は基盤、たいへん強力な基盤です。もし、あなたがそれを得ることができるなら、それはたいへんよいことです。

Q （質問不明）

A ブッダは毎日の気づき（マインドフルネス）を説きました。そして気づきとはウィパッサナーです。ブッダは深く見ることについて繰り返し語り続けました。サティパッターナ（気づきの確立）とはウィパッサナーです。これら四つの気づきの確立は、四つの異なった種類の対象をもっています。実際には、それらを本当にこのような形でカテゴライズすることは不可能です。それらは混ざり合っていますからね。座って呼吸の瞑想をする時、それは身随観（kāya-anupassanā）です。すると思考が浮かんでくる。あなたがそれを観察すると、それは心随観（citta-anupassanā）です。あなたは身体に、何らかの快か不快の感覚を感じる。これは受随観（vedanā-anupassanā）です。時々は、心がたいへん落ち着いて、あなたは「ああ、これが落ち着きだ」と観察する。すると法随観（dhamma-anupassanā）になります。気づいている時、あなたはそこに気づきがあると知る。これが法随観です。

anuは「繰り返して」を意味し、passanāは「見ること」を意味します。つまり、「何度も繰り返して見ること」です。

何かをほんの短い瞬間だけ見る時は、自分が何を見たのか本当には確信がもてません。しかし何度も繰り返してそれを見ると、対象はどんどん明らかになっていくのです。

私が何かをカップに入れて蓋をし、ほんの一瞬、中身をあなたに見せて再び蓋をする。それから中に何が入っているかを質問したら、たぶんあなたはよくわからないことでしょう。見る時間がいくらかあれば、あなたはそれが何であるかわかります。ですから、ウィパッサナーとは、身(kāya)・受(vedanā)・心(citta)・法(dhamma)という、これら四つのプロセスに、何度も繰り返し心を留め続けることなのです。

Q　(質問不明)

A　原因がなかったら、何も生ずることはできません。快の感覚を感じた時、それは……、たとえとして、いちばん明らかなのは不快ですね。自分をつねると、不快な感覚があります。つねったことのゆえにです。何かが接触し、その接触が激しいものである。だからあなたは痛みを感じる。非常に柔らかいマットレスの上に座った時、それはとても快いものです。眼に関しては中立的な感覚、不苦不楽受だけを感じます。それは快でも不快でもありませんが、あなたがそれを快か不快として解釈すると、それは別のプロセス、つまり精神的プロセスになります。自分が見たものを好む時、それはもはや眼の意識（眼識）ではありません。この繋がりは別の意識です。あなたが何かを見る時、純粋に見るのが眼識で、その時には、あなたは自分が何を見ているのかすら知りません。ただ純粋に見ることがあるだけなのです。自分が見ているものを確認するのは別の段階で、それからあなたは、自分がそれを好むかどうかを決定するのです。

意識はナーマで、対象はルーパ。この場合、ルーパは色を意味します。見る時に、私たちはただ色だけを見る。眼識とは色だけなのです。それは男や女や、その他のものを見たりはしない。ただ色だけを見るのです。次の段階は心で起こる。つまりは解釈です。心が解釈をする時、それはもはや見る意識ではなく、心の意識なのです。過去の経験ゆえに、何かを見ると、あなたは自分が何を見ているかわかります。以前にそれを好きだったから、あなたはいまそれが好きなのです。何か全く新しいものを見たら、あなたにはそれが何だかわかりませんし、好きも嫌いもありません。ただ、「これは何だ？」と考えるだけです。ですから、それは過去の条件付けなのです。例えば、ミャンマーでは多くの人たちが、この魚のソース、底魚のペーストを好んでいます。べたべたして、とても臭い。人々はこれが大好きですが、私はこれが大嫌いです。つまりこれが条件付けです。

見ることが他の何ものとも混ざっていない時、
記憶とも混ざっていない時、
それが純粋な見ることの意識です。
そこに好むも好まないもありません。
思考とともに浮かぶ記憶だけが、
好むことや嫌うことを生じさせるのです。

あなたが何かを見てそれを好む時、それは過去の条件付けによるものです。何かを見ても、それが何だかわからなければ、あなたはただ「これは何だ？」という意識をもつだけですね。

自分がそれを好むかどうかについて、あなたは何の決断も下してはいません。
ですから、好むか好まないかというのは条件付けられているのです。
そしてまた、私たちにはその条件付けをし直すことも可能です。

例えば、みなさんはここで長い年月のあいだ暮らしてきた。そしてここにいらっしゃるまでに、未経験のことを経験することが、たくさんあったでしょう。長い時間が経ち、いまや皆さんは食べること、見ること、聞くことなど、たくさんのことに慣れ、現在はそれらを好んでいますね。以前は、自分がそれらを好きなのかどうか、あなたにはわからなかった。何かを食べると時々、自分がそれを好きなのかどうかよくわからないことがあります。しかし何度も繰り返して食べるうちに、ゆっくりとその味がわかってきて、それを好きになってくる。例えば、ここに来る前、私は豆乳を味わったことが全くありませんでした。そしていま、私は少量の豆乳を飲みはじめており、その味がわかりはじめています。私は豆乳が好きになりはじめている。いま貪欲を育てているところなのですよ。

Q （質問不明）

A これはたいへんいい質問ですね。最初の洞察智を十分な強さで育まない限り、次の洞察智には進めません。一つの洞察智が次を導く。その準備ができて、それが十分に育まれ十分に強くなった時、それは次の洞察智を導くのです。ですが、私たちは自分の意志で次の洞察智に進むことはできません。私たちにそれをすることはできない。それは自ら起こることでしょう。いい質問を、たいへんありがとうございました。

急がないでください。
自分のいまいる場所に留まって、十分に深く智慧を育むこと。
自分自身を、あまり激しく強いることはできないのです。

第六章　第三の洞察智

——直接経験を通じて、無常・苦・無我を知ること

人生の質を高める仕方

瞑想クラスへ、皆さんようこそ。身体の落ち着かなさと心の落ち着かなさを静めるために、少しだけ早く来て、十分ほど瞑想するのはよいことですね。

心が落ち着いて安らげば、それはより受容的になる。
より受容的になるというのは、
心がより多くのものを受け取り、より多くのものを吸収できるということです。

大学で学んでいた若い頃、何か難しいことを勉強する前に、私は十分間瞑想し、それから本を読んだり勉強したりしたものです。とても役に立ちましたよ。瞑想をしなかったら、本を読んで

も、自分が何を読んでいるのかわからないまま、大量にページをめくっていたりすることもあったのです。ですから、勉強する時はいつも、とくに何か難しいことを勉強する時は、私は五分か十分瞑想したものです。

試験を受けなければならない時、私は本やノートは一切もっていきませんでした。ペンと鉛筆とIDカード、それに定規。それだけです。最後の一分まで読んで勉強したがる人たちもいますが、私はやりませんでした。ただ自分の心をとても軽く、落ち着いた状態に保っておいて、試験会場に歩いて行く。ベルが鳴ると、部屋に入っていって自分の場所に座り、問題用紙が配られた後は、それを裏返したままにしておく。私はそれを、すぐには読まなかったものです。目を閉じずに、ただ自分の席に座ったまま、五分ほど瞑想するのです。何事についても考えない。試験についても考えない。ただ息を吸って息を吐き、心を静める。ゆっくりと問題用紙をめくり、急ぐことなくゆっくりとそれを読んで、全てにゆっくりと解答する。ゆっくりとマインドフルにそれを行えば、より少ない時間で終わらせることができるのです。これが物事を行う際に、リラックスした仕方で、気軽に、急がず、より少ない時間で素早く終わらせることができるための秘訣です。

より能率的であることを学んでください。一つのことにおいてだけではなくて、あなたが行う全てのことにおいてです。そして、能率的であるためのいちばんの方法は、落ち着いて安らいだ状態でいることです。

もし急いでいて、落ち着きを失っていたら、
何事を行うにもより多くの時間がかかることになります。
あなたが創造的であれば、全てあなたの行うことに、
瞑想を活用できるようになる。
全てがよりよい質をもつようになるのです。
私たちの人生において、質はたいへん重要です。
質がなければ、私たちは自らの人生に満足を感じることができません。

質というものを欠いていたならば、満足を見出すことがどうしてできるでしょう？　量だけを追っていたら、自分の行なっていることや、自分の使っているものに、あなたは尊敬の念をもつことができません。何かをするとき、私は質のよいものを使いたいと思いますし、私がそれを尊敬の念をこめて、愛情をこめて、気遣いながら使用しますと、それは長持ちすることになります。私たちの関係の質についても同じです。表面的な付き合いではなく、本当に互いを知り合い、本当に敬意と気遣いをもって、互いを尊重し合うこと。全て自分の行うことに、ただもっと注意を払うようにするのです。自分自身に尋ねてください。「これを最善の取り組み方、心の最高の質をもって行うにはどうしたらいいか？」。そうすることで、何であれ自分の行うことに、あなたは素晴らしい満足を見出すことでしょう。

心の質が高ければ、何であれあなたの行うことも、高い質をもつことになるのです。

生成消滅するから苦である

さて、ウィパッサナーについてお話しましょう。先週は、精神的と物質的の現象が、互いを条件付け合っていることを観察する、第二の洞察智のところで終わりましたね。一方は他方の原因になる。精神的な現象が物質的な現象の原因になり、物質的な現象は精神的な現象を引き起こす。瞑想者が、このように精神的と物質的の現象が互いの原因となっていることへの洞察智を、もっともっと深く育んでいき、彼がこの洞察智における十分な強度と、この洞察智における十分な明晰さを得た時、心は自動的に前に進みます。

瞑想者は、物事が生起するのを観察しはじめる。最初、彼が見ることができるのは、ただ自然的な性質だけです。彼は、いまこの時に、何かが生起しているのを見ることはできない。注意を払った時にはいつも、そこで起こっている何かを見ることはできるのだけど、それがいつ起こりはじめたのかはわからないのです。何かが既に起こってしまってから、いま何かが起こっているという事実に、ただ非常に曖昧な形でのみ、時々この人は気がつくようになる。しかし彼には、そのまさに始点を観察することはできないのです。洞察智がより強くなってくると、何かが現れてきて、それから別のものが……現れてきて……、それからまた別のものが現れてくる……、こうした様子を、彼は観察しはじめます。そうしてしばらく経つと、瞑想者は、何かが現れて、しばらくのあいだ留まり、そして消えていくのを、観察しはじめるのです。
全てがゆっくりとした動きになります。思考や感覚が、映画のスローモーションで見たことがあるような、ゆっくりとした動きになるのです。瞑想者は、生成し、しばらく留まり、消滅するのを、観察することができる。時々は、少し変化してから消滅することもあります。この変化もまた、無常の一つの側面です。

物事が生起し、短い瞬間だけ持続して、それから消滅することもまた、その人は観察しはじめるようになる。これに何の満足を見出すことができるでしょうか？物事が苦（不満足）であることの観察なのです！

この段階にある時に音楽を聞くと、一つの音が生成しては消滅し、また別の音が連続性なく生成しては消滅するのを、瞑想者は聞くことになります。彼は音楽を本当に楽しむことができず、「以前はこれを本当にいいと思っていたけど、いまは全くこの音楽がわからない」とも思います。連続性がなかったら、私たちは何も楽しむことができないのです。
この段階において、「私たちは何事であれ楽しむことなどできるだろうか。物事は持続しないのだ」ということを、その人は知りはじめる。それが快いものであれ不快なものであれ、その物事は生じ、非常に短い瞬間留まって、そして消滅するのだということを、その人は観察しはじめるのです。生成消滅するからこそ、それらは苦である。

第三の洞察智（思惟智）

では、ここで『無礙解道《むげげどう》（Paṭisambhidāmagga）』から、パーリ語を引用して紹介しましょう。

Atītānāgatapaccuppannānaṃ dhammānaṃ saṅkhipitvā vavatthāne paññā sammasane ñāṇaṃ

~Pts i. 54

dhammānaṃ は、精神的と物質的の現象を意味します。atīta は過去、anāgata は未来の意味。paccuppannānaṃ は、現在において、という意味ですね。

過去、未来、現在という並びが、順番どおりでないのがわかりますね。このことが示しているのは、物事をこの順序で見る必要はないということです。何であれ過去に起こったこと、また何であれ未来に起こるであろうこと、あるいは現在に起こっていることを、この人は全体として受け取る（saṅkhipitvā は、全体をコンパクトな形で受け取ること、を意味します）。そしてvavatthāne は、それを無常・苦・無我と見ること。この智慧、もしくは paññā（般若、智慧）が、Sammasana-ñāṇa（思惟智《しゆいち》）と呼ばれます。無常・苦・無我を観察しつつ、精神的と物質的の現象を見つめること。

どこからはじめましょう？　私たちは現在から、何であれいま・この時に、私たちの身体と心で起こっていることを観察すること、そしてそれを純粋な自然現象、純粋な自然の性質として理解することからはじめます。私たちが見ることができるのは性質だけです。私たちは概念を見ることはできない。概念を直接経験することはできないのです。私たちができるのは、それについて考えることだけです。ですから私たちは、性質を経験する。硬さ、柔らかさ、冷たさ、熱さ、圧力、動き、重さ、その他多くのものです。私たちはこれらの性質を、それについて考えることなしに、直接に経験できます。そしてまた、精神的な諸性質も。貪欲にはそれ固有の性質があります。何かに達しようとすること。何かを欲望すること。そうした性質に対する言葉を用いることなしに、あなたには感じることが可能です。……何かに対する欲望、フラストレーション、反感、破壊したいという欲求、押しのけたいという欲求……、心もしくは身体に起こる、どんな種類の性質であっても、私たちはそれを存在者ではなく性質として、存在者ではなくプロセスとして、見ることができます。それらを互いに条件付けあっており、原因によって生ずるものとして見るのです。そうしてしばらくすると、それが生起して、短い時間だけ持続し、そして消滅するのが観察されます。

このことを現在において見た後、同じことが過去にも起こっていたことを、私たちは理解できます。どれほど大昔であっても、同じことが起こっていた。物語は異なったかも知れないけれど、硬さや柔らかさなどといった性質や、その他の精神的な性質、つまり幸福、不幸、貪欲、反感、プライド、羨望、嫉妬、そして智慧やメッターでさえも同様で、何であれあなたの観察する性質は、生成し消滅することをあなたは知る。それらが生ずるのは、そうなるための十分な原因があったから。そこに存在者はないのです。

全体像の観察

洞察智のこの段階においては、多くの思考が起こってくることになります。というのも、その人は、無常・苦・無我という存在の三つの特性全てと、過去・現在・未来という三つの時間の全てを、一つの全体として観察しはじめるからです。彼はその全体像を観察し、またそれをシンプルな形にして理解します。

以前に何が起こっていようと、
それは全て精神的と物質的のプロセスであり、単なる現象です。
何が起ころうと、それがよかろうと悪かろうと、
全ては生じ滅していく。
物事がそうなのは、それらに生じるべき十分な原因があるから、
そして、それらが滅していくという本性をもっているからです。

物事が生じるためには、原因と条件が必要です。しかし滅するためには、原因も条件も必要ありません。例えば、音を出すにはそのための原因が必要です。誰かがベルを叩かなければならない。そこで誰かがベルを叩き、音が存在することになって、あなたはベルが鳴っているのを聞く。そのベルの音はどんどん弱くなっていき、そして消滅する。ですから、滅するためには何の原因も必要ない。それは自然本性なのです。似た法則が物理学にもあると思います。熱力学の第二法則は、物質が解体していくことを語っていますね。これは物質の本性なのです。そうなることに、原因は必要ないのですよ。

そんなわけで瞑想者は、全てがサンサーラ（輪廻的生存）の全体の中で起こっていることを、コンパクトな形で、一目で観察しはじめます。いかなる精神的と物質的の現象が生じようと、それは十分な原因のゆえに生起し、それから消滅していく。物語は異なるかも知れません。物語はパンニャッティです。プロセスがパラマッタ、現実的なものなのです。あなたがプロセスを解釈した時、それは物語になる。この瞑想において、私たちは何も解釈せず、物事を組み合わせることもありません。私たちは各瞬間、各現象を個別的に見る。各々の瞬間と現象を個別的に見ることができた時、あなたは本当にその本性を見ることができるのです。物事を組み合わせたら、それは観念になってしまう。

コントロールはできないが条件づけはできる

瞑想者が、精神的と物質的の現象が生じる原因を観察する縁摂受智を育てていくと、その洞察智は真に強力なものになって、自動的にそれは前に進みます。その人は生成消滅と苦を観察し、そしてまた、そこにコントロールが存在しないことも観察します。これらの自然現象は、誰の願望にも従っていない。あなたは「私の身体が動きませんように」と言うことはできないのです。それは常に動いている。全身に、非常に微細な振動と動きがいつもあるのです。音がある時に、「私は聞きませんように」と言うことはできない。音が存在して、あなたが耳をもっており、そしてあなたが注意を払えば、あなたはそれを聞くことになるのです。十分な原因があれば、それは生じる。

同じことが、他のいかなる自然現象についても言えます。それらは私たちの願望には従わない。私たちは時々、超能力を得れば自然現象を完全にコントロールできるだろうと考えたがることがあります。ある人々が、長い時間を強い精神的な力を育むために使ったので、彼らは現象をコントロールできるかのように見えたという話を、あなたは聞いたことがあるかも知れない。しかし彼らは亡くなりました。彼らはそれをコントロールすることはできなかったのです。

彼らは全て亡くなりました。ブッダでさえ亡くなったのです。
彼らは自分自身が死ぬことを、止めることはできなかった。

私たちには、見かけ上のコントロールができるだけです。微細な精神的と物質的の現象が起こっているのを見る時に、身体と心のどこであれ、あなたがそれを本当にコントロールすることなどできますか？　心に一分間考えるのをやめろと命じてみてください。私たちはたいへん長い年月を考え続けてきましたね。そこで自分の心に、六十秒間考えるのをやめなさいと命じてみるのです。あなたはそれができないでしょう。

瞑想して強い集中力を育てれば、思考は時々止まります。あなたがそれを望むからではありません。条件のゆえにそうなるのです。瞑想の実践もまた条件です。私たちが長いこと実践を続けてきて、しばらくのあいだ心を静止させていられるという、ただそれだけのことから、私たちが己をコントロール下に置いていると言うことはできません。しかし、繰り返し条件づけることによって（āsevana-paccayo）、何かを起こさせることはできるのです。

この洞察智において、瞑想者は物事が本当に無常、アニッチャであることを観察し、受け入れはじめます。「私はこれについて、たいへん長い間、たいへん多くの回数聞いてきて、自分がそれを理解していると思っていたし、それを信じてもいた。いまはじめて、私は物事が本当に無常であって、本当に苦であるということを観察している」。私たちはそのような現象に、どんな本物の、持続する満足を見出すことができるでしょう？　私たちは、本当のコントロールが存在せず、存在するのは見かけ上の（見せかけの）コントロールだけだということも知る。私たちは、自分自身が年老いないようコントロールすることはできません。コントロールすることができたなら、私は常に二十五歳でいたいですよ。いまの私の年齢はその二倍です。しかし、私はまだ半分来たに過ぎません。つまり、私は可能であれば百歳まで生きるつもりなのです。自分自身のケアをすれば、もっと長く生きるかもしれませんね。しかし、コントロールはできない。本当のコントロールは存在しない。それは、私たちが自分自身のケアをしなくていいという意味ではありません。

「死ぬ時は死ぬ、私は気にしない」
これは正しい態度ではありません。
自分自身をケアし、健康に保ちましょう。
長生きして、より多く学ぶのです。
私たちはこの人生に、とてもたくさんのものを投資している。
そこから最大の利益を引き出してください。

思考よりも観察を

現在の瞬間に生じている物事を、非常にはっきりと見る時に、「これは本当に真実だ。生成消滅と苦、これは本当に真実だ」という思考が、直ちに浮かんできます。それから、このことに何度も繰り返し気づくうち、本当のコントロールというものはどこにもないことを、私たちは知ります。物事は生じては滅していく。私たちは「いま生じよ、そして滅するな」と言うことはできません。また「生ずるな」と言うこともできない。物事は生ずるのです。この間に、ダンマに関する正しい気づき、省察、もしくは思考が、何度も生じてきます。思考を奨励し過ぎないようにすることは、とても重要です。思考は起こるでしょう。それは続く洞察智においてさえも同様です。新しい洞察智を得た時はいつも、あなたは考えはじめてしまう。得たものが新しくて、興奮してしまうからです。あなたは自分が何かを成し遂げたと感じるのです。ダンマに関する思考は生ずるものですが、それらの思考も観察するようにしてください。「ダンマについての思考」、「苦についての思考」、「無常についての思考」、「無我についての思考」といったようにです。非常に短時間の省察を行うことが、実践への意欲をより強く促す場合もあるでしょう。しかし、考えることに積極的になってはいけません。

いま・この瞬間を、本当に観察することに積極的になってください。

最初は一つの無常から

次のことも、またたいへん重要なことです。

Ekasaṅkhārassāpi aniccatāya diṭṭhāya "sabbe saṅkhārā aniccā" ti avasesesu nayato manasikāro hoti.

~KvuA 160

ただ一つの現象を見て、それが無常であると観察すれば（aniccatāya diṭṭhāya）、ただ一つの条件付けられた現象であっても（Ekasaṅkhārassāpi）、その生成と消滅を見て、本当に、明らかにそれを観察すれば、そのことによって、あなたは全てのものについて事情は同様であることを確信します。これは、大きな壁を倒したいのだけれども、大きすぎてその縁に届かない時のようなものです。そこであなたは、真ん中から一つのレンガを取り出す。真ん中から一つのレンガを取り出すことができれば、次のレンガについては簡単です。ですから、全てを一度に理解しようとはしないでください。最初は、一つのものを理解しようと努めること。自分の身体の、いかなる自然現象でも構いません。呼吸の感覚でも、他のどんな動きでもいいのです。自分の心を一つのものに、可能な限り長く留めるようにしてください。

心を一つの現象に、より長く留めれば留めるほど、より明らかにあなたは見る。生成と消滅を、より明らかに観察するのです。

自然現象の一つの側面に、ひとたびこの生成消滅を観察すれば、それは他の側面にも同じく広がっていくことになる（avasesesu nayato manasikāro hoti）。この現象が無常であるのと同様に、他のすべての現象もまた、無常なのです。

急がないでください。ただそれが起こるままに任せて、心を一つの現象に、可能な限り長く留め続けること。一つの無常を観察すれば、"sabbe saṅkhārā aniccā"「全て条件付けられた現象は無常である」と、あなたは確信することができます。つまり、全てのサンカーラ（条件付けられた現象、行《ぎょう》）を見に行く必要はないということ。サンカーラは、あまりにもたくさんある。全てを見ることができるのはブッダだけです。知的な人は、より多様に、より広く、たくさんの物事の生成消滅、無常・苦・無我の多くの側面を見ることができます。これはその人の知性、知的能力、学習、知識によることです。

より多くの知識をもち、より多く考えるほど、
あなたはよりゆっくり進むことになります。
ブッダのダンマについて、たくさんの知識をもっていても、
瞑想しているあいだは、
それについては考えないでください。

「苦の思考」に没頭しないこと

誤解している人たちもいます。彼らは無常・苦・無我について、ただ考えることが可能であると思っているのです。彼らは「無常、苦、無我」と言いながら、数珠を使って数千回も繰り返し数えます。そうすることで、無常・苦・無我を理解する、もしくは見ることができると信じているのです。そんなことができる道理はありません。無常・苦・無我について、考えることはできない。できるのは、それを見ることだけなのです。しかしそれを見たならば、あなたはそれについて考えはじめてしまう。それについては考えないでください。

無常・苦・無我を完全に理解するためには、過去に起こったことを全て理解する必要があると考える人たちもいます。ミャンマーには、そうすることを奨励している瞑想センターがある。彼らは非常に高度な禅定（jhāna）、第四禅定を得ることを奨励し、心を巻き戻して、過去生を思い出す訓練をするのです。彼らは一つの生を思い出して、その終わり、最後の瞬間、最期の意識を観察し、それから新しい生の最初の意識を観察する。その生を思い出してから、その最期の意識をまた見て、それから次の生の最初の意識に移るのです。これに成功する人はほとんどいませんし、またその必要もありません。たくさんの月日がかかりますし、また一日二十時間くらい瞑想する必要があります。一日にただ二、三時間瞑想するだけで、そのような強力なサマーディを得ることはできません。完全な集中で、心が逸れることは一切なく、一つのものへと心を方向付けて、どこであれ向かわせたいと思うところに、それを導くことができる状態。とくに僧侶であって、他にすべきことが一切なく、また健康で長時間座ることができ、何ヶ月も集中していられる人であれば、このことは実現可能です。在家者にとって、それは簡単なことではありませんし、またそうする必要もありません。

智慧のこの段階においては、たいへん美しいダンマに関する言説が、心に浮かんでくることもまた有り得ます。集中のゆえに、そして洞察智の発達のゆえに、思考がたいへん深遠なものになるのです。ダンマに関する思考はたいへん深遠なものになり、そしてまた瞑想者は、自分の人生全体を見て、その全ての意味を観察し、過去に起こったことと、いま全てのものが一時的にいかなる状態にあるかを観察します。

あなたはあれやこれやの物事について、自分がいかにしてそのように不幸を感じることになってしまったのかを知ることができる。そして、このように距離をとることで、あなたはそれを単なる現象として、個人的なものではなく、あなたに属するものではなく、私でも私のものでもないものとして、見ることになります。このように距離をとって物事を眺める視点が得られた時、何事についても刺激を受けていちいち興奮する必要は全くないのだということを、あなたは知ることができる。そして、そのことはあなたに大きな安心、素晴らしい安心を与えてくれます。ある種の精神的な病が、消えてしまうことさえある。

私たちはみな、それぞれ異なった仕方で精神的に病んでいるのです。完全に健康な身体というのは存在しません。医者はそのことを知っています。完全に健康な精神さえ、存在はしないのです。しかし、それはあなたが狂っているという意味ではありません。あなたはただ正常、つまり正常に不健康なのです。あなたがこうした種類の、距離を取る洞察智を身につければ、あなたの心はたいへん健康になります。

本当に健康になるということは、本当に明晰な理解を得るということです。精神的に健康になるためには、他の道はありません。

ある種の精神的な抑うつ症状をもっている人たちは、瞑想してこの段階に至ると、抑うつ症状が消えてしまうこともあります。

考え過ぎないということを、再び思い出していただきたいと思います。とくに苦については考え過ぎないでください。無常を観察する時、あなたはそれについて考える。これは、ある意味では構いません。あなたは無常をもっともっと観察し、その認識はますます明らかになって、あなたはたいへん納得する。苦を観察する時、あなたは満足というものが全く存在しないこと、満足させてくれるものは何もないことを知ることができる。あなたはそのことを、たいへん明らかに、一目で理解するのです。しかし、そのことについて考えはじめると、あなたは現象からの距離感覚を失ってしまう。あなたはそこに巻き込まれてしまい、そしてこの「苦の思考」によって、抑うつ状態に陥ってしまうのです。あるサマーディの力によって、あなたは「苦の思考」に、全く没頭してしまうことができる。サマーディは、よい仕方でも悪い仕方でも使われることがあり得ます。したがって、苦について考えないことは、とても大切です。

硬い中心核は存在しない

この現象を観察する時、瞑想者は、恒常的な自我や魂の実体などというものが、全く存在しないことを、非常に明らかに観察することができます。全ては常に変化している。あなたは全てを、プロセスとして見るのです。

このプロセスを非常に簡潔なカテゴリーで把握する場合、必要なカテゴリーはたった二つです。一つは物質的、そしてもう一つは精神的。つまり物質的なプロセスと、精神的なプロセスです。両者ともに、生じては直ちに滅するもの。瞑想する前にも、私たちは物事が持続しないことに関して、あるイメージをもっています。去年の私の幸福は、いまはどこにあるでしょう？　私たちは、幸福が持続しないことを理解することができます。不幸については？　不幸もまた持続しません。見ること、聞くこと……、これらも持続しない。

そんなふうに、このことは実に明らかです。しかし瞑想においては、物質的プロセスである音が存在する時、あなたはそれを直ちに聞き、そして直ちにそれが消滅するのを観察する。私たちはまた、精神的プロセスである聞く意識がいまこの時に生じて、直ちに消滅するのも観察します。生成消滅の両者をともに観察することで、私たちは本当にそれが無常、アニッチャであり、苦、ドゥッカであることを確信します。コントロールは存在せず、人もなく存在者もない。それは本当にアナッタ（無我）、単なるプロセスなのです。私たちはそれがいま生じ、いま滅していることを観察することができます。

内側に硬い中心核は存在しない（asārakaṭṭhena）。無我にはたくさんの意味があります。sāraは中心にあって持続するもの（硬い中心核）を意味します。大きな木を切れば、その真中から、この木の硬い芯を得ることができる。これもまたsāraと呼ばれます。硬い中心核、芯（本質）、永続する何ものかです。asārakaというのは、硬い中心核をもたず、芯（本質）をもたず、永続する何ものも有さないもの、という意味です。

無常であるものは同時に苦であり、
無常であり苦であるものは、同時に無我です。
コントロールが存在しないから、同時にそれは苦。
おわかりのように、苦が中心にある。
無常だから苦である。
無我だからまた再び苦である。
私たちに何かを望むことが可能なのであれば、
それを苦として見ることはないでしょう。

生滅の責め苦

もう一つ大切な言葉があります。ウダヤッバヤ・ピーラナ（udayabbaya-pijana）という言葉です。ピーラナは圧迫、苦痛を意味します。ウダヤは生ずること、バヤは滅することです。この生成消滅は、全く責め苦のようなものです。それについて考えた時は、本当に理解することはたいへん難しい。しかし瞑想においては、物事が繰り返し生成しては消滅しているのを、あなたは観察することができる。それは責め苦（ピーラナ）。何の安らぎも与えてはくれないのです。

あなたは瞑想のより高い洞察智において、このウダヤッバヤ・ピーラナを、何度も繰り返し観察することになるでしょう。とくに最高の段階に達した時には、この気づき（マインドフルネス）

さえ、苦と見なされることがあり得ます。気づきは非常に鋭く明らかになり――、現象が非常な速度で生成消滅しているのも観察できる。そしてあなたは、この無常を知ることさえも、再び苦であると感じるのです。「私はこれをもう知りたくない。私はこれをもう見たくない。この生成と消滅、それは耐え難い。それは責め苦だ」。

これを知る前は、何か快いものを聞いた時、「ああ、これは素敵だ。私は好きだ」と、私たちは考えます。しかし、この深い洞察智に達すると、聞かなければならないということは苦です。修行のあるポイントでは、私たちはこれ以上何も聞きたくなくなってしまう。これ以上何も見たくなくなるし、これ以上何も感じたくなくなる。そしてこれ以上、何も知りたくなくなりさえするのです。この認識はもう十分だ！　しかし、知ることを止めることはできません。あなたはさらに、次から次へと知っていく。諸現象が、生成しては消滅するということをです。あなたはこれらの現象から逃げ出すことはできないし、脱出口など存在してはいないのです。これらの生成消滅する現象をあなたは観察しますし、それはひどい責め苦です。しかし、それについては考えないでください。実際に見た時に、そのことがわかるでしょう。私はただヒントを差し上げているだけです。

パラマッタの性質は変わらない

時々は、この意識を観察することもまたあるでしょう。私たちは幸せになりたい。私たちは自分自身を幸せにしたい。そうした思考が浮かんでくるのを観察する時、あなたはそれを注視することができ、するとそれは直ちに消えてしまいます。

この思考さえ生成消滅することを、あなたは観察することができる。
この思考が、誰かを幸せにすることがどうしてできるでしょう?
そこには誰も存在しない。
この思考それ自体も無常なのです。

浮かんでくる思考はたくさんあります。意識が生成消滅するのを観察する時、私たちは、意識がその本性を変えることなく、その自然で固有な特性を変えることなく生成し、消滅するのを見ることができる。このことが意味するのは、もし何らかの種類の欲望や貪欲が生じたならば、それが他の性質に変化することはあり得ない、ということです。他の性質に変化することができる以前に——実際には、変化することは不可能ですが——、それは欲望として消滅してしまいます。欲望は欲望として生成し、ただ欲望としてのみ消滅するのです。私の読んだ、精神状態と意識と智慧に関するいくつかの本の中で、怒りを愛に変えることができると言われていました。そんなことは不可能ですよ! あなたの怒りを愛に、メッターー(慈しみ)に変えることはできません。ドーサ(憎しみ、反感)をメッターに変えることはできないのです。ドーサは生じると、ドーサとして滅するのだから。

慈しみの念（メッター）は慈しみの念として生じ、
慈しみの念として滅します。
それが性質を変えることはあり得ません。
その固有で自然な特性は変わらない。
それはただ生じては滅するだけ。
だからそれは無常（アニッチャ）なのです。

この点に関しては、瞑想者たちの間にさえ、多くの混乱があります。ある人々は、自分たちが一つのものを別のものへと変化させることができると考える。無常の定義において、パラマッタは変化しないと言われています。パラマッタが変化しないと述べている、パーリの文章があるのです。この意味に関して混乱してしまっている人たちもいます。もし現実、パラマッタが変化しないのであれば、つまりそれは恒常的なものなのだと。違いますよ。パラマッタはその性質を変えはしませんが、それは生成し消滅する。生成消滅、つまり無常と、性質を変えないことは矛盾しません。これは、とくに先生になる可能性のある人たちにとっては、たいへん重要なポイントです。

「物体」ではなく性質を見る

（聴衆から質問が出る）それはとてもよい質問です。訊いてくださってありがとう。水素という言葉が、意味するものは何でしょう？　水素という言葉によって、私たちはある理論的な構造を思い浮かべる。一つの陽子と一つの電子を伴う原子のモデルです。しかし、この水素原子だけを観察する時、この一つの原子さえ常に変化しており、不変のものは何もないということを、私たちは知ることができます。それはあまりにも速く常に変化しているから、同じであるように見えるのです。その水素原子の構造をさらに深く見ていけば、この電子さえも、常に光子を得ては光子を手放し、常に取っては放し、光子を受け取っては光子を手放すことを、繰り返し続けているのがわかるでしょう。その結果、電子のエネルギーレベルは、常に変化しています。

電子を物体と考えることはできません。私は物理学を長年勉強してきて、それにたいへん興味をもっています。一人の物理学者のことを覚えているのですが、私がたいへん興味をもっている人で、リチャード・ファインマンという人です。彼もノーベル賞受賞者で、つい最近亡くなりました。また、ＮＡＳＡ（チャレンジャー号事故調査委員会）のメンバーの一人でしたね。（他の物理学者も同じことを言ってきたのは知っていますが）彼が言うには、「電子は物体ではなく、それは理論的モデルである。存在するのはエネルギーだけで、エネルギーは常に変化している」。原子核をより深く見れば、原子核それ自身もまた、これら陽子と中性子が、常にエネルギーの交換をしていることがわかるでしょう。同じであり続けるものは何もない。しかし全体像について言えば、それはあたかも同じであり続けているように見えるのです。エネルギーのパターンを調べてみれば、それが常に変化し続けていることがわかるでしょう。

何ものも「物体」として考えることはできない。宇宙全体が一つのプロセスなのであって、物体ではないのです。何かを物体として見る時、それはあたかも変化していないように見えます。しかし、電子や陽子や中性子をプロセスとして見れば、それらは常に変化していることがわかります。互いに結合した時もまた、それらは変化する。それらは自身の性質、自身の自然で固有な特性を変えすらします。水素の自然で固有な特性と、酸素の自然の特性は同じではありません。その二つを結合すると、新たな性質が得られる。そしてそれさえも、常に同じであり続けはしないのです。

ウィパッサナーにおいて、私たちは性質についてだけ語ります。私たちは「物体」について語らない。そんなものは存在しないからです。私たちにできるのは、それについて考えることだけです。ウィパッサナー瞑想の目的は、距離をとること。私たちは物事に執著し、だから苦しむ。何に執著するのでしょう？　私たちは、自分が経験する物事に執著するのです。自分が本当に経験していない物事に、執著することはできません。私たちは視覚や嗅覚、味覚に執著する。何であれ「私」に関係付けられているものにも、同様に私たちは執著します。

ウィパッサナーは自由への道

日常生活における直接経験を観察すれば、いかなる経験も持続しないことがわかります。これはとても大切なポイントです。私たちは、何ものも持続しないことを知る必要はない。私たちが知らなければならないのは、いかなる経験も持続しないということなのです。経験は無常である。この点に同意できますか？　知るべき最も重要なことはこれなのであって、経験を除いて、私たちが本当に、はっきりと確信できるものが他にあるでしょうか？　私たちが確信することのできるものは、他に何もありません。

物理学においてさえ、諸理論は修正され、変更され続けているのです。物理学者たちは、電子に確信をもってさえいません。私は電気技師として訓練を受けました。そこで「電気とは何だろう？」と考えていたのですが、それは電子の運動であると言われている。そうして「電子とは何だろう？」ということになるわけですが、これら電子についてどんどん深く調べてきましたけれども、いまに至るまで、本当の答を私は見出せていません。これはいまなお、私にとってはたいへん興味深い問題です。ウィパッサナーにおいて、私たちは直接経験を観察している。それが私たちの執著しているものだからです。

「私」という言葉によって、表されているものは何でしょう？　これらの経験が組み合わされて、それを私たちは「私」と呼びます。経験がなければ、「私」は存在しないのです。

健全な心の状態が生起した時、瞑想者はそれを健全な心の状態として観察することができ、そしてそれは、健全な心の状態として、その性質を変えることなく消滅します。「その性質を変えることなく」というのは、たいへん重要なポイントです。つまり、不健全な心の状態が健全になることはなく、また健全な心の状態が不健全になることもないということ。洞察智のこの段階において、瞑想者はこのことを非常に明らかに、深遠に観察することができます。

生成消滅を観察することができた時、
不幸な思いが心に生じても、それは消滅するということを、
あなたは知ることができる。
あなたはそれについて何もする必要がない。
何らかの種類の欲望が生じた時でさえ、
あなたはただそれを注視することができ、するとそれは消えていく。
その心の状態に基づいて行動することを、あなたは強いられていないのです。
あなたはその心の状態に従う必要がない。
選択することができるのです。

それが為すべき正しいことだと考えるなら、実行してください。しかし、必ずそうしなければならないわけではありません。そのような態度でいなければ、私たちはあまりにもたくさんのことを、行うよう強いられていることになってしまう。

私たちは強いられている。そこに選択肢がないのです。
私たちは何かを見て貪欲になる。そこに選択肢はありません。

何かを聞いて腹を立てる。そこに選択肢はありません。しかし、自分の心を注視することができた時、私たちは選択することができる。私たちは貪欲にならない、私たちは腹を立てない。私たちは自由なのです。これは素晴らしい自在境です。

瞑想のための環境と条件

この段階においては、心がけるべきことがたくさんあります。一つは、考え過ぎないことです。現象の消滅を、より綿密に見てください。私たちは生成・止住・消滅を観察してきましたが、このポイントでは、消滅により注意を払っていただきたいのです。現象が消えると、そこには空白が存在し、そして次のものが生じます。現象が消えると、そこには空白、すき間があるのです。

現象の消滅に、より多くの注意を払うと、より鋭い気づきが育まれます。あなたの観察はより鋭くなる。気づきをより鋭くすることは、たいへん重要です。考え過ぎると、それは鈍くなってしまう。

また、洞察智をより強くするための、適切な環境や条件を選んでください。

住むところはとても重要。そして食べ物もとても重要です。正しい種類の食べ物を、正しい量食べるようにしてください。また、あまりに多く眠ってしまうと、あなたは鋭敏さを失ってしまいます。一定の時間は眠る必要がありますね。最低一日四時間ですが、それで全く十分です。瞑想者は一日四時間眠るだけで、健康でいることができます。不適切な感覚的刺激に目を向けたり、耳を傾けたりしないでください。これはつまり、本当に瞑想がしたいのであれば、テレビを見てはならず、雑誌を読んではならず、その他あなたの心を乱すいかなるものからも離れなければならないということです。あまりに多くのニュースに、耳を傾け過ぎないでください。

話すことを避けてください。私たちは話さずに生きていくことはできません。しかし、とくに瞑想の重大な局面においては可能な限り少なく、ただダンマに関することのみを話すようにしてください。これはあなたがより鋭い洞察智を育むために役立つことです。マインドフルな人たち、本当に真摯にマインドフルであろうと努めている人たちと付き合うようにしてください。本当に実践したいとは思っておらず、それについてただ語りたいと思っているだけの人たちと付き合うなら、あなたは鋭さを失い、気づきの強度を失います。適切な気温もまた、とても大切です。たいへん高い気温の中に住んでいたら、深いサマーディと気づきを得ることは非常に困難です。たいへん寒いのもまた、適切ではありません。気温は快適な範囲内でなければならないのです。

瞑想を妨げるような場所には行かないでください。「これは私が行くのにふさわしい場所なのだろうか、ふさわしい時間なのだろうか？」と、あなたは考えなくてはなりません。ある場所に行くこと自体はふさわしくても、時間に関してはどうなのかと、また考慮する必要があります。もし真夜中にその場所に行くとしたら、それは適切ではないかも知れない。あなたが語る内容と付き合う人々は、たいへん重要です。また、姿勢を調整する必要もあります。例えば、あまりにも長く横になりすぎたとしたら、あなたは鋭敏さを失ってしまう。こうした全ての環境や条件を、調整するようにしてください。常に油断せず、常に目覚めていて、そしてバランスをとるように。

目の前の瞬間にマインドフルであり続ければ、それが物事をより明らかに観察することを助けてくれるということに、瞑想者は自然に気が付きます。これはたいへん明白なこと。あなたが自分の心を目の前の瞬間に留め続ければ、それはますますその場に留まるようになり、そして気づきと明晰さが、どんどん強度を増していくのです。

自分自身を動機づけること

時々、ちょっとだらけてしまうような際には——それは実際に起こることです——、その人は自分自身を動機づける必要がある。よい友人とよい先生が、とても大切です。あなたによい友人とよい先生がいれば、彼らはあなたが実践により多くのエネルギーを投入するための、助けとなってくれるでしょう。自分自身を動機づけることは、最も大切です。瞑想することができるという、素晴らしい機会をあなたがもっていることを、考えてみてください。私はたくさんの人たちと会ってきました。その中の何人かは、実際には友人たちなのですが、私は彼らに、瞑想するよう何度も勧めました。彼らの言い分はこうです。「僕は忙しすぎるんだ。ひどくたいへんな仕事をこなしていて、あまりに多くの責任を抱えている。ちょうど数日前に昇進したばかりだし、新たな責務のこなし方を学んでいるところなんだ。時間がないんだよ」。

ある人は私に、時間がないと言いました。彼は私より一歳年上で、五、六年前に亡くなっています。私は彼に、「瞑想しなさい、瞑想しなさい、時間があるうちに」と、繰り返し言っていました。彼はいつも、忙しすぎて時間がないと言っていた。ある日彼は、自分がひどく疲れていることに気が付きました。エネルギーがなかったのです。彼は検査のために病院へ行き、腎臓癌があることがわかりました。手術を受けて腎臓の片方は取り出され、彼は長い病気休暇を取って一時的に僧侶になり、ひと月ほどのあいだ、瞑想を試みました。そして、少しよくなったと感じたのです。たぶん手術と薬、そしておそらくは瞑想のおかげで。彼は仕事に戻りました。癌は治ったと思ったのです。彼は再びたいへん忙しくなり、瞑想の時間はなくなりました。数年後、彼は再び病気になり、検査に行くと、もう一方の腎臓に癌があることがわかりました。

私は週に一度、時々は二度、病院に彼を訪ね、瞑想するように勧めました。病院にいるにもかかわらず、彼がしていたことがわかりますか？　彼はただ横になって、ずっとテレビを見ていたのです。かわいそうな人。彼はますます病んでいき、私は彼に瞑想するよう言いました。時々は彼の横に座り、「さあいまから瞑想しよう」と言いましたね。私はごく簡単な指示を与え、彼は瞑想を試みて、その間はとても幸せで安らいだ感じがすると言っていた。「では行くよ。一日に数回、瞑想をしてみなさい」と、私は言いました。その後、奥さんに彼が瞑想しているかどうか尋ねますと、瞑想はしておらず、ただテレビを見ているとのことでした。彼はますます病んでいった。私は何度も繰り返し彼を訪ね、すると彼は、「僕は瞑想したい。僕は瞑想したいんだ」と言っていた。しかし、彼はたいへん多くの異なった種類の薬を飲んでいて、そのせいで非常に鈍く、眠くなっており、感覚に注意を払い続けていることができなかった。「瞑想しようとしているのだけど、眠ってしまうんだ」と彼は言っていました。亡くなる直前にまた会いに行った時、「瞑想するにはちょっとだけ遅すぎたね」と、彼は言った。……遅すぎた！　おわかりのように、これはとても大切なことなのです……。

数週間前、ある男性がここに来ました。夜遅く、私の部屋のベルを鳴らしたのです。この時間に誰かが来るのであれば、何か重要な用件だろうと、私は思いました。そこにいたのは男性二人。私はドアを開け、来訪の理由を尋ねました。男性の一人が言うには、「彼はここの新規参加者で、瞑想について知りたがっている」とのこと。よろしい、彼が本当に学びたいというのであれば、喜んで教えよう、と私は思いました。私たちはこのホールに来て座り、私は彼に話をして、いくらかの瞑想の指示を与えました。「心がすごく落ち着かなくて座れません」と彼は言う。私はここを歩いて往復するように言いました。歩くことはより易しい、一歩一歩をマインドフルにと。「何を考えていますか？」と私が尋ねますと、「明日のことを考えています」と彼は言う。明日の何を考えているのか。彼は明日、裁判があって、法廷に出向かねばならないのだそうです。彼は全く落ち着かなくて、瞑想するために夜中に来た。これは遅すぎるのではありませんか？

何であれそういったことが起こる前に、瞑想してください。
安らかでいられるように、
非常に明晰な理解をもてるように、
ある種の距離の感覚がもてるように、心を訓練するのです。
そうすれば、人生でその種のことが起こっても、
あなたは対処することができるでしょう。
いくつかの場合には、事態を改善することもまた可能です。

そんなわけで、自分自身を動機づけることはとても重要です。「私はいま健康で、望めば時間を見つけることができる」。これはあなた次第。そうするつもりがあれば、時間を見つけることはできるのです。そのつもりがなければ、あなたは何百でも言い訳を見つけることができる。時々は瞑想中でさえ、ちょっと疲れてしまうことがあります。瞑想をしていて、やる気はちゃんとあるのだけど、身体はちょっと疲れているのです。そういった場合には、休憩をとってみてください。しかし、気づきは手放さないこと。眠りに身を任せないでください！

まずは深く観察すること

もう一つ、とくに瞑想の先生たちにとってたいへん重要なポイントですが、異なった先生たちは異なった考えをもっており、時々は大きな議論になることもある。これは正しい……、いや、あれは間違っている、などといったように。

一つの議論は次のようなものです。パーリでは、"lakkhaṇaṃ āropetvā" (Vsm 607) と言われる。lakkhaṇaṃ は、無常、苦、無我を意味します。āropetvā は、上に載せること。そこで、一部の人たちは、これはそれについて考えなければならないということだ、と考えます。あなたは精神的か物質的の現象を観察して、それについて考える。これは無常だ。これは苦だ。これは無我だ。一部の人たちは、これが瞑想を行う適切な仕方だと考えるのです。

"lakkhaṇaṃ āropetvā" とは、何を意味するのでしょう？　まずは、何かを上に載せるためには、あなたは既に、そこに何かを持っていなければならないということです。ではあなたが既に、そこに持っているものとは何でしょう？　あなたは既に、名色分離智を得ており、精神的と物質的の現象を観察している。そして、それらは生ずるべき原因があるから生ずることも観察している。この上に、あなたは追ってより深い洞察智を育んで、この精神的と物質的のプロセスを、無常・苦・無我という三つ全ての性質をもつものとして、観察するのです。これは、それについて考えるということではありません。これが意味するのは、より深く観察してそれを見出すということであって、それについて考えるということではないのです。そうして無常・苦・無我を見出す段階に至った時には、それについて考えるのはとてもよいことです。思考はたいへん明晰に、精密になります。

心と身体は分けられない

歩く瞑想において、この段階だと、瞑想者は全ての動きが消失することを感じられます。あなたは動きを、一つの動きではなく、諸部分に区切られた複数の動きとして観察する。この意識、この気づきが、この運動に注意しており、そして一つの運動に注意するたびに、それは消失するのです。手を動かす時、あなたはたくさんの動きの小片が、消えていっているのを観察できます。歩いている時、あなたは動こうとする。それを観察してください。するとそれは消えていきます。消えるのは動きであって、形ではないということを、何度でも念押ししておきたいと思います。動きそれ自体に形はありません。動きは消失する。感覚も消失する。あなたが何かを動かす時、そこには生じている何らかの感覚があります。ゆるみやきつさ、そうした感覚が消えていく。もうちょっと動くと、その感覚も消えていきます。動きはそれ自体が、一種の感覚なのです。

食べる時も同じことで、食べ物を口に運ぶと、その動きに伴う全ての感覚が消えていきます。何かを聞いた時は、聞くことが消えていく。例えば、ベルを鳴らすと、ただ一つの音だけではなくて、たくさんの音が消えていくのを聞くことができるのです。

物事は分割され、離散的になり、連続性をもたなくなる。何ものも連続的ではないのです。またたいへん驚くべきことですが、この段階において、一杯の水を飲んだ時、つまりコップ一杯の水を手にとって飲み――コップ一杯のジュースなら、よりはっきりと感じられるでしょう――、何が起こるか観察するのです。飲み物は胃へと降りていく。あなたはそれが降りていくのを感じることができる。そこの感覚を、感じることができるのです。そして数分後、あなたは身体中に、その一杯の水もしくはジュースの影響を、感じ取ることができます。あなたはその影響が、身体の全ての細胞に浸透するのを感じ取ることができる。それが変化しているのを感じられるのです。どの瞬間にもエネルギーが変化するのを、あなたは観察することができる。食事をするたびに、その食べ物の影響を、あなたは観察することができます。身体という言葉で私が指しているのは形ではなく、感覚のことです。

思考についてさえ、一つのことを考えた時、それが全身に影響するのを、あなたは観察することができます。全ての細胞が、思考に参加しているのです。心と身体は関わり合っている。それらは共同ではたらくのです。心と身体を分けることは決してできません。全ての思考が全ての細胞に影響を与えていて、あなたはそれを感じ取ることができる。これは単なる頭で考えた理論ではありません。それはたいへん興味をそそる、とても深遠で意義深いこと。観察と理解がこの深さまで達した時には、読むべきよい本を探すことは、とても難しくなるでしょう。書かれている本の多くが、単なる思考の産物であることに、あなたは気づくことになる。

もしあなたが、全ての思考が身体に影響することを感じ取れるくらいまで敏感になることができたなら、思考に全くうんざりしてしまうことでしょう。あなたは思考が浮かぶままには任せなくなる。あなたはよりマインドフルになり、ネガティブな思考はどんどん減っていくことになるのです。あなたがますますマインドフルになれば、思考に耽溺しすぎることはなくなるでしょう。

マインドフルであることが最高の生き方

私たちは時々、思考に耽溺してしまうことがあります。私には、いつも怒ったり腹を立てていて、何かや誰かに不満をもっている友人がいます。私は彼女に何度も尋ねました。「なぜあなたは、自分をそんなふうに、いつも怒っているように仕向けているの？　自分がそうしていることをわかっている？」。「ええ、自分がそうしていることはわかってますよ」と彼女は言う。「なぜそんなことを？」。彼女が言うには、「怒ると、よりエネルギーが出るんです。怒っていない時は、鬱っぽく感じてしまう」。他人を非難して、自分がより賢いと感じる。彼女は実際にとても聡明な人で、それが彼女の問題なのです。彼女はとても聡明だから、自分がより賢いと考えていて、間違ったことは全てわかってしまう。彼女の考えは、何かが間違っているのがわからないなら、あなたは愚かだというものです。彼女はとても賢いけれど、いつも不幸です。賢いことと幸せであること、どちらがよりよいでしょうか？　あなたは選択することができる。ですから、そんなに賢くならないでください。

常に間違ったことを探したりはしないでください。
これはとても大切なこと。それを見ることができた時、あなたはわかる。
どんなことであれ、腹を立てる価値のあるものなど全くない。
たぶん誰かは本当に間違っていて、本当に悪いのでしょう。
しかし、そのことで自分を不幸にする意味はあるでしょうか。

この技術は心がいかに身体に影響を与えるかということを説明し、強調しています。気づきが自分の身体と心に、いかに影響するかということがあなたにはわかる。マインドフルでない時と、マインドフルである時を、それぞれ観察することができますね。気づいていることの影響と、気づいていないことの影響。例えばあなたがマインドフルでなかったとする。それから突然、再びマインドフルになるのです。あなたは自分の身体と心が、よりリラックスし、より細やかになり、より落ち着いていくのを感じられます。あなたはそれを本当に感じることができて、マインドフルであることが、そうでないよりも優れていることを悟るのです。

これより優れた生き方はありません！
最善の生き方とは、常にマインドフルであることです。マインドフルでなくなると、直ちにあなたの身体と心は、より落ち着きを失って、よりストレスを感じることになります。

現象はただ消える
瞑想者は、何かが消滅する時に、それがどこにも行かないことを観察します。それはどこかに集められるわけではないのです。

物事は生じては滅していく。それらはどこに行くのか？

どこにも行きません。それはただ消えるのです。
生じる前には、物事はどこにあるのか？
どこにもありません。それらはどこから来たわけでもなく、
どこに行くわけでもないのです。

これもまた非常に深遠な教えです。自分自身でそれを観察した時に、あなたにはその深さがわかるでしょう。いかなる心の瞬間（心刹那）、いかなる現象、形ではなく感覚、そして経験。これらのものは、どこから来たわけでもなく、どこに行くわけでもない。何かを経験する前は、その経験はどこにあるのか？　どこにもありません。何かを経験した後は、その経験はどこに行くのか？　どこにも行きません！　ここで語られているのは、現象の直接経験についてです。抽象的なものでは全くない、本当の直接経験。音は経験であり、聞くことは経験です。触れることは経験であり、動きは経験。こうした全ての経験がいま生じており、そしていま滅しているのです。

Anidhānagatā bhaggā, puñjo n'atthi anāgate,
Nibbattā ye pi tiṭṭhanti, āragge sāsapūpamā.

~Vsm 625

それらはどこから来たわけでもなく、どこに行くわけでもない。だから、

Anidhānagatā bhaggā：この意味は、消滅する時、それらはどこにも行って留まったりはしないということ。それらはどこにも集められはしないのです。

puñjo n'atthi anāgate：来る前に、それらはどこの倉庫にあったわけでもない。

Nibbattā ye pi tiṭṭhanti：生じた時に、それは留まることがない。

āragge sāsapūpamā：芥子の種を針の上に乗せたように。どのくらい長く留まれますか？ それは直ちに落ちてしまうでしょう。

こうした偈はたくさんあります。とても美しく意義深いものですが、意味していることは全て同じです。

業の性質

（ある人が業〔kamma〕について質問する） 業であっても、生成し消滅します。語ることのたいへん難しい、ある種のエネルギーが存在するのです。このエネルギーだって、物体ではありません。それは常に流動している。これについて語るには、いくらか時間がかかるでしょう。

数日前、ある人から同じ質問を受けました。例えば、このコンピュータ・ディスク。一つのコンピュータ・ディスクには、たくさんの音や画像を入れることができますね。言葉や音、もしくは画像をコンピュータに入れる時、実際にはそのディスクの中に音はありません。カセットテープの中にさえ、音はないのです。可能な説明の仕方でいちばんよいのは、そこにはある種の磁気的なコーディングがあるということです。私たちは音を電気に変え、電気を磁気的なコードに変える。そこに磁気的なコーディングをし、そしてこのコンピュータ・ディスクを調べれば、そこには二つの信号があるだけです。二つのメッセージ。イエスとノー。オンとオフ。たった二つです。これら二つを組み合わせることで、コンピュータの中にあるものは、何でも作ることが可能です。コンピュータ・ディスクの中には、オン・オフ、オフ・オンの、異なった組み合わせがあるだけです。

コンピュータ・ディスクを作っている素材は何でしょう？　おそらくそれは、ある種のプラスチックの基盤の上に、磁化された非常に薄い鉄をコーティングしたものです。それについて正確なところはわかりませんが、何か鉄の化合物からできているものであるには違いありません。そしてこの鉄の化合物をまた調べると、それは諸々の原子であり、その諸々の原子をさらに深く調べていくと、電子などが常に変化しているのがわかるでしょう。しかし、たとえこれらのコンピュータ・ディスクが常に変化し続けているとしても、それはある種の連続する状態を維持していいます。それであなたは、データを取り戻すことができるのです。

瞑想する意識の観察

業について語ることは、たいへん難しい。だからブッダは、語るのが最も難しいものは業である、と言ったのです。輪廻もまた、語ることは非常に難しい。私たちは存在者などないと言いますが、では人々はいかにして輪廻のプロセスを進んでいくのか。人々など存在しないと言いなががら、同時に人々は輪廻を進んでいくと言うのでしょうか？

　私はこれを、別の問題として議論したいと思います。これはたいへん興味深い話題です。しかし、この段階において瞑想者は、精神的と物質的のプロセスが、一方だけでなく、両者ともに生成し消滅することを観察します。感覚と気づきが、ともに消滅することに気づくこと。これは「二重の観察法」と呼ばれます。

　最初は、「私が瞑想しているのだ」と、瞑想者は感じます。これは全く現実的な感覚です。「私はここに座って瞑想していて、一生懸命頑張っている」。しかし、洞察智がますます深まっていくにつれて、私が瞑想と呼んでいるこの意識（瞑想とは何でしょう？　それは意識、気づきです）、この気づきさえも、瞬間ごとに生成消滅を繰り返すものであることを、瞑想者は観察しはじめます。それはある時はそこにあり、ある時はそこにはない。瞑想というのは、長くて大きな何かではありません。それは瞬間ごとの意識なのです。この気づきさえも無常・苦・無我であることがわかったら、そこに瞑想する「私」は存在しない。これを理解した時はじめて、瞑想者は無我に関する本当の洞察を得るのです。以前にも彼は、対象が生成消滅することは観察できていた。その他の思考も、生成しては消滅する。しかしこの気づき、この瞑想する意識にまで、その観察は及んでいなかった。


誰が瞑想しているのでしょう？

瞑想とは、存在者や「私」はなく、

ただ気づきの連続、瞑想する意識の連続だけが存在するのを観察することです。
この観察が、無我の理解を完成する。
この観察がなければ、それはまだ未完なのです。
このポイントに到達することは、たいへん重要です。

このポイントに至ってはじめて、瞑想者の誤った見解は剝落するに至る。誤った見解が、本当に剝がれ落ちるのです。私が瞑想しているのではない。私が瞑想と呼んでいるものは、単に連続する意識、気づきにすぎない。このポイントに到達しない限り、その人は次の段階へは進めません。

プライドと瞑想経験への執著

今日は二つの洞察智を終えるつもりでしたが、一つさえも終わらせることができませんでした。私は皆さんに、非常にはっきりとした基礎的理解をしていただきたいのです。基礎を理解していなければ、より高次の状態について語っても意味がありませんからね。このことをひとたび完全に理解したら、残りはとても簡単です。だから私は、四つの洞察智については、たいへん深く話すつもりだと、皆さんに言ったのです。そうすれば、残りはとても短くできる。それはもう難しいものではなく、単に主題の変奏に過ぎません。最初の四つが、最も大切なのです。

もう一つのポイントですが、瞑想者は自分たちの瞑想の進境、洞察智を、とても自慢に思うようになります。「私は知っている。私は理解している。これら他の人たちは、私ほどには知らない」。これはある種のうぬぼれです。

「私は自分が瞑想できることを知っている。私はよい瞑想者だ。私は自分の心を、同じ対象に長い時間、留めておくことができる」。これはある種のプライドであり、また満足なのですが、こうした心を観察してください。プライドと満足は、同時にやってきます。こうした種類の思考が浮かんだ時は、それを観察する機会を逃さないでください。観察することができれば、あなたはそれを克服し、それ以前よりもずっと自由になれるのです。この「私」、「私は知っている」、「私はできる」というのさえ、あなたを限定しています。それはあなたを制限しているのです。ますます自由になりたいと、もし本当に思っているのであれば、その思考を観察してください。それは確実にやってきます。

いかなる種類の達成においても、そこにプライドをもつこと、そして自分がよりよくなっていると考えること、これは「私」です。一部のケースでは、このプライドをもつということが、非常にしつこくつきまとうのです。だからマーナ（māna、うぬぼれ）は、悟りの第四段階によって、はじめて完全に根絶され得る。阿羅漢だけが、それを根絶できるのです。

マーナとは比較のことです。あなたは自分を他者と比較する。「私はよりよい瞑想者だ、私はできる、私は知っている」。こうした思考が生ずるのを観察してください。それが浮かんでは消えるのを観察することができれば、その思考と自分自身との同一視は、ゆっくりと、そして徐々になくなっていきます。私たちは起こること全てを、自分自身と同一視する。この同一視のことをマーナもしくはディッティ（diṭṭhi, 誤った見方）と呼ぶのです。瞑想を継続的に行う際に、こうしたことどもを克服することができれば、それによって瞑想の過程はより易しいものになる。克服できなければ、それがある種の妨害、障害物になるのです。

もう一つは執著です。
私たちはよい瞑想、よい経験に執著する。
とても明晰な観察にも、私たちは執著します。

明晰に観察することはとても素晴らしいことです。そして一度この明晰な観察を経験した上でそれを失うと、あなたはたいへんな欲求不満を感じる。明晰な観察によって、あなたは素晴らしい満足を得られますし、明晰に観察できないとなると、それはたいへんないらいらの種になるからです。私たちはこの明晰さに執著する。これはある種のローバ（lobha, 貪欲、そして欲望）です。あらゆる種類の執著について、その思考を観察してください。この明晰な観察、よい瞑想経験に執著していることを観察するのです。

今日はここで終わることにしましょう。来週は、一つの洞察智についてだけお話します。辛抱して、最初の四つの洞察智については、詳細にゆっくりと進むほうがよろしい。何か質問があれば、どの点についてでも明らかでないことがあれば、どうぞ質問してください。

【Q&A】

Q （質問不明）

A パラマッタはその固有の性質、特性を、失ったり変化させたりはしません。例えば、熱さが冷たさに変わる。これは不可能です。熱さは生ずると、熱さとして消滅する。硬さが柔らかさに変化することはできません。それらは同じスペクトルに属するものですが、一つのものとして生じながら、別のものへと変化することはできないのです。別のものが生じた時、それは新しいものです。全て条件付けられたものは常に新しい。それらは固有の特性を失うことなく、生成し、消滅します。物事は非常に短い間に生成し消滅するので、別のものへと変化する時間はないのです。

貪欲が生じると、貪欲として消滅する。別のものへと変化する時間はありません。

第七章　第四の洞察智
——現象の生成消滅を経験し、何が道で何が道でないかを見分けること

諸性質の無常

今日は第四の洞察智についてお話するところからはじめたいと思います。生滅智(Udayabbaya-ñāṇa)、現象の生成と消滅を洞察する智です。第三の洞察智では、瞑想する際に、無常(anicca, 永続的でないこと)、苦(dukkha, 不満足)、無我(anatta, コントロール下にないこと)という、自然現象の三つの特性全てを観察します。それらは生ずべき十分な原因があるから生じ、消滅することがその本性であるから消滅します。恒常的な実体は存在せず、持続する硬い中心核は存在せず、魂は存在しないのです。全てはプロセス。これがブッダ・ダンマ(仏法)のユニークな側面です。一部の道では、何か持続するもの、何か変化することなく永遠に存在するものがあるかも知れないと信じることを、人々が望んでいます。ブッダの教えでは、「物体(thing)」などというものは存在しません。プロセスがあるだけです。「物体」について語る時は、その言葉に

よって表されているものが何であるのか、理解するよう努めてください。

物体という言葉には、たくさんの意味があります。
「物体」は存在しない。プロセスがあるだけです。
これは非常に深遠で重要なこと。
仏法が他のスピリチュアルな考え方、他の教えとたいへん異なってくるところはここです。

一部の他の教えにおいても、ある意味での無常については聞くことがありますし、ある意味での苦についても聞くことはある。彼らが無常について語る時には、形状や外形の無常について言っているのです。例えば、グラスをばらばらに壊すと、人々は「ああ、これは無常だ」と言う。しかし、それは壊れる前には恒常的なものであったのでしょうか？　いいえ、壊れる前でさえ、それは無常でした。

無常はいつも、知覚されぬまま起こり続けています。

形について考える時、その形が同じである限り、私たちはそれを恒常的なものと考えます。ブッダの教えにおいて、無常とは形の無常ではなく、熱さ、冷たさ、硬さ、柔らかさといった、諸性質の無常なのです。これらは常に、変化し続けています。

無常とは「もはや存在していない」こと

そんなわけで、第三の洞察智において、私たちはこれらの特性を一般的な仕方で観察する。そして、私たちがより高次の洞察智を育むにつれて、無常・苦・無我というこの同じ特性が、ますます深く知られていくことになるのです。第四の洞察智は、ウダヤッバヤ・ニャーナと呼ばれます。ウダヤは生じることであり、バヤは滅すること、消えることとです。無常の定義の別の仕方は、“hutvā abhāvaṭṭhena aniccā”（Vsm 628）。hutvā は「存在するに至って」の意味。つまり「起こって」、「生じて」ということです。abhāva は、もはや存在しないこと。ですから、この洞察智において、無常とは違った形で存在することではありません。無常とは、完全に消滅することです。ここは人々がたいへん混乱してしまうところです。彼らは無常を誤解している。

変化は無常の一つの側面（一般的な意味）**です。**
しかし、本当の無常の意味とは、
それがもはや存在していないということです。

何かが変化しているものの、それはなお何らかの形で存在しているという観念を保持している限り、私たちはまだ持続するものという観念にしがみついているのです。以前のあり方とはちょっとだけ異なるが、それは同じものではあると、私たちはまだ考えている。しかし無常が本当に意味するのは、「もはや存在していない」ということです。

六つの性質をもつ捨

この洞察智において、瞑想者は非常に強い集中と非常に強い気づきを育てており、そしてごくわずかの思考が起こっています。あなたは時々、現象について考える。それ以外のことは何も考えません。この段階において、瞑想者は他の物事について考えることを、ほとんど止めてしまっているのです。しかし時たま、彼は瞑想の実践や経験について考えます。

この段階に達する前には、瞑想者は自分が正しいことをやっているのかどうかについて、大きな不安を抱えています。これはナーマなのか？　これはルーパなのか？　これは無常なのか？　これは苦、不満足なのかどうなのか？　この種の迷いが、まだ続いている。しかし、この段階に到達すると、こうした全ての迷いは去ってしまいます。瞑想はたいへん自然なものになって、努力をあまりせずとも進んでいき、それゆえ心が、とてもバランスのとれた状態になる。心はこうしたウペッカー（捨）の態度をもつ。つまり、非常に強力な平静さが育つのです。この平静さには、多くの特性と側面があります。その一つが、恐怖も喜びもないということ。喜びはある種のローバ（貪欲）、好むことです。興奮はなく、幸福でも不幸でもない。心は大変落ち着いて、バランスのとれた状態になっています。

瞑想は自動的になっている。あまり多くの努力は要りません。心はほとんどの時間、そこに留まっています。時々、心がさまようこともある。瞑想者がそのことに気がつけば、心を引き戻すには十分です。それと格闘する必要はない。この段階以前では、心はただださまよったり他のことを考えたがったりして、あなたがそれを引き戻すと、数秒後にそれはまた出ていってしまうという具合でした。しかし、しばらくすると心は落ち着き、そこに留まる。もう思考と戦ってはいないのです。

エネルギーもまた、バランスのとれた状態になる。この段階以前では、十分なエネルギーがなく、興味もあまりもてませんでした。しかしこの段階では、エネルギーのバランスがとれ、その量も十分になります。それ以前には、私たちは頑張りすぎていました。あまりに多くのエネルギーを投入し、すると心が落ち着かなくなるのです。多すぎる努力とエネルギーは、心を落ち着かなくさせてしまいますし、少なすぎる努力とエネルギーは、不活発と怠惰の原因となります。この段階では、エネルギーのバランスがとれる。瞑想し続けるために必要な気づきを維持するのに、十分なだけの量になるのです。瞑想者は困難を感じることなく、長時間座ることができる。この段階においては、心に落ち着きのなさがないからです。ほとんどの場合、人が動かずに座っていられないというのは、落ち着きのなさのしるしであって、ただ身体の痛みによるものではありません。

この段階であっても、身体の痛みは現れたり消えたりします。しかし心が定まっているので、落ち着きのなさは存在せず、何か他のことをしたいという欲求もないのです。まさにその場、その瞬間における全てのものの生成と消滅を観察しながら、心は瞑想にただ留まります。瞑想の対象もまた、ますます純化されてくる。それはたいへん細かく、たいへん微《かす》かな形で現れます。それ以前は、非常に粗大な感覚と思考が見えていましたが、いまやその感覚は、たいへん微細なものとなるのです。思考もまた、非常にゆっくりとした、細かく微かなものになります。

したがって、ここでは心に六つの性質があることになります。即ち、恐怖がなく、喜びがなく、そして好むことがなく、嫌うことがなく、また幸福でもなく、不幸でもない（つまり、何事に関しても刺激されて動揺したりはしない、ということです）。瞑想は自動的になり、エネルギーのバランスがとれ、困難を感じることなく長時間座ることができる。瞑想の対象は高度に純化されて微細になり、心が逸れることはありません。捨（upekkhā, 平静さ）にはたくさんの種類がありますが、これは六つの性質をもつ捨と呼ばれます。

生滅智の定義

そこでこの洞察智の定義は以下のとおり。

Paccuppannānaṃ dhammānaṃ vipariṇāmānupassane paññā udayabbayānupassane ñāṇaṃ.

~Pts i.57

この paccuppanna という言葉は、非常に重要です。これが意味するのは、現在、現在において、ということ。いまこの時の精神的と物質的の過程を観察するのであって、以前に起こったことを考えるのではない、ということです。一部の人たちの考えるところによれば、過去に起こったことについて考えて、過去に起こってきた全てのことが過ぎ去ってしまったことを知れば、彼らは無常を理解したのだと感じるということです。しかし、これは本当の智慧ではなく、無常の本当の洞察でもありません。

無常の本当の洞察は現在に、つまりいま起こっていることのさなかに生じなくてはなりません！

というわけで、paccuppannānaṃ は、いま起こっている、ということ。ここでの dhammānaṃ (dhamma にはたくさんの意味があります) は、精神的と物質的のプロセス。ですから、いまこの時に起こっているダンマの消滅を観察して (vipariṇāmānupassane)、それを真に理解すること (paññā) が、udayabbayānupassane ñāṇaṃ、もしくは Udayabbaya-ñāṇa、即ち無常の洞察智と呼ばれるのです。

そこで、この段階においては、何かが生起するのに瞑想者が注意を払ったり、気づいたりするたびに、その生起はたいへん明らかなものとなり、そしてそれは直ちに消滅します。

気づきはたいへん鋭く明晰です。

明晰な観察が生起して、明晰な観察が消滅する。

直ちに生起し、直ちに消滅するのです。

瞑想者は、それがこの場で生じ、別のものへと変わることなくこの場で消滅することを観察することができます。

Jātaṃ rūpaṃ paccuppannaṃ, tassa nibbattilakkhaṇaṃ udayo, vipariṇāmalakkhaṇaṃ vayo

~Pts 54

そのルーパがいま起こっているという（jātaṃ rūpaṃ paccuppannaṃ tassa）生起の特性（nibbattilakkhaṇaṃ）がudayoと呼ばれ、その消滅するという特性（vipariṇāmalakkhaṇaṃ）がvayoと呼ばれます。この二つ（udayoとvayo）が合わさって、udayabbayaという語がつくられている。

時間の伸縮

実際のところpaccuppanna（現在）にはたくさんの種類があります（Vsm 431）。一つはsantati-paccuppanna（相続現在）と呼ばれて、物事をグループで捉えることです。例えばこの音を聞くと……（ベルが鳴っている）……、数秒かけてそれは消える。最初の「トーン！」という音を私たちは聞き、それからゆっくり、その音は消えていくわけです。これを全体として捉えると、数秒かかっています。それが santati と呼ばれるわけです。santati とは連続のこと。全体の連続を一つのものとして捉えることです。ですから、これは無常に関する非常に粗い理解になる。しかし、その音にもっと注意を払えば、鳴り響く音の中に、たくさんの小さな響きが次から次へと生じているが、一つ一つはどんどん弱くなってきているのを、聞くことができるでしょう。瞬間ごとに、新しい音が生じている。毎秒ごとに、たくさんの音が生じ、たくさんの音が滅しているのです。そしてもし理論的に考えることができるのであれば、音波の振動は一秒に約千回、とても短く、とても高速に起こっていることも知ることができるでしょう。

khaṇa-paccuppanna（刹那現在）はごく短時間のものです。しかし、精神的と物質的の現象は、非常な速度で生成消滅しますので、私たちにはそれを本当に経験したり、その素早い生成消滅をそのまま観察したりすることはできません。物質的プロセスは、一秒に一兆回という数の生成消滅をすると、ブッダは言っています。一秒に一兆回の生成消滅！　通常の人間に、それだけたくさんの経験をすることは不可能です。精神的なプロセスについては、その二倍ほど速い。しかし、一秒に十回ほどの無常を経験することができれば、私たちはそれを理解したものと納得してよろしい。通常は、一秒に二回くらいの観察をすることができますが、私たちが高度に集中して心が静まると、時間は伸びます。一秒が、長い時間になり得るのです。瞑想者は、一時間座ったように感じたのに、時計を見ると五分しか経っていないのを知ることが時々あります。また瞑想の別の段階では、三、四時間座ったのに、一時間しか座っていないような感覚をもつことも時々あるのです。

時間はたいへん非現実的なものになる。
あなたの気づきが非常に速く鋭くなるにつれて、
時間は伸びることがあり得ます。
深いサマーディに入ると時々、時間が消えることもある。
この段階の初期においては、時間の歪みが起こりはじめるのです。

この段階において、あなたが何かを経験すると、考えたり名称を使って物事を指示したりする時々の習慣があるゆえに、あなたはその経験に名前をつけようとする。しかし、経験に名前をつけようとした瞬間には、それはもう存在していません。ですから、あなたはもう物事に名前をつけることはできないと感じる。あなたにできることは、ただそれらを観察することだけなのです。考えることなく、何も作為せずに、それらをただ観察してください。初心者に対しては、聞くこと、考えることといった全てに、意識的な気づきを入れていくように、教師は指導します。この段階に達しますと、気づきを入れようとした瞬間に、それはもう存在しなくなっている。ですから、あなたはもう気づきを入れることができない。意識的な気づきを入れることは諦めて、ただ気づいたままでいる。深く観察し続けるのです。

この段階では、あなたはただ観察し、見ているだけです。もう意識的に気づくことはできないので、気づきを入れることはない。気づきはとても遅いのですが、観察はとても速いからです。

光の経験と智慧の明晰化

この段階において、瞑想者は非常に明るい光（obhāsa）を経験することがありますが、これは心が高度に集中していることを示すサインです。これらの明るい光は、それぞれ異なった形や色をもつことが有り得ます。とても明るい星が現れて、迅速に消えていくこともある。視界の一方の端に現れて、それを横切って動き、瞑想者が強く興味を惹きつけられてしまうこともあります。明るい光が動いていて、それが月のように、どんどん大きくなってくるのを見ることもある。サマタ瞑想でも、この種の光は経験され得ます。それは集中と、心のエネルギーを示すサインです。

時々は、時間が非常に遅く流れているように見える。これはつまり、心が非常に速くはたらいているということです。複数の精神的プロセスの間には、プロセスの終わりにいつも、有分《うぶん》（bhavaṅga）と呼ばれるすき間があります。ある人が多すぎる有分をもっている時は、大きなすき間があることになる。例えば一秒の間に、ある人が多くの認知のすき間をもっていたとしたら、その人は一秒の間に僅かのことしか経験できません。すき間がより少なければ、もっとたくさん経験することができる。より多くのことを経験する時、時間はゆっくりになったように感じられます。あなたが量子論と相対論を学んだことがあれば、これはより簡単に理解することができるでしょう。

心がより速くはたらく時、
時間はゆっくりになったように感じられます。
これは全く本当のことです。
（瞑想の）別の段階では、
心が時間と現象を乗り越えた時、
その瞬間には、あなたは生成消滅を認識せず、
あなたにとって、時間は存在しなくなる。無時間的になるのです。
時間が現存しなくなる、ある種の状態が存在します。

この段階のもう一つの側面は、智慧（ñāṇa）が非常に明晰になり、精神的なプロセスを、存在者ではなく、純粋な精神的プロセスとして見るようになることです。あなたはそれについて考えず、ただそれが起こっているのを観察する。それは単にプロセスであって、存在者ではないのです。物質的なプロセスを経験する時はいつも、あなたはその同じものを非常に明らかに、何の疑いも伴わず、何も考えることなく観察します。あなたはそれを単なる自然のプロセスと見て、生成消滅を非常に明らかに、労せずして観察する。

それはたいへんシンプルで自然なこと。とても明断で鋭い知識と、明晰な智慧、それは驚くべきものです。現象をこれほど明らかに観察することが可能であることに、人は驚いてしまう。ほとんどの場合、私たちはとても鈍く曖昧で、非常に混乱した状態にあり、何事についても明らかに見えるということがありません。しかし瞑想のこの段階においては、思考を介在することなく、何かに注意を払うと、それがありのまま、非常に明らかに見えるのです。私たちはたいへん幸せに感じ、満足することがあります。

修行にとっての不浄

喜（pīti）、即ち溢れる喜びと興味、時々は歓喜が、身体全体に生じます。心がたいへん平静になりますから、思考が止まり、観察はとても明らかになって、洞察智が非常に鋭く明晰になる。この時に、ある種の喜びが生じるのです。しかしながら、多すぎる喜びは心を落ち着かなくさせ、これが修行にとっての不浄（不純物、汚染）になり得ます。ですからこれらの状態は、観随染《かんずいせん》(vipassanupakkilesā)、つまり洞察の不浄と呼ばれるのです。それ自体としては、それらは不浄ではありません。それらに注意は払っても執著はせず、こうした状態を自慢に思うようにならず、そしてこうした経験について誤った理解をもつことがなければ、それらはただ生成し消滅するだけのもの。ただの現象なのです。

しかし、私たちがこうした状態に執著するようになったり、それを自慢に思うようになったりすれば、

時々は、こうした状態が涅槃と誤解されることも有り得ます。するとそれは不浄、誤った理解になるのです。

そして軽安《きょうあん》（passaddhi）、安息です。身体と心がとても冷静になる。現実に冷えるのです。その度合といったら、エアコンの効いた部屋の巾で座っているように感じるほどで、体表に複数の小さな冷たい水滴があるように感じることもあります。体温さえも下がることがあり得るのです。自分の寺に、私は体温計と血圧計、脈拍計をもっています。ですから、時々、私は自分にそれを装着して、血圧と脈拍と体温を計ってみることがあるのですが、すると本当に体温と脈拍と血圧が下がるのです。つまり、身体の代謝が下がっているということ。心だけがたいへん活動的なのですが、そこに思考は伴っていません。

これはつまり、考えることはより多くのエネルギーを使うということ。心配もまた、たくさんのエネルギーを使います。もしあなたが考えず、心配もしなければ、心は最低限のエネルギーだけを使用しながら、たいへん鋭敏になるのです。

本当の幸せは何も求めないこと

楽（sukha）、即ち幸福、至福もまた経験されます。その時には心が執著をもっておらず、何事についても考えていないので、とても自由で幸せに感じられるのです。これは逆説であるように見える。全てのものが生成しては直ちに消滅することを観察することで、どうしてそのように幸せを感じることができるのでしょう?

完全に執著から離れているから、あなたは幸せを感じるのです。
執著から離れることが、本当の幸せをもたらす。
執著は重荷です。
ほとんどの人は、主に欲しいものを得た時に幸せを感じる。
本当の幸せは、何も求めないことです。

これは理解のたいへん困難なことです。瞑想を実践せずに、ただこのことについて考えたなら、私たちはそれを理解することがないでしょう。この段階において、あなたは全く何も求めない。最低限の必需品以上には、何も欲することがないのです。
また勝解《しょうげ》(adhimokkha)、即ち深い確信、強固な意志も存在する。この段階において、瞑想者はダンマへの本当に深い確信を抱きます。

本当にこれは真実なのです。
この実践は、深い理解と自由へと

人を現実に導くもの。
あなたはそのことにもう疑いを抱かない。
疑いを完全に克服するのです。

そして策励（paggaha）。あなたはたくさんのエネルギーを体感し、もはや倦怠感を感じることがありません。身体に重さを感じることはもはやない。あなたは瞑想し続けたくなる。疲労はもはやなく、眠気もないのです。全く眠らない人もいます。彼らは昼夜を通して瞑想できる。寝るために横になった時は、寝ようとはしないでください。ただ可能な限りマインドフルでいて、それで眠ってしまったのであれば構いません。身体が睡眠を必要としているのです。数時間後に目が覚めた時、あなたは瞑想する準備ができていると感じ、眠気はもう感じません。

鏡のような気づき

随侍《ずいじ》（upaṭṭhānaṃ）、気づき、マインドフルネスは非常に鋭く、非常に強い。気づきと集中はある意味では似ていますが、別のものです。集中している時、心はひとつの対象に留まりますが、その際に、あなたは生成と消滅を本当に鋭く観察しているわけではありません。

高度にマインドフルである時に、あなたは生成と消滅をたいへん鋭く観察し、そのプロセスに留まるのです。サマタ瞑想は深い集中をもたらしますが、明晰な知識、明晰な洞察をもたらすわけではありません。心が高度にマインドフルになる時、集中もまた育まれます。心がますます集中していった時、それは一つの対象に長いこと留まる。集中がさらに深まった時、心は対象に辛うじて気づいているだけでありながら、そこに留まっています。時々は、あなたが気づきを失ってしまうこともあるのですが、心は対象から逸れることがありません。心は非常に平静で落ち着いており、いまだしっかりと、対象を認知しているのです。こうした場合、つまりそのようなことが起きていることがわかった場合は、別の現象にも注意を向けることで、より強い気づきを育てるようにしてみてください。二つの現象を対象にとれば、あなたはより油断なくあり続けることができ、よりマインドフルになることができます。

気づきがたいへん強くなった時には、同時にたくさんのことが起こっているのに気づくことができます。もうあなたは一つか二つの対象に注意を向けようとしているわけではない。何にも気づこうとはしていないのです。あなたは対象を選んでいない。ただ気づいているだけなのです。あなたが気づいた状態でそこにいると、全てのものがやって来てはその気づきにぶつかっている(触れている)こと、諸対象がやって来ては気づきにぶつかっていることを観察する。しかし、あまりに多くの対象がやって来た時には、気づきはそれらを上手く扱いきれず、心は落ち着きを失うことになります。心が明晰さを失いつつあるのを感じたら、対象を制限し、心を静めて、一つか二つの対象に注意を向けるようにしてください。少しだけ調節する必要があるのです。

最初の頃、私たちは一つの対象に注意を向けるよう努め、すると心はさまよい出ていました。そのさまよい出た心に気づいて、私たちはそれを引き戻し、別の対象の上に再び置く。とても一生懸命頑張らないといけませんでした。いまこの段階においては、心はそこに留まっている。それは常に現在しているのです。

時々あなたは、気づきとは鏡のようなもので、
全てその前を通り過ぎるものを反映するのだと感じることがあります。
あなたは自動的にそれに気づく。
マインドフルでいるために、気をもむことがないのです。

気づき（sati, マインドフルネス）と正知（sampajañña, 明晰な理解）は、この段階において非常に強いものですが、これ以前の段階であっても、それらが強力なのは同じことでした。ここで強いというのは、気づきが現在していて、いつでも対象を知る準備ができているということです。あなたはもう対象を選択することがない。気づきはそこにあって、それは何であれその時に生成消滅するものに、自動的に気づくのです。瞑想は、たいへん易しいものになる。

問題は執著

もう一つ、実のところそれは最も大切なことなのですが、それは微欲（nikanti）、即ち執著です。上の九つの経験（upekkhā, obhāsa, ñāṇa, pīti, passaddhi, sukha, adhimokkha, paggaha, upaṭṭhānaṃ）全ては、多かれ少なかれすべての瞑想者に起こります。それは心がますます集中してきており、ますます気づきの力を強めているしるしなのです。だからあなたは、ある時は光、ある時は非常に鋭い洞察、ある時は溢れる喜びや安息、幸福や歓喜、多くの確信やエネルギーなどを体験するのです。これらは全てとてもよいことです。それ自体に問題は何もないのですが、もしあなたがこの内のどれか一つに執著すると、それは不浄（汚染）になる。明晰な洞察は不浄ではありません。それらは清浄なもので、とてもよいものです。しかし、あなたがそれらの体験に執著するようになった時のみ、それらは不浄になるのです。

時にあなたがこの明晰で鋭い観察に執著してしまうと、
それを自慢に思うようになり、
その体験を再び欲するようになる。
この欲求が微欲で、それは不浄なのです。

これから説明する体験は、どれも執著、渇愛（taṇhā）、慢（māna, プライド）、見（diṭṭhi、誤った解釈、誤った理解）の原因になり得ます。明るくはっきりとした光を見る時、それは形のない拡散した光であることがあります。私たちは心にとても明るいものを感じ、そして心が非常に鋭くなっているがゆえに、私たちは光輝を体験するのです。一部の人はこれを悟りだと誤って解釈する。「いまや私は悟った。心はたいへん明晰で、たいへん安らいで落ち着いており、そして自由だ」。洞察智は非常に鋭くて、これ以上はあり得ない。このようにその体験を解釈したら、それは「誤った理解」です。渇愛、慢、あるいは見が生じつつあって、これらは不浄なのです。

ウィパッサナーには十の不浄があって、最初の九つは、それ自体としては不浄ではありません。十番目だけがそうなのです。このことを理解してください。というのも、捨（upekkhā, 平静）の状態においてさえ、非常にバランスがとれるがゆえに、私たちは努力して瞑想する必要がなくなってしまう。瞑想は出来事のようにただ起こる。自分は何もする必要がなくて、ただリラックスしていればいいのだと思うことも時々あります。そうしていると、最初のうちは、とてもいい感じです。努力する必要はない。とてもリラックスして安らいでおり、落ち着いている。とても自由です。しかし、しばらく経つと心はエネルギーを失って、鈍く、眠くなり、それは鋭敏さと気づきを失う。そしてしばらくすると、あなたは集中を失うのです。これを経験した時にはいつでも、これがそれ自体としては不浄ではないということを、思い出すことが大切です。執著、プライド、あるいは誤った理解だけが、不浄なのです。

瞑想中に生じるイメージ

この明るい光は、サマタ瞑想において、ただ純粋な集中を通して起こり得ます。また、それはウィパッサナーの洞察智によっても起こり得る。理解がたいへん明晰で鋭くなるので、あなたは自己の内面に、非常な輝きを感じるのです。実のところ、私たちはこうしたことを、ウィパッサナーのまさにはじまった頃から体験します。最初の洞察智においてさえ、心が静まって明晰になり、気づき（sati）と集中（samādhi）が非常に強くなってくると、私たちは光や、また喜（pīti）、即ち喜びや興味を経験しはじめることが時々あります。しかし、この段階では、それがたいへん強いものになる。その人の個性によることですが、一部の人は、ブッダの姿や安らぎに満ちた景色といった、それぞれ異なったイメージを見ることもあります。

私自身は自然の美しい景色を好みますので（私は自然が好きなのです）、ほとんどの場合、私はそうしたもの、つまり山や湖などを見る傾向があります。時々は、その湖の表面が、鏡のように澄んでいることがありますね。人々の個性に応じて、そうしたイメージが心に浮かびます。非常にはっきりとした鮮やかなイメージですから、まるで自分がその場にいて、それを実際に見ているように思えるほどです。場合によっては、それを解釈しても構いません。しかし、解釈は重要ではない。自分の性格を解釈することも可能です。基本的な性質が怒り・嫌悪である人は、死体や醜い顔といった、恐ろしいイメージを見るでしょう。信（saddhā）を多くもっている人は、ブッダのイメージを見るかも知れない。時には生きたブッダが見えて、本当に歩いていたり、動いていたり、何かをしていたりするのです。あなたは本当に現実のブッダを見ているわけではなくて、心がそのイメージを創り出している。こうしたイメージは、ニミッタ（nimitta）と呼ばれます。

色々なものを見た時、それが何であれ、
ただそれらに気づきを入れるか、あるいは注意を払うだけにして、
何事も解釈しないようにしてください。
というのも、解釈する時、あなたは考えていることになる。

考える時、あなたは気づきと集中を失って、マインドフルネスの水準は、下がっていくことになるのです。

こうした光の体験をする時に、あなたは非常に軽快な感覚をまたもちます。「私が悟りを経験しているから、こうした光が現れているのだ」と、あなたは考える。これは誤解です。時には同様に思考も生じることがあって、現象の生成消滅する仕方を観察して、「ああ……、これは本当に無常だ」と、私たちは考えはじめる。考えながらも、気づきはまだとても鋭敏で、「自分の理解はとても鋭い」と、私たちは考えるのです。あなたは思考に同一化する。それが「私の理解、私の智慧、私の洞察智」になるのですが、この「私の」が不浄なのです。洞察智は不浄ではありません。この「私の」が不浄になるのです。

非常に強い歓喜が生じるかも知れません。それは全身にわたって波のように広がるものかも知れないし、あるいはただ身体の一部だけかも知れない。時には身体が浮き上がっているように感じることもあるし、あるいは重さがもう存在しないように感じることもあります。無意識になって、何事にももう気づかないようになることもあるかも知れない。ある場合には、全ての精神的と物質的の現象が止まって消えるので、これは悟りであると、人々は感じます。悟りの一つの側面は、精神的と物質的の現象が止まることとです。しかし、この段階において、それは本当の悟りではありません。ほんの短い間、心が単に止まるのです。そこにはある種の空白がありますが、あなたは直ちに再び自覚に立ちかえって、そこにすき間があったことを知るのです。

これと悟りの違いは、
そのすき間を認知した後に、
あなたの鋭敏さと明晰さが、同じままであることです。
あなたは同じ現象を、同じ仕方で再び見ます。

本当の悟りの後は、それが起こると、心は少しだけ速度を落とします。それは以前ほど鋭敏ではなくなる。気づきと集中はまだそこにありますが、心はもう鋭く速いものではなくなるのです。ですから、この空白は、本当の悟りではありません。

平静さと睡眠

平静さもまた、非常に強力になることがあります。心と身体がとても平静になって、それから、たいへん短い間だけ、無意識になるのです。サマーディが非常に深くなって、瞑想対象がとてもおぼろげになり、それが消えてしまって、心が空白に、無自覚になることも時々ある。身体は同じ姿勢を保っていて、とても平静であり、動くことも倒れることもありません。眠くなった時は、身体は倒れてしまいます。しかしこの種のサマーディの場合、身体が倒れることはありません。ほんの数瞬だけ、あなたが眠ってしまってもです。捨（upekkhā）、即ち平静さのゆえに、瞑想についていて、もう不安に思わなくなることもあります。最初の頃は、たくさんのことが不安でした。

「私はマインドフルでいるか？　私の心はここにあるか？　心がさまよい出てはいないか？」。瞑想に関する、たくさんの思考と不安がありました。しかしこの段階では、瞑想に関する思考も不安もないのです。

心はとても平静でリラックスしており、そしてリラックスしてしばらくすると、それは無意識になるのです。あまりにリラックスすると、あなたは無意識になってしまう。時々は、それはただ本当の睡眠です！　この睡眠は通常の睡眠とは非常に異なったものです。通常は、眠っている時に身体を座った姿勢に保っておくことはできません。身体はよろめいてしまいますね。瞑想をしている時、心は非常に落ち着いて安らいだ状態になることができ、また集中も非常に強いものになります。すると眠ってしまっても、身体はよろめくことがない。姿勢が保たれるのです。眼を覚ました時、心はまだ非常に明晰で、あなたは眠気を全く感じません。再び瞑想する準備ができているのです。

私の知っている多くの人々と、そして時々は私自身も、それを経験してきました。一日のうち長い時間を座った後、そのまま寝てしまう。時々は、長い時間眠ります。目が覚めた時、心はたいへんリフレッシュされていて、鋭敏で明晰であり、目が覚めた瞬間から自動的に、あなたは再び瞑想を始めるのです。通常は、人々が目を覚ます時、彼らは自分が目覚めているということを本当には知りません。曖昧な夢うつつの思考が長いあいだ起こり、そして人はゆっくりと目覚めるのです。しかし瞑想者の場合、目覚めるやいなや、その最初の意識に瞑想が伴っています。彼は瞑想の準備ができている。これはとてもよいことです。

夢と瞑想者

驚くべきことに、この段階では、夢で瞑想する人たちもいます。この話を聞いたことがありますか？　あなたは夢で瞑想することができますか？　私を試すために、先生はしばしば、「お前は夢で瞑想しているか？」と尋ねました。「いいえ、まだです」と私。「よろしい。よりマインドフルになるように、よりマインドフルになるようにと努めなさい。もっと瞑想するように」と、彼は言いました。私はひたすら瞑想するように努め、そしてある時、夢で瞑想したのです。私はとても嬉しかった。先生に報告すべきことができたのですからね。私たちは先生を喜ばせたいし、また先生に自分のことを、とてもよく思ってもほしいものです。だから私は先生の住処に行ってしばらく待ち、彼が出てくると、「申し上げることがあります」と言いました。私はとても若くて、ある部分では非常に子供っぽかったし、たいへん未成熟でもあったのです。けれど私はとても嬉しくて、だから彼にお話をした。彼は座って、非常に喜びつつ聞いてくれて、微笑みながら、「よろしい。お前の気づきは強くなりつつある」と言ってくれました。

そんなわけで、私たちは無意識にさえ瞑想することができます。それは習慣になる。夢の中で、私たちは日中にしていたことを夢見るのです。

医者であれば、手術したり、治療を施したり、注射したり、助言したりといったことを夢に見るものです。デパートで働いている人たちは、物を売っているのを夢に見るかも知れません。試験勉強をしている学生。私は何度も試験を受ける夢を見ましたよ。あれは恐ろしいものでした。何かが欠けているのです。問題に解答することができないのですよ！　し慣れていることに関して夢をみるのは、とても自然なことです。ですから、夢のなかで瞑想しているということは、瞑想が習慣になりつつあることを示すサインなのです。目覚めた瞬間に、あなたは瞑想する準備ができている。しばらくすると、もう夢をあまり見なくなる。非常に稀にしか夢を見ないのです。眠りに落ちて、目が覚めると瞑想の準備ができている。その間に、夢を見ることがないのです。

阿羅漢はもう夢を見ません。
夢はある種のモーハ（愚癡《ぐち》）が存在するしるしです。
何か無意識的なことが起こっている。
モーハには多くの意味があって、愚かさ、混乱、錯覚などがその一部です。
阿羅漢にとって、無意識的なものは何もありません。
意識と無意識が、一つになっているのです。

ほとんどの人は、意識的であるよりも多く無意識的です。
目覚めている時でさえ、多くの無意識的思考が進行している。

しかし瞑想者には、そうした思考が意識的になるのです。

瞑想の治療的な効果

このようにして、瞑想者は無意識の心を変化させることができますが、これはほとんどの心理学者にとって非常に奇妙な考え方です。こうした仕方で、この瞑想は人々の人格に影響を与える。このことを行うために、瞑想ほど効果的な方法は他にありません。多くの精神的な病、ノイローゼは、ただ消えてしまう。あなたはそれに関して、何もする必要がないのです。これはよい徳性を育て、悪い習慣を克服するための、本当によい方法です。

この段階においては、多くの人々が、喫煙を止めさえします。喫煙は本当のところはどの戒律にも違反しているわけではないのですが、多くの人々が、それを止めるのです。彼らはコーヒーやお茶を飲み過ぎることさえ止めてしまう。いかなる種類の執著であれ常用であれ、手放されるのです。実際のところ、あなたはそれをやめようと試みることすらしていないのですが、もはやそうしたいとは思わなくなる。私の知っている多くの人たち、その内の一部は私の友人なのですが、彼らはアルコール中毒だったり、煙草をたくさん吸っていたりしましたけれど、ただそれを止めました。

またこの段階では、多くの種類の身体の病気も消えてしまいます。精神的なものだけではなく、現実の身体の病気もまた消えてしまうのです。安息（passaddhi）、そして喜び・歓喜（pīti）、これらは非常に近いものですが、素晴らしい治療的な力をもっています。ですから、瞑想の後に病気を克服した人々の話を、聞くことがあるのですね。多くの恐怖症や不眠症もまた、克服されます。深い安息（passaddhi）がある時、瞑想者たちは、すごく騒々しくて人の多い場所に行こうとは思いません。彼らは不必要な活動や、瞑想の邪魔になるものを避けようとする。そうしたものからただ離れて、とても静かで心安らぐ場所に住み、そしてただ瞑想するのです。

この段階においては、歩いている時でさえ、あなたは自分に体重がないように感じます。一歩進もうと考えると、足がもう動いている。そのことに気づいてはいるけれど、重さを感じないのです。一歩一歩進みながら、空を歩いているような感じがします。足はただ辛うじて地に触れており、その触れている感覚を感じるのですが、重さは感じません。そして、たいへん速く歩くことができる。走っているように感じるのです。全身が生きていると感じられる。身体が気づきに満ちているのです。痛みも疼きも、また熱を感じることもない。心が逸れることはありません。

ただ自分の実践を続けること

以下はダンマパダからの偈。たいへん素晴らしいものです。

Suññāgāraṃ paviṭṭhassa, santacittassa bhikkhuno,
Amānusī rati hoti, sammā dhammaṃ vipassato.

~Dhpd 373

人気のない場所に入り、心が安らいでいる（suññāgāraṃ paviṭṭhassa, santacittassa bhikkhuno）。その人は、通常の人間のそれを超えた、幸福と喜びを経験する（amānusī rati hoti）。というのも、彼はダンマを体験しているからである（sammā dhammaṃ vipassato）。

Yato yato sammasati, khandhānaṃ udayabbayaṃ,
Labhati pīti pāmojjaṃ, amataṃ taṃ vijānataṃ.

~Dhpd 374

その生成消滅を知りつつ、五蘊《ごうん》（khandha）を観察するたびに（yato yato sammasati, khandhānaṃ udayabbayaṃ）、彼は喜びとダンマの楽しみを経験する（labhati pīti pāmojjaṃ）。これは賢き者にとっての不死薬（甘露）である（amataṃ taṃ vijānataṃ）。

彼らは、これが解放へと導く実践であることを、非常に深く確信している。あなたはそのことに、確信をもてるのです。ですから私は、この段階に達した時、あなたは正しい道を歩んでいると言ったのです。あなたはいかに瞑想するかを、本当の意味で学んできた。瞑想の実践が、とても強力なものになっているのです。この段階は、balava-vipassanā と呼ばれます。balava とは、非常に強力であるということ。この段階以前だと、それは taruṇa-vipassanā と呼ばれます。taruṇa は、弱い、若い、未成熟だ、という意味。この段階において、それは円熟している。非常に強力なウィパッサナー（洞察）なのです。

もう一つ、この段階において瞑想者の心を逸らしてしまい得るものですが、彼はこの実践に、たいへん深い信、確信を抱いており、心身のたいへんな軽さ、自由と喜びを経験するものですから、彼は他人に瞑想するように言ったり、勧めたくなったりします。


「瞑想しなさい、瞑想しなさい。あなたが長いあいだ続けてきた、そうした全てのことを手放すのです。

その行為を止めて瞑想してください！」

彼は他人にも瞑想を勧め、教えたくなります。

しかし、もしそれを実行しに行ったら、
あなたは自分の瞑想を壊してしまうことになる。

教えに行くために立ち止まらないで。

ただ自分の実践を続けてください。他人に勧めないように。

それは後でやることができるのです。

しかし、これをしないでいることはとても難しい。

その気持ちに抵抗するのは、たいへん困難なことなのです。

経験への執著を自覚する

この段階において、あなたは気づき（マインドフルネス）と対象の双方を経験します。それらは互いに向かって進み、そして触れ合う。対象はやって来て心に触れる、もしくはぶつかる。意識と対象の接触が、たいへん明らかになるのです。この段階以前には、私たちは接触（phassa）ということの意味がわからなかった。それについて聞いたことや考えたことはあったけれど、本当に経験したことはなかったのです。しかしこの段階において、私たちは対象と心との接触を、本当に明らかに経験することができます。

時々は、心が対象に入っていくこともある。例えて言えば、この段階以前において、瞑想とはテニスボールを壁に投げるようなものでした。それは壁に当たり、跳ね返って戻って来る。しかしこの段階において、あなたはとてもねばねばしたボールを投げているのです。対象に当たると、それはそこに留まる。気づきは去ることがなく、逸らされることもありません。この段階以前には、瞑想の対象を探そうとしなければならないこともありました。しかしこの段階では、その必要はありません。対象が意識へ、気づきへとやってきて、そして気づきはちょうどそこにあり、準備ができていることがあるのです。しかし、興味や喜び、エネルギーや明晰さがあまりにもふんだんにあるために、私たちはその状態に執著し、瞑想を止めたくなくなってしまいます。これは私たちがもはや弛んでおらず、気持ちも逸れていないということですから、ある面ではよいことなのですが、また別の一面としては、それに執著してしまうこともあり得るのです。ほとんどの場合、私たちはそれを執著と解釈することがありません。

私たちはただ、「私は瞑想していてとても幸せだ。

私は瞑想が好きだ」と考える。どう区別したらいいのでしょう?
こうした経験をもうしなくなった時、
あなたはそのことを悲しく思う。「あれがもう一度欲しい。
あの経験を再び得るために、私にできることは何だろう?」
こうしたことが、あなたがその経験に執着しているしるしです。
それを再度得ようと試みれば試みるほど、
そのことはますます難しくなる。たいへん扱いの難しいものなのです……。
この段階では、自分の意志を注視することがとても重要です。
心を覗き、観察してください。
「私はいま、何をしようとしているのか?
その状態に達しようとしているのだろうか?」

例えば、あなたは時々外に出て、食べ物を得てそれを食べる。そして多かれ少なかれ、心が瞑想から逸れることになります。食事が終わり、戻って来て瞑想する。それであなたが同じ状態に戻ることを期待する時、その期待が障害なのです。

瞑想するたびに、思い出さなくてはなりません。
「私は何かをしようとしているわけではない。

私はどこかに至ろうとしているわけではない。
私は以前に経験したことを経験しようとしているわけではない。
私はただ、いま起こっていることに気づいていようとしているだけだ！」
これはたいへんシンプルなことです。

私たちが行なっていることは、何かを得たり、
どこかに到達しようと試みることではありません。
私たちが行なっているのは、いま・ここにあり続けること、
何であれいま起こっていることに、注意を払うことなのです。

しかしながら、どれほど先生から警告されていようと、こうしたことが起こった時、私たちはそれでもその体験に執著し、その体験を、それでも誤って解釈します。これは私たちが通過しなければならないことなのです。いちばん大切なことは、そこにはまり込んでしまわないこと。これが起こっている時に、もしあなたが先生とともにいて、彼とそのことについて議論したならば、「自分が執著しているのを見なさい。その執著をまず観察するのです」と言うでしょう。彼があなたに、その執著を手放せということはない。というのも、もしその執著を観察しなければ、どうやってそれを手放すことができるでしょう？　それは無意識的に起こっているのです。あなたがまずしなければならないことは、その執著を意識的なものにすることです。

この助言は、たいへん広い意味をもっています。何事であれ克服しようと思うならば、まず私たちはそれに意識的にならなければなりません。それに意識的になることなしに、何であれ克服することはできません。ですから教師は、「心を覗いて、その執著を観察しなさい」と指摘することになるのです。それを観察することができたなら、しばらくすると、それは弱まり去っていきます。しかし、執著は再び戻って来る。あなたがそれを観察すると、執著は去っていき、そして後に再び戻って来る。それが数回あった後、執著は去って、もはや戻ってこなくなるでしょう。そんなわけで、この執著の観察もまた、私たちの瞑想の一部なのです。

道非道智見清浄

こうした幸せな状態や、素敵な経験に執著することは、正しい道ではないことを、あなたは理解するでしょう。執著することは、その対象が何であっても、たとえ瞑想経験であっても、誤った道なのです。そうしたものに執著しているならば、あなたは誤った道を進んでいます。自分の執著を観察し、克服することができたなら、何であれ、いまこの時に心身で起こっていることに注意を払うことが正しい道であることを、あなたは理解するのです。

この理解は、道非道智見清浄（magga-amagga-ñāṇa-dassana-visuddhi）と呼ばれます。magga は道、amagga は非道（道でない）を意味します。つまり、「これは道であり、これは道ではない」と知ること。この二つを明らかに理解することは、理解（ñāṇa-dassana）の清浄の一種です。visuddhi とは、清浄を意味します。

私たちはみな、誤った道を進むことが時々ある。それは構いません。誤った道を進んでしまうことはあるでしょう。しかし、そのことを観察して、それから正しい道に戻って来るようにしてください。間違うことでそこから学び、己を修正して、正しいことを行うのです。これが、私たちが学んで成長するための方法です。

何の間違いも犯すことなく、自分の間違いを訂正することもないままに、学んで成長することはできません。
ですから、間違うことは構いません！
しかし、何度も繰り返し、同じ間違いを犯し続けないようにしてください。

簡潔なイメージでお話してみることにしましょう。瞑想の最初の段階では、まず物質的・精神的現象の自然的性質を観察します。その後、私たちは無常、苦、無我、恒常的な実体がないこと、コントロールが存在しないこと、ある意味での空《くう》を、一般的に観察する。それから私たちは、生成と消滅を観察します。現象の生成消滅を観察しはじめた時、最初、私たちは生成を観察しますが、消滅は観察しません。一つの現象の消滅を見る前に、私たちは別の現象の生成を見る。一つのものが生じ、また別のものが生じる、といった形で、観察が進行します。その後、私たちは、生成、消滅、すき間、次の現象の生成、消滅、そしてすき間が一つ、といった様相を観察する。私たちは生成と消滅のあいだのすき間も、また観察するのです。しばらくすると、ただひたすら消滅していくことに、より多くの注意が払われるようになる。もう生成にあまり注意を払わなくなるのです。この段階では、無常がますます明らかになる。全てのものが、非常な速度で消滅していくのです。


無常を非常に明らかに観察する時、その洞察において、あなたは苦もまた観察します。なぜか？

何かが生成しては、非常な速度で消滅していくのです。

そうしたものに、何であれ満足を見出すことなどできるでしょうか？

そうしたものに、頼ったり依存したりすることなどできるでしょうか？


全ての瞬間が誕生と死滅であることを、あなたは観察することができる。あなたが保つことのできるものは何もない。あなたがしがみつくことのできるものも何もない。物事は非常な速度で生成消滅しているのであって、それはあなたがコントロールできるものではないからです。

全ての経験、全ての感覚、全ての思考、
全ての心刹那、そしてこの気づきでさえ、
全てのものは、常に消滅し続けているのです。

対自的ウィパッサナー

ですから、この段階において、瞑想は完全になります。あなたは対象の生成消滅を観察し、そして意識の生成消滅を観察する。このウィパッサナーの智慧を経験、もしくは観察している、この瞑想する意識、即ちこの気づきさえも、生成消滅していることを、観察することができるのです。

最初は、これらの物質的な現象が私ではなく、私のものではないことを観察します。そしてこの思考が私ではなく、私のものではないことも。しかし、あなたはまだ、この気づきは心の中に存在しているものと見ている。それは私。私が瞑想していて、私が観察していて、私が気づいているのだと。この段階に達した時、あなたはこの瞑想する意識さえ、この気づきさえも消滅し続けているということを、同様に観察することができるのです。このための比喩があります。死体を燃やす時に、最初あなたはたいへん長い棒を使って、死体をひっくり返します。死体が焼けてしまうと、あなたはその棒を火の中に放り込む。手元には何も残しません。何かを手元に残すことはできないのです。

この瞑想する意識、この気づきさえ、
あなたは無常の中に置いてしまう。これもまた無常なのです。
こうしてはじめて、「無常の洞察」が完成します。

あなたの経験のどの部分であれ、「自分のもの」だと感じるところが存在するなら、あなたは無常を完全に理解し、経験しきったわけではないのです。この「気づきと智慧」、ニャーナでさえも、生成し消滅しており、あなたは洞察智の無常を繰り返し観察する。典籍においては、これを十回やらねばならないと言われています。しかし、そんなにたくさんやる必要はありません。対象と意識と智慧について、それらが生成し消滅していることを観察する。この智慧を繰り返して十回まで観察するというわけですが、それを十回やる必要はないということです。

このウィパッサナー・ニャーナ（vipassanā-ñāṇa, 洞察智）を観察して、それを無常であると見ることは、パティウィパッサナー（paṭivipassanā, 対自的ウィパッサナー）と呼ばれます。最初のウィパッサナー・ニャーナは、ウィパッサナーと呼ばれる。そのウィパッサナー・ニャーナ、その智慧を観察して、それを無常であると見ることが、パティウィパッサナーと呼ばれるのです。このウィパッサナーの智慧は、再びウィパッサナーの対象となります。これで意味は非常に明瞭になったと思うのですが、いかがでしょうか？

智慧でさえも無常である。
気づきでさえも無常である。
この段階において、あなたはそのことを観察できます。
あなたはこの瞑想的意識に、
同一化することさえしないのです。
ちょうど死体を燃やした後のようなもの。
あなたは棒も続いて燃やすのです。

来週は五番目の洞察智、崩壊を観察する壊滅智《えめつ》（Bhaṅga-ñāṇa）について、詳細をお話ししてみるつもりです。この第四の洞察智以降は、話はずっと簡単になります。第四の洞察智について何か質問があれば、何か明らかでないことがあれば、どうぞ質問してください。

【Q&A】

Q　（質問不明）

A　最初の洞察智は、（1）名色分離智（Nāma-rūpa-pariccheda-ñāṇa）と呼ばれます。ナーマ（名）をプロセスと、心をプロセスであると観察し、またルーパ（色）、物質性もプロセスであると観察する。それを存在者ではないものとして、男でも女でもないと観察するのです。形は存在しない。硬さはただ硬さです。この硬さが、男の硬さであるとか、女の硬さであるとか言うことはできない。硬さはただ硬さなのです。柔らかさはただ柔らかさ。動きはただ動きです。それは男であったり、女であったりはしません。

これらの現象には、形状も外形もありません。
それらは単に性質なのです。このことに再び注意してください。
瞑想する際、私たちは性質に注意を払っており、
あらゆる性質は存在者ではないのです。

ナーマもまた、それが単に精神的な現象であることを観察できます。それは存在者ではありません。貪欲は女でも男でもない。貪欲とは、ただ何かを欲することです。あなたに起ころうが私に起ころうが、それは「欲求する」という、同じ性質を有しているのです。

これを欲求するか、あれを欲求するかということは、問題ではありません。
それはただ欲求するという性質なのです。

あらゆる他の精神的な状態もまた、単に精神的な状態であって、存在者ではなく、物体ではなく、男ではなく、女ではありません。だからナーマとルーパを観察することは、名色分離智と呼ばれるのです。二つことが起こっていて、一つはナーマであり、一つはルーパです。

その後、あなたは精神的・物質的現象の原因を観察する。これは（2）縁摂受智（Paccaya-parigghaha-ñāṇa）と呼ばれます。続いてあなたは、無常・苦・無我を一般に観察しますが、これは（3）思惟智（Sammasana-ñāṇa）と呼ばれる。この段階においては、ダンマに関する多くの思考が起こります。ナーマに関して、ルーパに関して、無常に関して、苦に関して、そしてまた無我に関しての思考です。この段階を過ぎると、そうした思考はもはや存在しなくなります。あなたは物事が生成消滅しているのを、非常に鋭く、非常に明らかに観察する。これが（4）生滅智（Udayabbaya-ñāṇa）と呼ばれ、第四の洞察智です。そして五番目が（5）壊滅智（Bhaṅga-ñāṇa）。崩壊、消滅、消失の智です。

Q　（質問不明）

A　いいえ、まだです。いまで半分来ただけですね。しかし実際のところは、これが本当の瞑想のはじまりなのです。悟るための一つの必要条件は、生成と消滅を非常に明らかに見ることです。これが強いウィパッサナー、balava-vipassanā の段階なのです。

Q　（質問不明）

A　順番に、はい、それは順番に起こります。しかし、ある人たちはたいへんゆっくり進んでいって、一つの洞察智に非常に長いあいだ留まり、それから別の洞察智を非常に速く通過して、そしてまた別の洞察智については非常にゆっくり通過する。ことはそのように進みますが、順番についてはこのとおりでなくてはなりません。全ての人が、同じ仕方で物事を経験するわけではない。ある人たちは最初の洞察智に非常に長い時間をかけ、第二、第三の洞察智については非常に速く通過する。そして第四の洞察智については、それを育むためにとても長い時間をかけるかも知れません。実のところ、最初の洞察智を育むためには、長い時間がかかります。第二、第三の洞察智については、それほどでもありません。四番目は、ある程度時間がかかる。その経験の過程には、たくさんの障害や、たくさんの執著、邪魔になるものがあるからです。そこを過ぎると、停滞してしまうもう一つの段階に至るまでは、比較的速く進むことができるでしょう。その段階については、後にお話することになります。これが洞察智の発達の順序ですね。

Q （質問不明）

A **実践を続けなければ、それらは失われます。ほとんどの場合、第一（の洞察智）に後退する。しかし、ゼロに戻ることはありません。**

Q （質問不明）

A　それは、あなたが悟りの第一の段階を越えたということです。それ以前には、あなたはそれ（洞察智）を失うことがあり得る。しかし、失ったとしても、ある深い智慧は維持されていますし、また、たとえあなたが亡くなっても、この経験は非常な力を有します。けれども、あなたにはその洞察智を、蘇らせることが可能です。気を落とさないでください。たとえ瞑想を止めてしまっても、あなたは極度に自分を見失ってしまうことはもうない。あなたはある程度の気づきを維持してはいて、再び瞑想をはじめれば、それを容易に伸ばすことができるのです。

Q　（質問不明）

A　ある程度の気づき。そうですね。単に純粋なサマーディによっては、無常を観察することはできません。性質だけは見ることができますが、生成と消滅を観察することはできないのです。あるいは心をいくつかの概念に留めることもできる。心を空に留めることさえ可能ですよ。私はそれを長いあいだ試していましたが、とても好きでしたね。空を瞑想することがなぜいいのかわかりますか？　空はあなたを不幸にしないのです。そこにあなたを不幸にするものが何もない。ええ、それをやっても構いませんが、その境地に執著して、かつそれを得られない時、あなたは不幸になってしまう。しかし、実践を続ければ、その状態にたいへん速く入れるようになります。

Q　（質問不明）

A

実践し続けなければなりません。
この瞑想の第四段階に達すると、
あなたが誤ることはもうあり得ない。為すべきことがわかるのです。
だから私は、最後にこう言ったのです。
「道であるもの」と「道でないもの」があなたにはわかる、と。

もう誤ることはあり得ない。進み続けさえすれば至るのです。これは一つほっとすることですね。それ以前には、自分のやっていることに確信がもてなかったのですから。「私は間違っているかも知れない。これは正しいのか誤りなのか？」。

Q （質問不明）

A いいえ、定まった期間というものはありません。それはあなたの明晰さと、また成熟度によることです。ある人たちは、一つの洞察智を成熟させるのに長い時間がかかる。一つの洞察智の中にさえ、ある種の幅があるのです。例えば、この第四の洞察智は、非常に広い幅をもっている。その最初の段階においては、生成消滅が観察され、またたくさんの思考が起こります。洞察智をますます育てていくと、この生成と消滅はどんどん明らかになっていき、しばらくするとそこを乗り越えて、ひたすらな崩壊、ひたすらな消滅が、もっともっと観察されることになる。

全ての洞察智には幅があります。
それは時間の問題というだけではなくて、
あなたの瞑想の質もまた、同様にたいへん重要なのです。

Q　（質問不明）

A　禅定（jhāna）を得ることができれば、その禅定の集中力を、ウィパッサナーの実践のために利用することができます。この強い集中力の助けによって、あなたは非常な速度で進歩することができる。強い集中力をもった心を育てたがゆえに、その心は対象から逸れることがないからです。しかし禅定を得ることもまた、たいへん難しいことです。瞑想には二つの道がある。一つは、最初に禅定を得て、それからウィパッサナーを瞑想すること。これはサマタ・ヤーニカ（samatha-yānika）、サマタを乗り物として利用すること、と呼ばれます。しかし、ウィパッサナーのみの実践でも、この第四の洞察智に至った時には、禅定にたいへんよく似た、十分に強いサマーディが得られます。気づき（マインドフルネス）が、非常に強くなるのです。

気づきが非常に強くなった時、
集中力もまた非常に強くなります。
この二つは、その性質においてとてもよく似ている。

サマタの禅定を、得なければならないわけではないのです。

Q（質問不明）

A ブッダがなぜそうしたのか、正確なところはわかりません。しかし、ウィパッサナー瞑想の際、もしサマタ禅定の集中力を得ることができたなら、それは非常な助けになります。しかし、サマタ禅定を得ることができなくても、ウィパッサナーを修することはできる。これはスカ・ウィパッサナー（sukha-vipassanā）と呼ばれ、サマタ禅定を伴わないウィパッサナーという意味です。ですから、実践には二つの方法があることになりますね。一つめは禅定を得てからウィパッサナーを修するもの。そしてもう一方の道は、禅定の集中力を得ることなしに、いきなりウィパッサナーを修してしまうものです。どちらを選んでも構いませんよ。

Q（質問不明）

A サマタ瞑想を修する際の、瞑想対象は何でしょう？　それはある種の概念、観念、イメージです。例えば慈しみの瞑想を修する際には、近行定を得ることができますが、その対象は人であって、これはそれ独自の文脈においては一種の現実であるようなもの、つまりは世俗諦（sammuti-sacca）です。ウィパッサナー瞑想をしたい時には、この「人」という概念もしくは観念を手放して、自然の物質的もしくは精神的現象へと、瞑想対象を転換しなければなりません。サマタ瞑想をする人の場合、サマタの禅定を得た後は、ほとんどが心随観（citta-anupassanā）に直接進んで、身随観（kāya-anupassanā）には進みません。というのも、サマタ禅定を得た後、彼らはこの禅定の意識を注視して、その性質を観察するからです。彼らは禅定の対象を手放して、禅定の意識である、その意識のほうを注視するのです。

第八章　第五から第十の洞察智

――崩壊から危険、幻滅、そして自由を求める欲求と逃げ出さない智慧まで

死は解決ではない

ウィパッサナーの洞察智についてお話する前に、ここ二日間考え続けてきたことについて、私の心を明らかにしておきたいと思います。三月二十七日の夕方に、私はある恐ろしいニュースを耳にして、それ以来、当該の事件に巻き込まれた人たちに対して、深い悲しみを感じ続けています。南カリフォルニアで、三十九人の人々が自殺しました（ヘヴンズ・ゲート事件）。なぜか？詳しい事情を私は知りません。しかし、理由がなんであれ、彼らは自殺したのであって、それはよい行いではありません。このことによって示されているのは、人々が単にお金や、感覚的な快楽を超えた何かを求めているということです。彼らは導きと教えを求めている。よい指導者を求めているのです。しかし、彼らはよい指導者を得ることができなかった。彼らは誤って導かれたのです。死ぬことは解決ではない。死んでよい理由など存在しません。

ブッダと阿羅漢果を得たその弟子たちについて、いくつかのことをお話しましょう。ブッダの偉大な弟子たちが阿羅漢果を得て、それから生きることのできる限り、つまり身体にとって、生きることが自然である限り生きる時、彼らには自分がいつ死ぬことになるか、つまり、いつ般涅《はつね》槃《はん》(Parinibbāna, 完全な涅槃)に達することになるかがわかるのです。阿羅漢にとって、死とは大多数の人々と同じものではありません。大多数の人々は、亡くなった際、いくつかの性質がまた再生する(プロセスが継続する)。しかし、阿羅漢たちはただ逝去し、それがプロセスの終わりなのです。ですから、こうした偉大な弟子たちは、ブッダのところにやって来て、「私は某月某日に般涅槃に入ります」と言う。ブッダはそれをしろともするなとも決して言いません。それをするなと言うことは、生に、生きることに執著することであって、それはブッダが決して勧めなかったことだからです。しかし、「それをするのはよいことです」と彼らに言うのも、死を賞賛していることになるでしょう。そういう時に、ブッダが何と言ったか知っていますか?「あなたは自分の般涅槃の時を知っているのですね!」。ブッダがなぜこう言ったのかを理解しておくことはとても重要です。彼は「般涅槃に入りなさい」とも、「入ってはならない」とも言わなかった。彼はどちらも、賞賛することがなかったのです。

死は解決ではない。
死ぬことによって解決できることは何もありません。

もしそれがよい解決策であるならば、さぞ素晴らしいことでしょう。すごく若い頃には、「もしこれ以降の生が存在しないなら、それは素晴らしいことだろう、ただ死ねばよいのだ」と、私は思っていました。しかし、あなたは再生することになる。これが真実なのです。いまあなたが行なっていることと、そしていかに死ぬかが、あなたの将来の生に、影響を与えることになる。

死ぬことは避けられないにせよ、
私たちはいかによく死ぬかを、
気づきとともに学ばなければならないのです。
死は決して解決策として用いられてはなりません。
ブッダは死を、決して賞賛することがありませんでした。

盲信してはいけない

自殺をした人たちに対して、私は深い悲しみを感じます。彼らは本当に何かを求めていて、そのためには自分の生命を支払う用意があった。彼らは手放したかった。何かよりよいもののためには、感覚的な快楽と、そして自らの生命さえ、手放してしまいたかったのです。それはよい解決策ではないし、また同時に、社会が全く満足のいかないものであることも示しています。多くの人々はお金をもっており、感覚的な快楽を楽しんでいる。しかし、彼らは幸福ではないのです。私は人々に、グループに入ることをたしかに勧めはします。しかし、その選択はたいへん慎重にしなければなりません。目指す目的が何であって、またそのグループの教えが何であるのかということを、あなたは知らなくてはならない。この場では、私たちは自分が何をやっているか知っていますね。私たちは、自分の目的を知らなければならないのです。

教師に盲目的に従ってはいけません。私にさえもです。ブッダは、人々が盲目的に彼に従うことを、勧めはしませんでした。

ほとんどの皆さんは、『カーラーマ経』を知っていますね。ブッダは信じないことについて語っている。これはとても大切なこと。この教えは、たいへん革命的なものなのです。ダンマをよく理解することが、とても重要です。仏教徒でさえ、時には自分の観念に合うように、教えを誤って解釈してしまう。そのことを止めることは誰にもできませんが、ブッダの本当の基本的な教えを知っていれば、それが真実かそうでないかを知ることはできるのです。真偽を確かめることのできるはっきりしたポイントは、多く存在しています。

いまはウィパッサナーについての議論を続けていますが、私が行おうとしていることはこれなのです。一部の人がウィパッサナーについて書いたり話したりする際、彼らの文章や発言が正しくないことに、気付かされてきましたから。彼らはウィパッサナーについて語ろうとはしていたのですが、言っていることは必ずしも正確ではないのです。彼らが洞察智、もしくは悟りとして解釈しているものは、実のところそうではない。だから私は、シンプルな言葉によって、洞察智の意味するところ、そして悟りの意味するところについて、非常に明晰な説明を与えようとしているのです。そうすることで、誰かがあなたにそれについて語った際に、それが真実であるのかそうでないかを、あなたが判断できるようにするためです。ですから私は、ブッダの言葉であるところの、パーリの引用もまた提示しています。これらが基準。あなたは検証することができるのです。

第五の洞察智

今日は第五の洞察智についてお話しします。最初の四つは非常に重要です。私たちはゆっくりと進み、細部にわたって知る必要があった。しかし四番目に達してしまえば、残りは比較的易しくなります。第一の洞察智は難しい。第二と第三はそれほどでもありません。第四は難しいです。実践を続けていれば、第五の洞察智は、第四から自然に続いてきます。第四の洞察智においては、生成と消滅が非常に明らかに、即ち、生成と消滅の両方が、ともに観察されていますからね。生成と消滅は、より素早く、高速になります。第五の洞察智において、あなたは消滅をより明らかに観察する……。生成には、同じだけの注意を払わないのです……。注意を払えば、それを観察することはできるのですが、消滅、消失、もはやそこにないことに、あなたはより多くの注意を払う。注意を払うと、それはもはやそこにはないのです。

気づこうとした瞬間に、

それはもう去っていることがわかります。
それを本当に観察することはもうできない。
それはちらりと見えるだけで、もはやそこには存在しなくなっている。
つまりこれが、第五の洞察智の一つの側面、もしくは要素です。

あなたが何か、例えば音に気づいた時、あなたがその音を聞くと、それは去ってしまっている。身体のどんな感覚であれあなたが気づくと、気づいた瞬間にそれは去ってしまいます。それはもはや存在していない。しかしあなたは、その気づいている心もまた去ってしまったことを同様に知る。これは大切な要素です。そのあいだに何らの中断も、何らの思考も挟まないまま、同じプロセスにおいて、あなたは両者が去っていくのを観察することができる。

そこで、パーリの単語を一つ出しましょう。「ニャータ（ñāta）」です。ニャータとは、「知られたこと、気づかれたもの」を意味します。あなたがある対象に注意を払った時、その知られた、もしくは気づかれた対象が、ニャータと呼ばれます。そこで瞑想者は、この対象が去ったこと、消滅したことをまず観察する。それから「ニャーナ（ñāṇa）」。ニャーナとは「智慧を伴った意識」を意味し、何かが去ってしまったことに気づくものです。何かが去ってしまったことに気づくこと。それは智慧、アニッチャ・ニャーナ（anicca-ñāṇa, 無常の智慧）です。そこで、この瞑想者は対象を注視して、この対象が生成し消滅することを観察します。彼は消滅を非常に明らかに観察する。それはもはやそこにないのです。そしてウィパッサナーの智慧もまた、つまり（智慧を伴った）意識もまた、去ってしまっている。したがって、ニャータ（対象）は去っており、ニャーナ（智慧）もまた、去ってしまっているのです。全ての気づき、即ち瞑想者が注意を払うたびに、同じプロセスにおいて、彼はこの両者を一緒に、何の努力もすることなく、この両者が消滅しているのを見ようと試みることもなしに、観察します。ただ一つの気づきにおいて、あいだに何の思考も挟むことなく、一方が他方に自動的に続くのです。これが第五の洞察智の、非常に重要で、はっきりとした特徴です。この洞察智はバンガ・ニャーナ（壊滅智）と呼ばれますが、バンガとは、崩壊、消失を意味します。

二つのバンガ・ニャーナ

この段階においては、瞑想するたびに、その対象が何であれ、たとえ動きであっても（形にはもう注意を払っておらず、感覚に注意を払っています）、瞑想者はその感覚と、そして次から次へと非常な速度の消滅に、非常に明らかに気づいています。全ての形と固形性は消えてしまう。つまり、あなたは形と固形性に、もう注意を払わないということです。あなたはただ感覚と、その非常な速度の消滅にのみ注意を払う。対象が非常な速度で消滅するのを観察することが、第一のバンガ・ニャーナ（Paṭhama-bhaṅga-ñāṇa）です。智慧の消滅を観察することが、第二のバンガ・ニャーナ（Dutiya-bhaṅga-ñāṇa）です。この二つを合わせて、壊滅智（Bhaṅga-ñāṇa）が完成します。どの洞察智にも、その始まりと成熟というものがある。第五の洞察智の始まりにおいて、あなたは対象が非常な速度で消滅するのを観察する。これがより成熟し、強力になってくると、あなたは意識、つまりウィパッサナーの意識が消滅するのを観察する。そしてその智慧もまた、ともに消滅するのです。

あなたが一つのものに気がつくと、それは消滅し、その消滅に気づいた意識もまた、消滅します。

消滅とは、別の形に変化することではありません。この点は、はっきりさせておきたいポイントです。無常とは、変化して別の形で存在する、という意味ではないのです。無常の意味とは、消失、もはやそこに存在しないこと、現象の非存在（abhava）なのです。現象は生成して消滅し、するといかなる他の形においても、もはや存在しないのです。

素粒子を扱う量子物理学を見ると、このことは理解されます。外形もなく形状もない。ただエネルギーがあるだけ。ロバート・オッペンハイマーが言うには、「電子は同じ位置に留まりますか？」と尋ねられたら、答はノーです。電子は変化しますか？　答はノー。同じ状態でいるのですか？　答はノー。動きますか？　答は、ノー。電子とは、単なる理論的なモデルなのです。消滅する何かであり、そして生成する何か。（それらのあいだに）繋がりはあるけれども、もはや同じではありません。

壊滅智を説明するためには、多くのパーリ語が使われます。カヤ（khaya）というのは、終わりになるもの、使い切られたものを意味します。ワヤ（vaya）にも同じ意味がある。ベーダ（bheda）も同じく、崩壊の意味です。ニローダ（nirodha）も終わりになること。全てこうした単語は同じ意味です。ですからパーリで、"khayato vayato disvā"（Vsm 641）というのは、「それがもはや存在しないのを見て」という意味になる。それは非常に短いあいだ存在する。ただそれだけ。その後は、もはや存在しないのです。

あなたはこのことを、六つのドワーラ（dvāra, 感覚の門）全てにおいて観察することができます。つまり、眼・耳・鼻・舌・身、そしてまた意においてもです。こうした六つの感覚の基盤において、何であれあなたが気づくと、辛うじて気がついた時には、それはもはや存在しなくなっている。あなたはこのことを、一つだけでなく、全ての感覚の基盤において、観察することができるのです。

そんなわけで、対象は消滅し、この（ウィパッサナーの）意識がその対象の消滅に気づいていて、そしてまた別の意識が、このウィパッサナーの意識の消滅に、同様に気づくことになります。ですから、最初の対象が消滅するのを観察して、また次の意識の対象になった、その観察する意識を観察し（purimavatthuto aññavatthusaṅkamanā）、そして、その意識もまた消滅する。多くの層を、何度も観察することができるのです。しかしながら、あまりにも多く観察する必要はありません。ただ最低、対象が消滅するのと、ウィパッサナー瞑想をする智慧の意識が同様に消滅するのは観察します。実際のところ、これで全く十分です。しかし、それが何度も続くことはあり得ます。

消滅を観察する洞察智

瞑想者は消滅をあまりにも明らかに見ているので、彼はもう生成には注意を払ってすらいません。第四の洞察智において、彼は生成と消滅に、非常に明らかに注意を払う。そして第五においては、消滅にのみ注意を払います。彼はもう、生成には注意を払わない。実践の開始時点では、私たちは生成だけを観察し、消滅は観察しません。何かが消滅するのを観察する前に、他の何かが生成するのを観察するのです。しばらくすると、私たちは生成と消滅を観察する。その後には、ただ消滅だけを観察するのです。これが、洞察智の成熟の仕方です。

Udayaṃ pahāya vaye santiṭṭhanā

~ PtsA i. 258

生成（udayaṃ）を無視して（pahāya）、心は消滅に（vaye）留まる（santiṭṭhanā）。心は消滅だけを観察します。それによって、無常の理解がたいへん強力なものになる。これが、無常の理解の最高到達点なのです。

消滅の観察において、あいだに挟まれるものは何もありません。心は他の何かに気を逸らされることはなく、またこの段階において、思考はほとんど浮かんで来ません。最初の洞察智においては、瞑想者は少し考えます。第二においては、生成や気づき、そして思考の原因について、多くのことを考える。第三の洞察智においては、瞑想、または無常・苦・無我に関する、より多くの思考が存在しています。第四の洞察智において、思考は比較的少ない。第五の洞察智では、思考はほぼ全く存在しません。それについて考えることができないのです。消滅が非常な速度になってきて、それについて考える暇が存在しない。第九の洞察智に至るまで、事情は同様です。第八と第九の洞察智では、いくらかの思考が再び戻って来ます。しかし、それはダンマに関するものだけで、世俗の問題に関するものではありません。

以下は壊滅智に関するいくつかの比喩です。

(1) とても熱い鉄の鍋に、ゴマの種をいくつか投げ入れると、それぞれの種が焼けて、瞬間的に音を立てる。

(2) 雨粒が湖に降っている。多くの雨粒が降っていて、泡が現れては、直ちに消えていくのを、あなたは観察する。

これは瞑想している際に、そういうイメージを見るという意味ではありません。これは単なる比喩です。雨粒が水面を打つ際、時に泡が現れて、それが直ちに消失する。

この第五の洞察智について、これ以上お話することはあまりありません。これで全てです。あなたは物事が非常な速度で消滅するのを観察する。その気づきもまた、非常な速度で消滅するのを、あなたは観察します。そして、これが継続的に起こっている。あなたは消滅を何時間にもわたって、繰り返し観察することができます。

第六の洞察智

このように、ひたすらな消滅を継続的に観察することによって、あなたはこのプロセスを、危険だと感じるようになる。それは非常な速度で消滅していますから、頼りにすることができないのです。あなたはそのプロセスに、同一化することができない。それを危険だと観察はしますけれど、あなたはそれを、恐れることはありません。恐れていないということは、たいへん重要です。恐れはじめると、恐怖があまりに強くなりすぎて、あなたは瞑想を止めてしまうことになるでしょう。このことが意味するのは、危険と見てはいるが恐れないということが、洞察智であるということです。本当の恐怖は、同一化から来るのですからね。同一化が存在せず、物事を単に消滅していく、非人格的なものと捉えていれば、それはあなたとは何の関係もないことなのです。誰もこれに同一化することはできず、それにしがみつくこともできず、そして頼ることもできないということを、あなたは観察します。依存は存在しない。これらの精神的と物質的の現象に、頼ることができるものなど何もないのです。

危険を観察することは恐怖でしょうか？
いいえ。恐怖はある種のドーサ（瞋恚《しんい》）、煩悩であって、それは同一化から来るものですから。
危険の存在は観察しても、あなたが恐れることはないのです。

例えば森の中で虎を見た時、あなたは本当に恐怖を感じて、自分の生命のために走ります。しかし、動物園の中で本物の虎を見たなら、この獣は危険だと観察しても、怖がることはありませんね。あなたは走って逃げたりはしないのです。

一部の人は、本当に恐怖を感じた時に、その恐怖がある種の洞察智であると誤解します。本物の洞察智に、恐怖はありません。賢い人が、子どもが何か危険なもので遊んでいるのを見て、「危険だから、それで遊んではいけないよ」と言うけれども、彼自身は、それを恐れてはいないようなものなのです。

これが第六の洞察智、怖畏智《ふいち》（bhaya-ñāṇa）です。「ナーマとルーパのプロセスを、危険なものとして観察すること」。この段階において、瞑想者はあまり喜びに満ちておらず、意気盛んでもありません。第四の洞察智においては、あなたは溢れる喜びに満ち、たいへん意気盛んで幸せです。第六の洞察智においては、強い幸福も喜びももはやありません。時々は、非常に落ち着いた感じになります。抑うつ的でなく、興奮もしていません。精神的と物質的のプロセスを危険なものとして観察するところの、この怖畏智が成熟した時、それは不利益（過患）の観察へと移行します。実際のところ、これは同じことについて語っているだけなのですが、別の観点からそれを見ているのです。

第七の洞察智

不利益（過患）は、パーリ語でādīnavaと言います。この精神的と物質的のプロセスに利益は何もなく、それが自分を幸せにすることはあり得ないということを、あなたは明らかに観察する。この段階において瞑想者は、過去に何が起こっていようと、ちょうどいまそうであるように、全ては消滅するということを、観察することができる。未来においても同じことで、何が起ころうと、よい生であれ悪い生であれ、ちょうどいまそうであるように、全ては消滅することでしょう。ですからあなたは、よりよい生を望むことさえもしない。これは重要なポイントです。

人々は一般に、よりよい場所、よりよい世界に
再生することがもしできれば、
それはさぞ素晴らしいことだろうと考えています。

しかし、この精神的と物質的のプロセスが消滅していることを、綿密かつ明らかに、本当に観察すれば、あなたには理解できる。「何のために？　全てはこんなに速く消滅している。そもそも何かを求めることに、何の意味があるだろう！」

この時には、あなたはいかなる種類の生も求めません。しかし、この洞察智を失ったなら、あなたはなお欲求する。この洞察智がある時には、保有する価値のあるものなど何もなく、何も保有することなどできないのだということを、あなたは観察することができるのです。

瞑想者が気づくたびに、それは消滅する。執著はなく、それを保ちたいという欲望もありません。生成は危険である（uppādo bhayaṃ ~Pts i. 59）と、彼は観察する。成ることは危険である。生起することは危険である（pavattaṃ bhayaṃ ~Pts i. 59）。

何であれ生起することは危険です。何かが満足をもたらしてくれると考えて、それを得ようと考えることすら危険なのです（āyūhanā bhayaṃ ~Pts i. 59）。時には非常に短い思考が浮かんできて、何かを過去に読んでいたなら、一瞬のうちに、瞑想者はブッダのその教えを理解する。非常に簡潔で短い言葉、もしくは文章もまた、心に浮かんできます。ある時、瞑想をしていますと、縁起（paṭiccasamuppāda）の結論部が、私の心に自然に浮かんできました。その時に意味を考えているわけではないのですが、しかしその意味が、とても深遠で意義深くなるのです。私の心に浮かんできたのは、“Evametassa kevalassa dukkhakkhandhassa samudayo hoti”、そして、

"Evametassa kevalassa dukkhakkhandassa nirodho hoti" でした。evaṃ とは、「このように」という意味です。kevalassa、これはとても重要な言葉で、「何ものとも混在していない」ということを意味します。etassa は「これ」、dukkhakkhandhassa は、「ただの苦（ドゥッカ）の集まり」ということ。

ですからこれは、「何らの存在者とも混在せず、何らの満足とも混在していない、ただの苦の集まりが生起している」という意味です。「混在していない」ということが、たいへん重要です。つまり、生起するものはただ純粋な苦であり、また消滅するものは純粋な苦であるということ。存在者ではなく、楽しむことのできるものでもない、純粋な苦。このように、たいへん不満足なものであるところのこのプロセスは、生成し、消滅するのです。

あなたはそれを、「私」や「私のもの」であるとは見ない。存在者ではなく、物体でもなく、それをただのプロセスと見るのです。あなたには、それをコントロールすることは全くできない。「起こるな」と言うことはできないのです。あること、もしくは他のことが、条件に基づいて起こるでしょう。知識をたくさんもっている人たちであれば、時には他のことも、たくさん思い出すことになります。

生成しないことは安全です（anuppādo khemaṃ ~Pts i. 59)。何事も起こらなければ、実に安全。何かが起これば、それは消滅することになる。そこに安全はありません。khemaṃ とは、また涅槃をも意味します。実に理解し難い考え方は、何も生成しないことが幸福である（anuppādo sukhaṃ ~Pts i. 59）ということです。

人々は主に、何かを楽しむことが幸福であると考えています。
ここで言う幸福は苦がないことです。
だから四聖諦には苦諦（Dukkha-Sacca）がありますが、
楽諦（Sukha-Sacca）はないのです。

それぞれの諦《たい》（真理）には、苦という単語が入っています（苦集諦、苦滅諦など）。楽諦はありません。楽（sukha）が意味するのは、苦（dukkha）がないということなのです。苦がもはや存在しない時、それが最も幸福な状態です。

Anuppādo nibbānaṃ

~Pts i. 60

生成しないことが涅槃である。

第八の洞察智

この生成と消滅の不利益（過患）を観察した後、瞑想者は続く洞察智に移行します。これは厭《おん》離《り》智《ち》（Nibbidā-ñāṇa）と呼ばれ、つまり「幻滅」のこと。幻滅する、あるいは何事についてももはや喜ばない智慧のことです。ある解釈では、nibbidā は一種の退屈をも意味します。瞑想に関する退屈ではありません。生成しては消滅し……また生成しては消滅するという、このプロセスを観察して、「刺激を受けるものなど何もない」、同じことが終わりなく、何度も繰り返し生起しているのだと認識するという、そうした意味における退屈です。瞑想者は、楽しむことのできるものなど何もないことを観察する。全てはとても退屈なのです。

瞑想の最初の段階では、人々はとても幸せになる。彼らはたくさんの喜び・歓喜（pīti）、そしてたくさんの安らぎを経験します。この段階において、心は静まっていますが、それ以上のことは何も感じません。全てが去ってしまっていることを、あなたは観察する。全ては魅力を失ったものに感じられ、もはや何かについて考えたいとすら思わなくなるのです。最初の頃は、考えたくなります。考えることが、たいへんな娯楽になりさえする。あなたは、とても素晴らしく考えることができます。しかしこの段階においては、考えてその思考を観察すると、それは去ってしまっている。ですからあなたは、空虚とともに取り残されるだけです。思考はもうない。考えることすら、とても退屈になるのです。それは興味深くもなければ楽しくもない。ですから、一部の人々はこう表白します。「もう考えたくない。なぜ考えるのか？　考える必要なんてない。私たちは考えすぎている」。

ダンマに関する思考さえも、一種の苦です。

この段階では、そのことを以下の偈からも理解できます。

Sabbe saṅkhārā aniccā ti,
Yadā paññāya passati,
Atha nibbindati dukkhe,
Esa maggo visuddhiyā.

~ Dhpd 277

Sabbe saṅkhārā aniccā ti：saṅkhāra とは「条件付けられた現象」の意味。あらゆる種類の現象はサンカーラです。Sabbe saṅkhārā aniccā は「全ての現象は無常である」という意味です。
Yadā paññāya passati：智慧をもってこれを観察する時、
Atha nibbindati dukkhe：その時ドゥッカに、苦にまるで魅力を感じなくなる。
Esa maggo visuddhiyā：これが清浄への道である。執著していないから、それについて心が乱れることがもうないのです。あなたは執著から、完全に離れている。

Sabbe saṅkhārā dukkhā ti,
Yadā paññāya passati,
Atha nibbindati dukkhe,
Esa maggo visuddhiyā.

~ Dhpd 278

最初の偈（Dhpd 277）は無常に関するもので、第二の偈（Dhpd 278）は苦（dukkha）に関するもの。意味は同じです。しかし、第三の偈は、たいへん重要なものです。

Sabbe dhammā anattā ti,
Yadā paññāya passati,
Atha nibbindati dukkhe,
Esa maggo visuddhiyā.

~ Dhpd 279

最初の二つの偈には、Sabbe saṅkhārā aniccā、Sabbe saṅkhārā dukkhā、とありました。しか

し第三の偈は、Sabbe dhammā anattā です。ここで dhammā とは、存在する全てを含んでいる。

ブッダは五蘊（khandha, 条件付けられた集まり）は無我（anatta）だとは言ったけれども、我（atta、魂）がないとは言わなかった、と主張する人たちに、私は数人会ったことがあります。彼らは私のところにやって来て、「ブッダは五蘊は我ではない（アナッタ）と言ったけれども、他に何か我であるようなものが存在するのか。ブッダはそれを否定していないけれども」と、訊いてきました。「存在しませんよ」と、私は答えましたね。

ブッダは“sabbe dhammā anattā”と言いました。
全ての現象、全ての概念、涅槃さえも無我なのです。
何も残されてはいません。
ダンマという言葉は、全てのものを含むのです。何も残されてはいない。
したがって、全ては無我です。
我と呼ぶことのできるものは何もありません。
ですから、この偈はとても重要なのです。

三つの洞察智は同じもの

Bhayatupaṭṭhānaṃ ekameva tīṇi nāmāni labhati.　～Vsm 651

怖畏智（Bhaya-ñāṇa）、過患智（Ādīnava-ñāṇa）、厭離智（Nibbidā-ñāṇa）——これら三つの洞察智は、全く同じ洞察智（ekameva）が、三つの名称（tiṇi nāmāni）を得た（labhati）ものである。

Yā ca bhayatupaṭṭhāne paññā yañca ādīnave ñāṇaṃ yā ca nibbidā, ime dhammā ekatthā, byañjanam-eva nānaṃ.

~Pts ii. 63

何かを危険として観察する時（Yā ca bhayatupaṭṭhāne paññā）、不利益を観察する時（yañca ādīnave ñāṇaṃ）、何かを全く魅力を失わせるものとして観察する時（yā ca nibbidā）、全てこれらの智慧はただ一つのものであって（ime dhammā ekatthā）、ただ異なった名前（で呼ばれている）に過ぎない（byañjanam-eva nānaṃ）。

したがって、三つの異なった名称が、一つの洞察智にあるわけです。
あなたはこの一つの洞察智を、
三つの異なった観点から見ることができます。
つまりは、危険（怖畏）、不利益（過患）、
そして幻滅、即ち何事も幸せに思わないこと（厭離）です。

第九の洞察智

全てのものを危険と観察し、全ての生成消滅を不利益なものと観察し、全てのものを魅力を感じる価値のないものと観察した後、瞑想者はこれら全てのものから自由になりたいと欲します。彼はそれから脱出したいと欲し、それに全く飽き飽きしてしまうのです。これが脱欲智(Muñcitukamyatā-ñāṇa)と呼ばれ、即ち「自由を欲すること」。次の洞察智はこれです。この身体、五蘊の全てを観察すると、瞑想者はそのうちの一つにさえ、執著する価値はないことを見て取ることができる。彼は全てのサンカーラ（行、現象）から自由になりたいと欲する。逃れたいと思うのです。例えば、どこかの場所にいて幸せでなければ、あなたはそこから去って、より幸せで安らぎに満ちた、他の場所を探すことを考えるでしょう。あなたはこの五蘊にいかなる幸せも見出すことができない。だからそこから自由になりたいと思うのです。時にあなたは、この気づきさえもまた、とても退屈だと感じることがあります……。気づいて……、観察して……、瞑想して……、これは実に退屈だ！

自分がどれほど遠くに来たかがわかりますね！　最初は感覚の楽しみに刺激を受けて、あなたは興奮していました。瞑想をはじめる時、あなたはこの感覚の楽しみを手放したいと思う。しかし、瞑想において心が落ち着き、安らいで幸せになると、あなたはその状態に執著してしまうのです。

しかしこの段階に達した時、
あなたは瞑想にすらもはや執著していない。
それさえも、まるで魅力的に感じなくなるのです。
瞑想からもまた、あなたは自由になりたいと思う。
これは正しくそうなっているのであって、よいことです。

あなたは瞑想の対象と瞑想する意識から、自由になりたいと思う。その両方から自由になりたいと思うのです。あなたは対象と、瞑想している気づきから自由になりたいと欲する。これはつまり、これ以上もう何事にも気づきたくないということです。

ある場合には、人々は生成消滅する現象の観察にすっかり飽き飽きしてしまうので、それをもう観察しないほうがよりよいだろうと考えてしまいます。彼らは観察をやめ、注意を払うのをやめてしまう。時には心が、ただ空白になります。心が他の対象に逸れることはありません。この人の心はすっかり幻滅してしまっているので、何事にも全く興味をもつことができないからです。たとえ瞑想を止めても、心はまだ落ち着いていますが、生成と消滅を観察することはもうできません。彼はこの状態のほうがずっとよくて、より安らぎに満ち、より楽しいと感じます。

心はまだ落ち着いていて、ただ空白に、

空虚の中に生きています。

しかし、この人がその状態に長くとどまると、彼は明晰さを失って、地獄に再び戻ることになる。脱出することはできないのです。

瞑想を止めることは、脱出のための道ではありません。

路心と有分心

だからこの人は再び注意を払い、全てのものがほんの短い瞬間しか持続しないことを観察する。それは生成と消滅の間しか持続しない。とても短時間なのです。物事を何か持続するものであるように見せるのは、単に継続するプロセスであるに過ぎません。

上映された映画を見る際、一秒のあいだには、二十ほどのフレームが映写されています。一秒に二十回、スクリーンは暗くなりますが、あなたはそれを見ることがありません。私たちの目は、そんなに速いものに気づくことができないからです。誰かがそこで動いているのを、私たちは見る。実際には、そこに動きはありませんね。それぞれが少しだけ異なっている一つずつのフレームが、次から次へと継起しているだけです。私たちはその間隙を見ませんから、同じ人が動いているように見える。非常に短い時間のあいだに、一つのフレームがやって来ては去り、そして次のものが来るわけです。

瞑想においては、これを観察することができます。
一秒のあいだに、二十のフレームが去るのを観察することができるのです。
たいへんに集中した心を備えた瞑想者にとって、
一秒は非常に長い時間です。
時間が大きく歪むのです。

通常、私たちは路心（vīthi-citta）と、有分心（bhavaṅga-citta）をもっています。路心とは、何であれ、いま・ここで起こっていることを観察する心です。有分心とは、一種の心の基礎的な状態で、知覚できる明確で強固な対象をもっていません。それは何らの現在する対象もとることなしに、ただ生命と意識の連続性を維持するものなのです。通常、人々はこの認知のすき間をたいへん広く、長い時間もっているものなのですが、この意識の持続機能のことを、有分心と言うわけです。一つの意識が生成して消滅し、そして意識の基礎的な状態になる。何かについて考え、そして認知のすき間があり、それから別の意識のプロセスが生成して消滅し、そしてそのプロセスの中に、何らかの対象や、何らかの種類の観念や思考に対する気づきがまたあって、それから再び、認知のすき間（基礎的な状態の意識）になる。通常、人々は広い認知のすき間をもっています。そのすき間（基礎的な状態の意識）が広ければ広いほど、私たちが知ることは少なくなり、より上の空であることになります。

瞑想すればするほど、
心はますます鋭くなり、そして
その間のすき間はますます小さくなる。
ですから、同じ時間のプロセスにおいて、
私たちはより多くの気づきをもつことになる。
気づきがこの時間のスパンの中に、ぎっしり詰め込まれることになるのです。

例えば、最初、私たちは一秒につき、一つの気づきの瞬間に注意を払っていましたが、それからしばらくすると、それが五、十、十五、二十などといったように増えていきます。より多くの気づきの意識をもてばもつほど、時間はますます長くなったように見えてくる。時間とは何でしょう？　時間とは実際のところただの観念です。あなたが何事が起こっているのにも全く気づかず、全く無意識である時、あなたの心は何らの時間にも気づきません。

考えれば繋いでしまう

この種の洞察智の段階においては、非常に簡潔で短い思考が浮かんでくることが時々あります。例えば、「一定不変のものは何もない（cala）」、「全ては動き揺れており、それは持続しない」。こういった思考が心に浮かぶ。また、「そこに持続する実体は存在しない（asāraka）」、「全ては実体的なものではない」。時にはまた、「物事は、それらが生ずるべき原因があるから生ずる」

(saṅkhata)。こうした、非常に簡潔な思考が浮かんできます……。時に瞑想者は、この継続する生成消滅は、休むことのない拷問のような苦しみであると感じます。まるで誰かが、非常に鋭い音を継続的にたてているようなものなのです。しばらくすると、それはたいへん苛々させるものになってくる。まるで拷問のように。彼は生成と消滅をあまりに長く観察したので、その生成消滅の中で、罠にかかってしまったように感じるのです……。これはまさに罠であり、拷問です。時にそれは耐え難い。この対象が苦（dukkha）なのです。この生成消滅は苦痛であり、その生成消滅を観察しなければならないことも、また同様に苦痛です。

時々は、人生が慢性病のように見えてきます。それはひたすら続いていく。自分がどれほど健康であると思っても、それは常に生成消滅を続けているのです。このことについて、あまり考え過ぎないでください。さもなくば、あなたは全く鬱々としてしまうでしょう。

そんなわけで、こうした思考のひらめきは自然にやって来ます。それらに気づき、手放してください。留まって考えすぎることのないように。留まって考えれば、見事に思考することができますよ。心が逸れることがありませんからね。ダンマの本を書くことだってできます。しかし、留まって考えてはいけません。考えすぎれば、あなたは非常な抑うつ状態になってしまう。

考えると、そこに同一性が生じます。
思考によって、あなたが考えているのだと感じてしまうのです。
思考によって、そこに連続性があるかのように感じられる。

思考は繋ぐのです。考えなければ、
一つの出来事と別の出来事とのあいだに、繋がりは存在しません。

考えれば繋いでしまう。即ち思考こそが、連続性と繋がりが存在しているかのように、私たちに感じさせているものなのです。考えなければ、繋がりも連続性も存在しません。何かが生成し、消滅している。それだけ。意味は存在しないのです。

時にはこの生成と消滅が、肉に刺さった棘（悩みの種）のように感じられます。また時には、人生が一つの病であるようにも感じられる。こうした洞察智の状態について語る時、それはたいへんネガティブに、とても悲観的であるように聞こえます。あなたは人生を、警告されていない危険であると観察する。それは時限爆弾のようなもの。あなたはいつでも死に得るのです。

いつでも何でも起こり得る。
全く予想がつかないのが人生なのです。このプロセスは、
そこに行って隠れ、安全を感じられるようなものではありません（atāṇa）。
隠れ家もなければ、避難所もない。
こうした種類の、一瞬のひらめきが浮かんできます。

どの洞察智も無常・苦・無我のこと

人々が、執著の対象であるところのこれらの対象に執著する時、彼らはその心を汚します。あなたはそれらを、煩悩の対象として見ることができる。この段階においてさえも、あなたは苦を観察しますが、それは実践の最初の段階で経験した苦とは異なっています。最初の段階においては、生成消滅のそれぞれの瞬間ごとに苦を観察するわけではありません。しかしながら、この段階においては、生成消滅しているものであれば、何であれあなたはそれを苦（dukkha）、不満足として観察する。あなたはそれを、次から次へと、非常に明らかに観察します。マインドフルであることさえも苦なのです。あなたはマインドフルでなければならない。マインドフルでないことは苦です。それはわかっている。しかし、マインドフルであることもまた、苦なのです。

全てのウィパッサナーの洞察智（ñāṇa）は、
実のところ無常・苦・無我だけです。
ウィパッサナーの洞察智について簡潔に語るとすれば、
存在するのは三つだけ。
それを一つにまとめることさえできます。
つまり、全ては生成消滅しているということ。
ここでは、それを詳細に説明しています。
実際には、どの洞察智であれ、無常・苦・無我のことなのです。

悟りの最初の段階の後にさえ、あなたは同じことを、より深遠に、より意義深く感じることになるでしょう。時にはこのプロセスが、誰にも属していないことを観察する。それを所有している人は誰も居ないのです。これらのプロセスは、所有者をもたない。あなたは聞くことに注意を払い、それは生成し消滅する。あなたは自分がこの聞くことを所有しているわけではなく、それが既に去ってしまったことを知っている。私たちは、この身体が自分のものだと考える（所有者の感覚をもつ）、ここに「私」があると考えるのです。これらの洞察智の段階においては、誰もこうした自然のプロセスを所有はしていないということを、あなたは観察することができます。また、そのプロセスに抵抗し、それを支配することができないことも見て取れる。そのプロセスに対して、「このように起これ、このように起こるな。留まれ、そして来たるな」と言うことはできないのです。

支配者は存在しない。
それらが空であることも、あなたは観察することができます。
存在者について空、我（atta）について空。
魂は存在せず、男でもなく、女でもない。
つまり、無常・苦・無我には、異なった諸側面があるわけです。

第十の洞察智

時に瞑想者は、瞑想するのをやめたくなる。「こんなに満足のいかない（苦な）物事を、見続けることに何の意味があるのだろう？　同じことを、何度も繰り返し観察しているではないか」。しかし、しばらくすると瞑想者は、やめることが解決ではないことを理解するようになる。進み続けること、気づき続けること、動き続けることが最上で、他に道はないのです。

ある人々の場合には、それぞれの洞察智にたいへん長い時間がかかり、また別の人々の場合には、短い時間、おそらくは数分、数時間、数日がかかります。一部の人々は、数ヶ月かかるかも知れません。これはその人が自分をどのように動機づけているかによることです。もし自分にたくさんの時間があって、一つの洞察智をゆっくり徹底的に調べ尽くしたいと考えているならば、長い時間がかかるかも知れません。それを望んでいなければ、もっともっと注意を払い、プロセスの速度を上げることができるでしょう。

この段階において、時に瞑想者たちはこう考えはじめる。
「私の瞑想は、以前ほど調子がよくない」。
これはたいへん危険です。
彼らは時々、自分の瞑想について悲観してしまうのです。

実のところ、彼らはプロセスについて悲観しているのですが、この悲観が別の対象へと向け変えられて、「前には瞑想の調子がとてもよかったのに、いまはもうあまりよくない。物事が、あまりはっきり見えない」と考えてしまうのです。何かがゆっくりと進む時、それは留まっており、そこであなたは物事を、とても明らかに観察することができますからね。しかしながらこの段階においては、物事がたいへん速く進行していきますから、あなたはどうしていいかわからないのです。物事は去り……、そしてまた去る。たいへんな速度ですから、あなたはそれを観察することすらできない。全てがまるで興味をそそりません。第四の洞察智においては、物事が大変興味深かった。しかしいまは、それはもうあまり興味深いものではないのです。それは少しだけ、退屈なものになる。

注意深くいてください。
退屈を感じた時は、
「よくなりつつある」と、ただ再確認するのです。

一部の人たちは止まり、やめてしまいます。そして多くの教師たちが、「何と残念なこと。何と悲しいことだ。彼らは瞑想を続けるべきだった。そうすれば道が開けただろうに。しかし彼らはただ止まり、やめてしまう。彼らはとても落胆してしまうのだ」と語ったのです。

ですから、落胆しないで。続けてください！

これが省察智《しょうさつち》（Paṭisaṅkhā-ñāṇa）、十番目の洞察智です。

5．壊滅智（Bhaṅga-ñāṇa）——消滅すること
6．怖畏智（Bhaya-ñāṇa）——危険を観察すること
7．過患智（Ādīnava-ñāṇa）——不利益を観察すること
8．厭離智（Nibbidā-ñāṇa）——深く幻滅すること
9．脱欲智（Muñcitukamyatā-ñāṇa）——自由になりたいと欲すること
10．省察智（Paṭisaṅkhā-ñāṇa）——瞑想に戻ること
11．行捨智（Saṅkhārupekkhā-ñāṇa）——条件付けられた現象に関する平静

自由になりたいのであれば、逃げ出すことはできません。ですから、瞑想に戻ってください。次の洞察智は行捨智《ぎょうしゃち》になりますが、これはたいへん深遠で、たいへん重要であり、またとても興味深いものです。十一番目の後に別の洞察智が幾つかありますが、それらはほんの一瞬のうちに起こることですから、あなたにできることは何もありません。十一番目の洞察智を越えると、退転することはない。それはたいへんな速度で進行します。

一つたいへん興味深く、また驚くべきことですが、潜在的なブッダ（菩薩）がこの十一番目の段階に達すると、彼らはここで止まることになる。先に進まないのです。ここで止まる能力というのは本当に驚くべきもので、その人はそこで止まり、境界を渡らない。なぜなら、阿羅漢はブッダにはならないからです！

【Q&A】

Q （質問不明）

A 私は人々に、たいへん深い同情を抱きます。時々は、とても悲しくなることがある。不還《ふげん》（anāgāmi）になると、悲しみを克服することができます。私は不還ではありません。だから私は悲しみを感じる。しかし、それがいつか終わるものであり、そこに囚われてはいないことも知っています。私は怒ることはありません。ただとても悲しくなるだけですが、それもまた一種のドーサ（瞋恚）です。

この人たち（自殺をした人たち）は、何か感覚的快楽を超えたもの、お金を超えたものを探している。彼らはとてもよい意図、とても美しい意図をもっていて、そこで私は悲しみを感じるのです。彼らは自分たちの人生を、無駄遣いしてしまったのですからね。たいへんな無駄遣いです。こうした人々がよい導きを得れば、彼らは学び成長することができる。彼らはとても価値ある機会を失ったのです。

そしてまた、彼らのような人々、つまり何かスピリチュアルなものを求め、ある種の自由を求めている人々は、他にもたくさんいるかも知れないけれども、彼らがよい先生、よい導きを得ることができないことについても、私は考えていました。この事件は、ただ氷山の一角なのです。こうしたことはまた起こり得る。何かが為されなければならないのです。このことについて、一人の人物に責任があると言うつもりはありません。共同体全体が、それに関する責任を負っているのです。

私たちは、世界全体のために何もかも行うことはできません。しかし、いま・ここで何ができるかは考えてみましょう。

私たちは友人たちに、子どもたちに何を教えることができるでしょうか？　それが彼らの業（kamma）だと言うことは、問題を解決しません。私たちは、解決策を見出す必要があるのです。それはあなたの子どもたちや孫たちに起こることかも知れない。人々は喪失感を抱いている。自殺した人々は、貧しくはありませんでした。彼らについて、私はたくさんのことを聞いています。彼らはとても豊かであって、高い教育を受けていた。なぜ彼らは死んだのでしょう？　なぜ彼らは自らを殺したのでしょう？　なぜ彼らの指導者は、彼らの先生は、彼らに自らを殺すように告げ、その死を助けたのでしょう？

Q　（質問不明）

A　仏教の教えでは、過去の業（行為）に完全に責任を帰することは、正しい見解ではありません。私たちがそれについて何もできないというのであれば、なぜそもそも何かをしようとするのでしょうか！　私には悟るべき業があると言うならば、なぜ瞑想のことなどで頭を悩ませたりするのでしょう？　私たちは過去の業の助けと、現在の業であるところの、いまの私たちの行為によって、何かを行なっています。私たちは、何事かを成し遂げることができるのです。たとえ過去の業が何らかの種類の悪い影響をもっていたとしても、いま私たちが何かをすれば、それによって過去の業の方向を変え、過去の業を遮断することができます。私たちは、自分の現在の業に対して、深い信頼をもつ必要がある。過去の業に完全に屈服してしまうこと（宿命論）は、ある種の邪見（micchā-diṭṭhi）、誤った見解です。ブッダは、私たちが何もできないとは教えなかった。全ては多くの条件に依存している。しかし、「条件付けられている」ことは、「決定されている」ことを意味しません。

いくつかのケースでは、誰かが亡くなった時、彼は阿羅漢になるのに十分なだけの過去の業をもっていたが、そうなろうとしなかったのだと、ブッダは言っています。あなたがやろうとしなければ、それは起こることがないでしょう。

過去の業に加えて現在の業が、とても重要なのです。過去に何が起こっていようと、あなたはよい先生をいま必要としており、いま実践をする必要がある。飛行機を操縦するようなものです。

例えば暴風のような、他の力はたくさんありますし、たくさんのことが起こります。そして飛行機もまた、それ自体のエネルギー、運動量をもっている。ひょっとしたらエンジンの一つが止まるかも知れませんが、パイロットは他方のエンジンによって、風やその他全てのことを計算に入れつつ、常に調整を試みながら、飛行機を操縦し続けている。これが、私たちが人生においてやっていることです。私たちは常に調整している。私たちは己の人生を、目的に向かって導くことができるのです。私たちには部分的なコントロール能力と、部分的な自由がある。このことをよく理解した上で、それを最大限に利用する必要があるのです。私たちは己の人生を、目的に向かって導くことができる。このことをよく理解した上で、ベストを尽くす必要があります。

私たちはここに生まれた。私たちには、両親を選ぶことはできない。
私たちには、自分の肌の色、身長、身体、何であれ選ぶことはできません。
しかし、いくらかの選択の余地はたしかにあるのです。
自分のスピリチュアルな徳性を育てることを、私たちは選ぶことができる。
これはとても励みになることです。
私たちの業は、私たちの手の内にあるものなのです。

私たちは過去の業からたいへん多くの影響を受けます。私はそのことをよくよく知っている。私が過去生に行なったことは、よい意味でも悪い意味でも、私にたいへん大きな、たいへん強い影響を与えています。業のことを理解した後、何であれ自分の人生に起こることについては、完全に受け入れ可能だと、私は考えました。それはそのように起こるべくして起こるのです。しかし、このことは、私に何のコントロール能力もない、ということを意味しません。起こったことは起こったこと。そして、私がそれをどう理解し、どう応対するかという仕方が、私の現在の業（行為）なのです。理解と適切な応対の仕方がたいへん重要なのであって、それは私の手の内にある。よい先生とよい導きを得ていて、物事を適切に理解することができれば、私は自分の人生を導くことができる。これはたいへん励みになることであり、また私たちを力づけてくれることです。

私たちは無力ではない。気づきと智慧を育てれば、私たちはたくさんの力をもつことができるのです。鬱々として諦める必要はありません。決して諦めないでください。

若い頃、私は多くのことについて不幸でした。私の子供時代はとても辛かった。子供時代だけではありません。二十代の後半までそうでした。辛い経験をたくさんしてきて、何度も人生を終わらせること、それを終えてしまうことを考えました。私の深いところにある何かが、それをするなと言ったのです。これは単に私が乗り越えなくてはならない段階、学びのプロセスなのであって、いま何かよいことをして、この経験から学ぶべきであると。

私たちにはこうした経験が必要なのです。辛い経験がなかったら、私たちは学ぶことができない。成長することができないのです。

さて、自分の人生を振り返ってみると、私は様々な多くの物事、多くの先生、様々な多くの宗教、興味、様々な辛い経験にふれてきたことがわかります。いまはこうした全てのことが、私がよりよい人間になるための助けとなっていることが理解できる。私は多くのことを学んできたし、そのことを嬉しく思っています。このことを理解するのは、とても大切なことです。

Q　鋭い気づきを保持していると、有分心の長さが短くなると言われていましたね。時間の知覚とも関連付けつつ、説明していただけますか？

A　眠っているあいだ、深く眠っているあいだは、私たちは有分心を継続的に保持しています。この時間の範囲には、私たちは覚醒している時間をもたないわけです。私たちには、自分がどのくらい長く寝たのかわからない。長い時間寝たように思うけれども、時計を見ると、数分しか経っていないこともあります。十分寝ていないように感じるけれども、時間を見ると、実際には何時間も寝たことに気づくこともある。時間を追えなくなるわけです。有分心が長ければ長いほど、より多くの時間を私たちは失う。有分心であったぶんの時間は、私たちは得られない。長く気づいていればいるほど、より多くの時間を私たちは得るわけです。

瞑想する際、私たちは路心、つまりプロセスの心を育てます。これは、現在に気づいている心です。実践をすればするほど、心は基礎的な状態（有分心）に向かいはするものの、そこに長くは留まらなくなる。ですから、有分心の時間はどんどん短くなるわけです。例えば一秒に一回気づくとするならば、十秒のあいだにもてるのは十の意識だけであり、その隙間には有分だけがあることになる。より多くの注意を払うならば、それが百になり得ます。その同じ時間の中で、より多くのことができるようになるわけです。あなたはより多くの現象に気づくことができる。こうして、より多くの時間を得たかのように感じるわけです。一秒の間に三つの洞察智（第十二、十三、十四）が起こり得るのですが、そんなに短い時間の間に、いかにしてそれは可能なのでしょうか？

Q　こうした洞察智を、寺院のような環境にいることなしに、得ることは可能ですか？

A　ええ、可能です。それは他の多くの要因にも依存することです。ブッダの時代の一部の人たち、そしてまた現在でさえも、在家の人々の何人かが、たいへん深い洞察智を得た事例を、私は知っています。

Q　（質問不明）

A　ただ思考によってのみ、同一性は生じます。だから私は皆さんに、何度も繰り返し考え過ぎないように警告しているのです。短い思考は自然に浮かんできます。それらにただ気づき、そして手放してください。考えることによって、あなたは思考に同一化してしまう。思考が起こったら、ただそれを知ってください。それぞれの洞察智のあいだには、思考のひらめきが浮かんでくることがあって、それらはとても明晰なものです。あなたは故意に考えているわけではない。概念化もまた心の機能の一つです。それは自然に起こるもの。どの洞察智においても、簡潔な思考のひらめきは浮かんできます。ある意味で、それは洞察智をまさに明らかにしているものです。それは有益ではあるものの、過度になれば障害になります。

Q （質問不明）

A 道と非道（道非道智見清浄）は第四の洞察智で起こります。喜ばしい瞑想経験に執著するようになった時、これは正しい道でないと観察し、それから瞑想へと戻るのです。これはある種の反省、つまり思考ですが、これは正しい思考です。正見《しょうけん》（sammā-diṭṭhi）と正思《しょうし》（sammā-saṅkappa）は必要な要素です。英語では、正しく見ることと正しく考えること、もしくは正しい反省ですね。

Q （質問不明）

A 瞑想から離れてしまう人たちもいます。彼らは逃げ出したいのです。一部の人たちは、本当に立ち上がって去ってしまいます。彼らは自由になりたいわけですが、それは何からの自由でしょう？　どこに行こうと、あなたは自分の五蘊をともに運んで行かなければならないのです。時に自由への欲求、去ることへの欲求は、環境からの退去という、間違った方向へ行ってしまう。このことは、気づかないうちに起こり得ます。私の経験では、実践でこの段階に達した時、私はその寺院にもう住みたくなくなったのです。ここはよい場所ではない、と私は思いました。私はよりよい場所を、より静かで、より人里離れていて、より安らぎに満ちた場所を探したくなった。ここはあまりに邪魔が入りすぎる。つまり、このプロセスから去りたいという欲求が、この瞑想の場から去りたいという、間違った方向へ行っていたわけです。

時々は、とても悲しいことが起こります。人々は仕事を辞めたり、離婚したりする。そんなことさえ起こるのです。彼らは自由になりたいわけですが、それは何からの自由でしょう？　このことは、彼らが考えはじめて、全てを不満足（苦）と観察するから起こるのです。彼らは仕事や、一緒に暮らしている人、自分の住んでいる場所が、よいものではないと思う。彼らは、立ち去って自由になりたいと思うのです。私たちにはここから去って、月に住むことはできません。私たちは世界の中に存在して、人々と生活しなければならないのです。だから瞑想においてこの段階に達した時には、瞑想者たちに、考えることなくただ瞑想するように警告することが、とても大切なのです。というのも、もし考えれば、あなたは「自由を欲すること（脱欲智）」の欲求を、別の対象へと方向付けてしまい、そのことによって、多くの混乱が引き起こされる可能性がありますから。

（ここで別の質問があった様子）これを説明することは、自分自身に対してさえも、実はたいへん難しいことです。時にそれは、たいへんな速度で起こり得ます。あなたには、何が起こったのかわからない。たいへん違った感じはするけれども、何が起きたのかはわからないのです。このことについて、瞑想してきてこうした全ての経験を有しており、また学んできていて、物事がいかに、そしてなぜ起こるのかを理解することができる先生と、議論することはとても大切です。また、本当に誠心誠意、瞑想しており、こうした全てのことを経験してきた他の瞑想者たちと議論することも、とても大切です。一人の人間が全てを詳細にわたって経験することはできません。ですから、議論できる他の人たちや先生たちがいて、こうした経験を長いこととしてくれば、あなたはそれをたいへん深く理解することができます。

そんなわけで、ある瞑想者が深く幻滅するようになって、非常に悲しそうで、何事にももはや興味をもてないように見えたら——時には食べたくなくなることもあって、食べ物すら興味をそそらないのですが——、よい教師は彼が幻滅の段階（厭離智）を通過しつつあることを見て取って、彼を励まし、また同時に、「実践を続けなさい。動揺せず、そして立ち去らないで。これはあなたが通り過ぎるべきものなのだから、為すべきことを為し続けなさい」と、警告することもできるのです。

第四の洞察智の後は、全てがより楽しく、より幸せに、より刺激に満ちて、より喜びに満ちたものになるだろうと考える人たちもいます。

いいえ、そうはいきません。事態は下降していく。私たちはより深い洞察智を得て、しかも幸せを感じないのです。しかしながら、これは憂鬱ではありません。

Q（質問不明）

A　人里離れた場所に住んで、やることがあまりない状態は、サマーディと洞察智をより速く得るためには、とても有益です。しかし、ブッダはまたとても慈悲深い人でもありました。かつて私は自分の先生に、私は僧侶になるよりもむしろ隠者になりたい。僧侶は人々に依存しすぎているから、と言ったことがあります。隠者であれば、私は自分で野菜を育てて、自分の食事を調理し、独立していることができる。とてもシンプルな生活を送っていれば、必要とするものはごく少ないですからね。先生は、隠者にはなるなと言いました。代わりに彼は、私に僧侶になるべきだと勧めた。当時、私はまだ僧侶ではありませんでした。ブッダが僧侶たちに、食べ物を育てたり調理したりすることを許さなかった理由を知っているかと、彼は私に尋ねました。ブッダ自身が長いこと隠者（特定の教団に属さない修行者、沙門）であったことを考えると、なぜなのか本当のところはわかりません、と私は言いました。先生が言うには、そのとおりだが、それは彼がブッダになる前のことだ。もし僧侶たちが自分の食べ物を育てて、自分の食事を調理し、人々から離れたところに留まっていたら、誰が教えを伝えていくのかね？　お前が人々と付き合おうとしないなら、誰が彼らを教えるのかね？

人々との繋がりを保っておくことはとても大切です。
しかし、時には独りでいることもまた、
同じくらい大切なのです。

先生は私にこのことを、とても親切に、とても優しく、そしてとても慈悲深く説明してくれました。彼は私に、僧侶になるべきことを得心させた。私は教えたくはないし、私がしたいと思っているただ一つのことは、自分の人生を安らかに、静かに過ごすことだけです、と私は言いました。

実のところ、おわかりのように、私はとても内気な人間なのです。一部の皆さんは、そのことに気づいたかも知れませんね。若い頃、私はあまり話しませんでした。五分でも講話しろと言われたら、私はすごく動揺してしまって、言うつもりでないことを言ってしまい、そのことをとても恥ずかしく思って、もう決して講話などするまいと思ったものです。後に僧侶になった際、五戒を授けてくれと頼む人たちもいました。私はそれをすることさえできませんでしたね。全てをごちゃごちゃにしてしまって、戒に関していくつも間違いを犯してしまうのです。「これは私には向いてない。私は講話なんてしたくないし、する能力もないんだ」と、本当に思いました。先生は私を優しく励まして、講話をしに行くようにさせました。実のところ、私は逃げたのです。何度も先生は来て一緒に住み、教えるのを助けてくれと言われたのですが、私は「ノー！」と言いました。

ある晩、私は彼に手紙を書きました。「私は去ります。あなたを尊敬しております。私のしてきたことで、何か誤ったことがあれば、どうぞお許し下さい」と申し上げたのです。私は逃げ出して、数年間隠れました。六年間ですね。彼は私に近くに住んで、教えることを望んでいましたから。彼は私を西洋に、アメリカに連れて行きたがっていたのです。私は彼に、行きたくないと言いました。なぜ行く必要があるのでしょう？　とてもゆっくり、我慢強く、そして慈悲深く、彼は私に、教えるよう勇気づけたのです。

Q　（質問不明）

A　実は私は、自分で戻ったわけではないのです。私は扁桃腺炎とマラリアを病んでいて、たまたま先生がいたのと同じ街に滞在することになりました。毎日高熱が出るひどい病み方で、それで友人が、街へ行ってよい治療を受けるように言ったのです。その場に、つまり森に留まっていたら、死んでしまうでしょうから。私は街へ行って、病院で扁桃腺を除去しました。手術から十日経って、回復しはじめて少しだけ話せるようになった時、私は先生がその街にいると聞かされました。先生は私がその街にいて手術を受けたと聞き、それで私の健康について尋ねたのです。私は思いました。さてどうしよう。逃げるわけにはいかないぞ。私は彼のところに行って礼拝し、彼は私に、そこに留まるように言いました。ああ、なんということだ、と私は思いました。またノーと言うわけにはいかないぞ！　彼が言うには、二年のうちにまたアメリカに行くことになるので、その準備をしておけということでした。「わかりました。一緒に参ります。そして、あなたと一緒に帰ってきます」と、私は言いました。彼がアメリカに留まらないであろうことは、知っていましたからね。それで構わないし、私をそこに残したりはしないと、彼は言ったのです。

そこで私は、二年間準備しました。私は全く、読むのをやめていましたからね。読むというのはたいへんな負担です。理解し、記憶し、そしてそれを、英語に翻訳しなければならない。そしてまた、パーリの単語と同義の英語を、知っておく必要がありました。パ・英の辞書を探して、数千の単語を覚えて……、物事を覚えるというのは、たいへんな苦ですよ。私は学ぶことと考えることを、とても長いあいだ放棄していて、それは実に素晴らしいことでした。準備には、毎日勉強して、二年間かかりましたね。

アメリカに行った時、私たちがそこに滞在するのは四ヶ月だけだと、彼は言いました。ならばよいと、私は思った。その四ヶ月は、七ヶ月に延長されました。七ヶ月間の滞在の後、彼は自分は帰ると言い、そして私には留まるように言いました。彼はこのことをとても慈悲深く言いましたし、また先生にノーと言うのはとても難しいことです。彼が何かを言う仕方は、とても穏やかなものでした。彼はノーと言われるなんて思っていなかった。誰かがノーと言うなんて、全く考えていなかったのです。「ここの人たちは、お前がここにいてくれてとても喜んでいる。できるなら、留まってくれないか」と、彼は言いました。わかりました、と私は言った。もうあなたから許可をいただこうとは思いません。いつでも私が帰りたい時に帰る許可を、既にいただいていることを確認させてください。彼の返事は、「よろしい。そうしたい時に帰っていいぞ」でした。

もう三ヶ月、と私は考えました。合わせて十ヶ月ですね。しかし、十四ヶ月の間、私は帰ることができませんでした。

それから、私としてはこれで十分だ、ここに来てとてもよかったたし、たくさんのことを学んだけれども、私は帰らなければならない、と思いました。友人たちの多くは、「私たちを見捨てるなんてひどいです」と言いました。ここには他の先生たちがいて、皆さんを助けてくれますよ、と私は返しました。彼らが言うには、「先生方は素晴らしいパーリ語の学者ですが、英語は話せません」。自分にできる限りのことはやってきた、と告げた上で、去る許可をくださいと、私は彼らに頼んだのです。

私が戻った時、先生は、僧侶には独りで過ごして自分の修行をする時間と、人々とふれあう時間が、ともに必要だと言いました。何度も私は先生に、自分は十分に学んでいないと言いましたが、彼の答えは、十分学ぶまで待っていたら、十分学ぶ前に死んでしまうだろう、どれだけ学べば十分なんだい？　ということでした。また彼は、教師であることに自身を同一化してしまわぬように、とても謙虚であるように、と警告もしました。これはとても大切なことです。多くの人々が、多くの過ちを犯すことを、私は知っています。多くの教師が、教師であることを自慢に思うという過ちを犯す。彼らは十分に謙虚ではないのです。謙虚さは、とても大切です。私は皆さんを、自分にできる限り助けています。私は全てを知っているわけではない。私はいくらかのことを知っていて、皆さんを助けるために、ベストを尽くしています。私は皆さんに、完璧な知識を与えることはできない。私がもっているのは、部分的な知識だけですからね。私は全てを知っているわけではありませんが、自分が知っている限りのことを、皆さんと分かち合いたいと思っています。また他の先生方もやって来て、皆さんがいくらかより多くのことを学ぶのを助けてくれるでしょう。私が望むことのできるのはこれだけです。私はここに四ヶ月間いる予定で、そして可能な限り、皆さんをお助けするつもりです。

第九章　第十一の洞察智
——涅槃を囲む洞察智への扉、そしてさらにその先へ

観察する以外に道はない

先週は、崩壊（壊滅智）、危険を観察すること（怖畏智）、精神的と物質的のプロセスにおいて不利益を観察すること（過患智）、深く幻滅すること（厭離智）、プロセスから自由になりたいと欲すること（脱欲智）、そして（観察に戻る）省察智について、お話しました。この省察智は、たいへん重要なものです。何かから自由になるためには、まずそれを理解する必要がある。そして何かを理解するためには、それをたいへん注意深く観察する必要があります。さもなくば、何事についても克服する道はありません。世俗的なレベルにおいてさえそれは同じことで、身体において、人生において、あらゆる状況においてそうなのです。

何かを克服するためにまず必要なことは、

それをたいへん注意深く観察し、
たいへん深く、完全に理解することで、
そうした後に、それを克服するに至るのです。
私たちは逃げ出せない。逃げることは克服ではありません。
隠れる場所は存在しない。どこにも行けはしないのです。

ビルマ語では、「逃げ込める土地は存在しない」と言います。どこに行こうと、あなたはプロセスの中にある。精神的と物質的のプロセスを、あなたは持ち歩いているのです。理解を通じてのみ、私たちは克服することができる。自分がこのプロセスに囚われていると感じる時、私たちはそこから脱出したいと願う。時には、「ただこれらの物事に注意を払わず、ただそっぽを向いて忘れてしまえば、私は自由になれるだろう」と、考えてしまうこともあったかも知れない。いいえ、それは為すべき正しいことではありません。

瞑想者は、「この精神的と物質的のプロセスを観察することは、実に退屈で、実に幻滅を感じるものであり、それについていいことは何もない」と感じた時に、あるポイントに到達します。単にそれを観察することによっては、本当に安らぎを得ることはできないのです。最初のうちだけは、あなたはとても落ち着いて安らかに感じた。非常に粗い煩悩が、しばらくの間、静まったからです。しかし、しばらくすると、精神的と物質的のプロセスをただ観察することは、とても疲れる行為になる。ただ退屈なだけではありません。それはある意味で、プロセスに囚われていることなのです。私たちはそれをもう観察したくなくなる。本当に飽き飽きしてしまうのです。しかし、他にそこから脱出するための道はない。それにより綿密な注意を払い、もっともっと念入りに、それを観察するしかないのです。

第十一の洞察智

より深く強い注意力をもってプロセスを観察すると、心はより落ち着いて静かになります。気づきとサマーディはさらに強くなり、そうして心は対象から大きく距離を保った状態になる。これが行捨智（Saṅkhārupekkhā-ñāṇa）と呼ばれます。

あなたはまだそれを、非常に綿密に、しかし対象から全く距離を保った心で、対象から全く距離を保った態度で、完全な非－同一化の状態で観察しています。あなたはそれを自己として観察せずに、完全に対象から切り離された態度と、完全な平静さを保ちながら、同時に強い注意力をもって観察するのです。

saṅkhāra（サンカーラ、行）とは、何であれ条件付けられた現象のことで、実際には、精神的と物質的のプロセスのことを意味します。

このプロセスがサンカーラと呼ばれ、upekkhā（ウペッカー、捨）は平静さを意味します。平静さには多くの側面がある。その一つはエネルギーのバランスです。あなたは度を越えて頑張り過ぎない。リラックスし過ぎることもない。この両方の極は、バランスを欠いているからです。頑張りすぎることはバランスを欠いていますし、リラックスし過ぎたり、気楽にやるのも、バランスを欠いていますからね。この段階以前においては、あなたは克服を強く望み過ぎている。「私はそこから抜け出したい。私はそれを克服したい。私は脱出したい」。これもまた一種の落ち着きのなさであり、精神的態度におけるアンバランスです。

この行捨智に達すると、あなたは克服を強く望み過ぎなくなる。完全な平静さをもって、あなたはプロセスに対する完全な注意をただ払うのです。この段階以前においても、第四の洞察智、即ち、生成と消滅を非常に明らかに観察する生滅智において、あなたはある種の平静さ、ウペッカーを保持してはいる。しかし、この生滅智において、それはただ時々起こることに過ぎません。時には溢れる喜びを感じることがあり、時にはたいへんな幸福を感じることがある。時には物事がとても明らかに見えて、その明晰な洞察智に、執著してしまうことさえあるのです。生滅智の段階においては、とても落ち着き、バランスのとれた感じがする。そしてあなたは、その状態をとても好むのです。瞑想はとても簡単で、それはただ起こっている。しかしあなたは、その状態を何度も繰り返し失います。

この行捨智の段階においては、もうそれを失うことはありません。あなたは実践を続けてその状態を保ち、そしてそれは長もちする。平静さが長もちするのです。あなたは対象からよく距離を保てていると感じていて、だからこの平静さが長もちする。あなたは対象からよく距離を保てていると感じていて、だからこの平静さは、阿羅漢の平静さに比されるのです。阿羅漢はこの精神的状態に、常に留まっています。悟っていない人は、恒常的な気づきを保つことによって、そこに留まることができる。しかし、阿羅漢にとってこの気づきは自然なものです。彼は決してこの平静さ、この気づきを失いません。

実際のところ、ウィパッサナーの洞察智（ñāṇa）には、三つの洞察智、つまり無常・苦・無我しか存在しません。しかし、無常・苦・無我を経験する度合いの差異によって、諸々の洞察智が、異なることになるのです。

ミャンマーにおいて、瞑想を教える教師は、これらの洞察智についてのみ語ります。つまり無常を観察すること、無常に幻滅すること、そして無常を終わらせること。洞察智のこの段階以前においても、瞑想者はこの平静さのいくつかの側面を、ある程度、経験してきました。この段階においてのみ、それは完全に、全体的なものになります。

ただ完全な注意を払っているだけ

Saṅkhārāva saṅkhāre vipassanti.　～Vsm 628

vipassanti とは、プロセスをたいへん深く、実に非日常的な仕方で観察することを意味します。私たちは日常的に、物事を観察し理解している。しかしこの段階において、私たちは物事を非日常的に、非常に明らかに観察します。saṅkhārāva は、「ただサンカーラだけが」の意味。saṅkhāre は、「サンカーラにおいて」の意味です。最初の saṅkhārā は、観察している心のことです。二番目の saṅkhāre は「サンカーラにおいて」、もしくは「サンカーラに対して」を意味し、つまりは対象のことです。それは色（rūpa）かも知れないし、受（vedanā）かも知れないし、心（citta）かも知れないし、法（dhamma）かも知れない。五蘊のいずれでもあり得るのです。

vipassanti は観察すること。一つのプロセスが、別のプロセスを観察している。「あなた」はもういないのです。ただあるサンカーラ（ある条件付けられた現象、実体的な何者かではない）だけが、別のあるサンカーラ（ある条件付けられた現象）を観察している。この段階においては、そのことがたいへん明瞭になるので、それは現実のものとして感じられます。「これを観察している私は存在しない」。悟りへの道を切り開くには、この種の完全な非-同一化が必要とされますし、またこの種の強力なバランスが要求されます。

ウペッカーには多くの意味がある。幸福でも不幸でもない状態も、またウペッカーと呼ばれます。幸福は一つの極端であり、不幸はまた別の極端です。幸福でも不幸でもない状態は、ある種のウペッカーになる。この段階において、瞑想者は幸福でも不幸でもありません。この段階以前には、自分がこんなにも明晰に見ることができるというそのあり方について、あなたは時々、とても幸福になることがある。時にはプロセスに囚われているということについて、不幸に感じることもある。しかし、いまは幸福も不幸も存在せず、完全なバランスと、完全な平静さが存在しています。この段階以前には、時にエネルギーが多すぎたり、少なすぎたりする。いまは多すぎず少なすぎず、ちょうど適正である。この洞察智以前には、諸々のサンカーラ（諸行）、あらゆる種類のプロセスを、不利益として、よからぬものとして、私たちは観察します。私たちはそれについて、ある意味で不幸になるのですが、それはネガティブな種類の不幸ではありません。私たちは幻滅するのです。


しかしこの段階では、それに関する不幸はもうありません。

この段階以前には、「脱出したいという欲求」と、「そのプロセスをどうしたらよいかという思考」が存在している。

いまや脱出したいという欲求も、何であれそれに関する行為ももはや存在しません。

いまあるのは、全体的で完全な注意だけで、心の状態はぐっとシンプルになっている。

いまや瞑想は、たいへんシンプルになっているのです。


この段階以前には、精神的と物質的のプロセスを不利益と見るものですから、時には完全な注意を払いたくなくなることがあります。だからあなたは瞑想に背を向けて、それがもはや満足のいくものではないと考えたり、以前ほど調子がよくないと考えたりする。しかし、いまやそうしたことは起こってこない。心は対象から完全なる距離を保っており、非-同一化が徹底していて、別様であることへの望みはもはや全く存在せず、とても単純に、ただプロセスを観察している。これが心の最高の状態です。何かをしようと欲することはもはやなく、ただ完全な注意を払っている。ちょっとこうした心の状態を想像してみて、どれほど自由に感じられることか試してみてください。あなたは別様であることを望まない。何が起ころうと問題ではなく、ただ完全な注意があるだけなのです。こうした態度を考えたり想像したりするだけでも、とても安らかに感じることができます。

人生を通じて、私たちは摑んだり把握したり、あるいは物事を遠ざけたりしています。常に私たちは、手を伸ばして摑み、物事を手元においておこうとするか、あるいはそれらを遠ざけるかという、二つのことを行い続けている。これは実に疲れることです。

この心の状態においては、何事についても私たちは摑んだり、
それに向けて手を伸ばしたりはもうしません。
物事を遠ざけることもなく、
ただ完全な注意を払っているだけなのです。
ある意味で、それはプロセスに対して
ある種の完全な降伏をしてしまうことです。

何事も起こるままに。
私はただ完全な注意を払おう。
これがまさに正しい態度です。
この段階において、あなたは何事についてももはや心配していない。
仮にその瞬間に死んだとしても、
それは全く構わないと感じるのです。

死ぬ時に保っておくべき精神状態

いつか私たちは死ぬことになる。いちばんよい死に方とは、こうした精神状態にあることです。プロセスを完全に受け入れて、完全な注意を払い、そしてそれを理解すること。抵抗することもなく、恐れることもないのです！　これが死ぬ時に保っておくべき、最高の精神状態です。

前にもお話ししましたね。私はマラリア、扁桃腺炎、慢性の赤痢で、何度かひどい病み方をしました。病気の期間は、何ヶ月も続いた。私はたいへん衰弱し、病んで、瀕死の状態になりました。当初、私は本当に不安で、死ぬことを恐れました。私は死にたくなかった。「嫌だ、嫌だ、生きたいんだ」と私は言った。しかし、生に必死でしがみつこうとすればするほど、ますます疲れてしまうのです。私は心配しすぎていましたからね。「誰かが私に何かをしてくれるべきなんだ。誰も私に何もしてくれていない。なぜ彼らは諦めてしまったんだろう。周りに誰もいないじゃないか」。私は動けませんでしたから、誰かを呼ぶことができなかったのです。「なぜ彼らは私をただ放置してどこかに行ってしまい、何もしてくれないのだろう?」と、私は考えていました。この種の思考によって、私はさらにますます不幸になり、疲れてしまったのです。最後に私は、「たぶん彼らは、これ以上どうすることもできないので、諦めてしまったのだろう」と思いました。友人の一人は、「彼は昏睡状態に違いない」と言っていた。私はもう動いていませんでしたからね。

長いあいだ、私は生にただしがみつこうとしていた。しかし、あるポイントで、とても疲れてしまいまして、ただ眠れたら、安らかな眠りに入れたら、本当に素晴らしいだろうと思ったのです。私は手放す決心をしました。といっても、つまり非常に重要な決意をしたのです。「死なねばならないのであれば、マインドフルに死のう」。そう私は思い、全ての思考を手放して、心をできる限りリラックスして落ち着いた状態に保ち、マインドフルネス(気づき)を維持しました。徐々に徐々に、心はますます安らいできて、すると私は、自分がもうそんなに疲れていないことに気づきました。疲れも去って、心はより落ち着いて安らぎに満ち、私は眠りに落ちました。目を覚ました時、心は再びとても落ち着いていて、安らぎに満ちていた。動いたり話したりすることはできません。この瞬間に死ぬならば、それは本当に構わない、と思いました。

私たちはなぜ死を恐れるのでしょう? それは私たちが執著しているからです。執著がなければ、恐れることは何もありません。瞑想は死に向けたたいへん優れた準備です。それは必要なものであり、とても大切なもの。人々は死について考えたがりません。死について耳にした時はいつも、彼らはそれを聞きたがらず、それについて語りたがりません。人々はただ、生についてのみ語りたいのです。

しかし、死ぬ準備ができている人には、生きる準備ができているのです。
私たちのほとんどは、生命活動を行なっているけれども、本当の意味で生きているわけではありません。
私たちは生に対して、あまりにも多く抵抗している。私たちは本当の意味で注意を払っておらず、また人生から十分に学んでもいないのです。

この洞察智について考える時はいつも、これが最高の洞察智であると私は思います。私たちは道智や果智の精神状態で死ぬことはできないのですからね。ブッダでさえ、そうはしませんでした。そうすることはできなかったのです。

本当の中道

この段階において、心に恐れはありません。それはとても清らかで純粋です。心はとてもバランスがとれており、また非常な安らぎも感じます。興奮はなく、喜びはなく、高揚もなければ幸福もない。ただとても安らかなのです。世間的な心の状態で、これに比すべきものはありません。

努力もなく、緊張もなく、硬さもない。この段階以前には、集中し瞑想するために、私たちはたいへんな努力をする。私たちは硬くなっていて、リラックスすることを思い出さなくてはならないのです。しかしこの段階では、全てがとても柔らかく、穏やかで、リラックスしています。心はとても安らいでいますが、その状態に執著はしていません。これはとても大切なポイントです。この段階以前、第四の洞察智においても、心の安らぎは感じられます。しかし、私たちはそれに執著してしまい、それが障害になるのです。

心の安らぎは、それ自体としては障害ではありません。
しかし、それに対する執著は障害です。
この段階においては、執著が存在しない。
だからそれはとても清らかなのです。

執著とはある種の欲望であり、ある種のローバ（lobha）、貪欲です。ここでは、何事についても心が興奮することは全くない。第四の洞察智においては、時に心が興奮して、とても幸せになることがある。しかし、いまや興奮することはないのです。

全ての気づきはぴったり照準が合っていて、前にもずれず、後にもずれません。とても微細で、とても明晰で、とても精確で、その時・その場にぴったり合っている。最初の段階では、気づきもしくは注意が、時に遅れていることがある。何かが起こると、その後になってから私たちは、何かが起こり、そして自分たちがそれに注意を払っていなかったことを思い出すのです。時には私たちは何かが起こることを予期していて、「あることが起こるだろう。そして私はそれに注意を払おう」と言う。例えば動こうとする時に、「私は動くつもりだ。それに注意を払うことにしよう」と考えているような場合です。注意が少しだけずれていて、その場にぴったり合っていないのですね。この段階においては、それはいつも自然に準備ができていて、その場にぴったり合っている。何かが起こって、知覚が存在していると、注意は既にそこにあるのです。だから私たちは、注意を払うことにすら、努力したり心配しすぎたりすることはない。それは完全な形で、ただ起こっているのです。

Evamevāyaṃ sabbasaṅkhārehi muñcitukāmo hutvā paṭisaṅkhānupassanāya saṅkhāre pariggaṇhanto: ahaṃ, mamā-ti gahetabbaṃ adisvā, bhayañ ca nandiñ ca vippahāya, sabbasaṅkhāresu udāsīno hoti majjhatto.

~Vsm 656

そのように（evameva）、全てのサンカーラから（sabbasaṅkhārehi）自由になりたいと欲して（muñcitukāmo hutvā）、サンカーラを再び注視することにより（paṭisaṅkhānupassanāya）、サンカーラを無常・苦・無我と観察し（saṅkhāre pariggaṇhanto）、「私」もしくは「私のもの」と見ることなく（ahaṃ, mamā-ti gahetabbaṃ adisvā）。gahetabbaṃ は、取ること、摑むこと、保つことを意味します。adisvā は「見ずに」。ahaṃ は「私」、mama は「私のもの」です。

サンカーラを注視する時はいつも、それが私ではなく、私のものではなく、執着されるべき何ものもなく、保つことのできるものは何もなくて、煩わされる価値などないものだ、ということをあなたは知る。全ての気づきにおいて、それが私ではなく、私のものではないということをあなたは観察し、それに関心をもつことがなく、全く無頓着でいるのです。この段階以前において、あなたはそれを危険と観察しますが、この段階では、危険ではなく、好むこともなく、また同時に嫌うこともありません。vippahāya は、「根絶して」、「克服して」という意味。恐怖と（bhayañ ca）執著を（nandiñ ca）克服して、全てのプロセスにおいて（sabbasaṅkhāresu）ちょうど中間にあること（udāsino hoti majjhatto）。こちら側でもなく、あちら側でもないのです。

実のところ、これが中道なのです。
私たちは本当の中道の、ごく近くに迫りつつある。
この段階以前には、心はあちら側かこちら側のどちらかにあって、中間にはなかった。
majjhatto とは、「ちょうど中間」という意味です。

時にしばらくリラックスしたり、あるいはリラックスしている最中にさえ、あなたの心はマインドフルなままでいる。非常に短い思考は浮かんでくるかも知れませんが、それは一秒も続くことすらないでしょう。「思考」と言いましたけれども、その時に文や語句で考えているのだとは思わないでください。瞑想のこのポイントでは、文も語句もありません。あなたはただ、これが単に空虚なプロセスであり、存在者はなく、「私」はなく、存在者について空であり、魂について空であると、明晰に観察しているだけなのです。

Suññamidaṃ attena vā attaniyena vā ti.

~MN iii. 263

このプロセスは、「私」もしくは私のものについて空である。同様の思考や洞察はそれ以前にも浮かんできますが、この段階では、それがますます明晰になるのです。このプロセスは、誰の望みにも従わない。そのことも、あなたにはわかります。それはただ起こっている何ものかなのです。

私が心配する必要のあることは何もなく、誰も私について心配する必要はない。毎日の日常において、時に私たちは自分が他の人々のことを心配していると考え、そして時には他人が自分のことを心配していることについて、心配したりします。そして私たちは、そのことを好みもする。「ああ、誰かが私たちに関心をもっている」。しかしいまや、「私は何についても誰についても関心をもつ必要はないし、そして誰も私に関心をもつ必要はない」ということが、あなたにはわかります。そこには何もない。ただプロセスがあるだけなのです。

繰り返される後退

テキストには多くの詳細な説明があります。しかし、それは学者にとってのみ有用なものです。ただ、この段階については以下のような説明がある。

Evameva sace saṅkhārupekkhāñāṇaṃ santipadaṃ Nibbānaṃ santato passati, sabbaṃ saṅkhāra-pavattaṃ vissajjetvā Nibbānam-eva pakkhandati; no ce passati, punappunaṃ saṅkhārārammaṇam-eva hutvā pavattati.

~Vsm 657

この段階において瞑想者は、このプロセスの終わり、即ち涅槃（Nibbāna）が本当の平安である、ということを見て取る（santipadaṃ Nibbānaṃ santato passati）。私たちはある特定の形をとって、ある特定の生において、ある特定の状態にあることを欲します。私たちはそのことを渇望する。形の全て、存在の全てを、手放してしまいたくはないのです。しかし、この段階においては、プロセスの終わりが本当の平安であるということを、心は明らかに見て取ることができます。プロセスを放棄するために十分なだけのエネルギーと明晰さを、心が育てきれていない以前には、全てのプロセスが不満足（苦）であることを瞑想者がわかっていても、心はプロセスの注視へと、依然として戻って来てしまうのです。

心が十分なエネルギーを育てた時には、それは全てのサンカーラを放棄し、涅槃へと向かいます（sabbaṃ saṅkhāra-pavattaṃ vissajjetvā Nibbānam-eva pakkhandati）。瞑想者にそれができなければ、心は何度も繰り返し戻って来て、サンカーラ、即ち精神的・物質的プロセスの生成消滅を観察する（no ce passati punappunaṃ saṅkhārārammaṇam-eva hutvā pavattati）。このことは何度も繰り返し起こります。心は時に涅槃に達したいと思うことがあるけれども、そうするための十分なエネルギーがないのです。それは後退し、ますますの明晰さを確立するまで、物質的・精神的プロセスの生成消滅を観察する。

このことが起こった時には、その経験を理解しなくてはなりません。一部の人々は落ち込んでしまい、「私は何度も繰り返し後退する」と言います。しかし、これは実に自然なことなのです。数週間前に、皆さんはロープにしがみついているのだとお話ししましたね。非常に深い峡谷、つまり二つの山のあいだに、深い穴が口を開けているかのように、深い裂け目が存在している。そして一本の木があって、ある種の非常に太い蔦がそこにぶら下がっています。あなたはそのロープにつかまってスイングする。しかし、自分のスイングに十分な強さがないと感じる時には、裂け目に落ちてしまうだろうとあなたは恐れる。だからロープを手放すことができなくて、こちら側にまた戻って来てしまうのです。そこであなたは、もっと勢いをつけて再びスイングする。何度かそれをやった後、十分な勢いを得たと感じたら、あなたはスイングして、ロープから手を放すのです。

第十二の洞察智

その瞬間には、あなたはこちら側にも、もう一方の側にもいません。あなたは中間にいるけれども、既にこちら側は手放してしまっている。戻ることはできるでしょうか？　いいえ、ロープからは手を放してしまったのですから、戻れるはずがありません。あちら側にはいないけれども、築いてきたエネルギーと勢いの全てによって、あなたはそこへ向かいつつあるのです。それを止めることなど、もはやできるはずがありません。こちら側を手放したということは、あなたはもう精神的と物質的の現象を観察していない、ということです。あなたは心が完全なる停止へと、即ち精神的と物質的の現象の終わり、涅槃へと向かっているのを観察しているのです。

ですから、この行捨智に続く次の洞察智というのは、それがもし実際に起こったならば、既に手を放してしまっている、この状態のことになります。スイングしている状態が「行捨智」と呼ばれ、その後に、「遍作《へんさ》（parikamma）」、「随順（anuloma）」、「種姓《しゅしょう》（gotrabhū）」が続く。parikammaとは、何度も繰り返し試みること、心を準備すること、勢いをつけることを意味します。anulomaも同じ心の状態ですが、より強い勢いを伴っている。gotrabhūとは手を放してしまったことで、つまりこちら側からは既に切り離されたが、まだあちら側には達していないことを指します。gotraは家系を意味し、bhūは断ち切ることを意味します。家系を断ち切ること。種姓智（gotrabhū-ñāṇa）とは、家系を断ち切る智慧のことなのです。

第十三の洞察智

そうしてあなたは、精神的・物質的プロセスの停止へと着地する。プロセスのこの停止状態のことを「道心（magga-citta）」と呼んでおり、その対象が涅槃です。これはたいへんな速さで、非常に短い数瞬の連続のうちに起こります。それぞれの心の状態というのは、おそらくは千分の一秒、あるいは百万分の一秒といった、非常に短い時間しか持続しませんからね。それぞれの心の状態は連続的に起こり、その時にはもう後戻りすることはできません。その後には完全な静寂、完全な静止がある。生成するものは存在せず、消滅するものも存在しない。もう観察は存在しません。あなたはもはや観察していないのですからね。

涅槃の状態に入る前でも、それがいかなるものであり得るかということを、外側から理解することは可能です。もしこの精神的と物質的のプロセスが停止したら、完全な平安があるであろうが、しかし自分はまだその状態に入っていないのだ、ということが、あなたにはわかりますからね。涅槃の状態に入った時、あなたはそれをもはや観察していない。観察が可能であるためには、あなたはその外側にいなければなりませんから。だから瞑想者がこの涅槃の状態にある時には、その人はもう涅槃を観察してはいないのです。それを観察することはできません。自身の精神的な状態を、観察することすらできないのです。

道心の後には、直ちに果心《かしん》（phala-citta）が続きます。この果心（結果の意識）は道心と同じもので、唯一の違いは、それが煩悩の根絶をしないことです。

果心の後に、観察智（paccavekkhanā-ñāṇa）と呼ばれるもう一つの洞察智がありますが、そこであなたは、「何かが起こった！　一瞬前は、すごく安らかで、生成も生滅もなく、とても静かで、とても明らかで、完全な平安だった」と思い返す。

停止状態へ迫り、そこへ入っていくというのは、心の非常にパワフルな状態です。ひとたびそれが起こると、全く違った感覚をあなたはもつ。道心は一刹那だけ起こることで、また果心は二刹那――エネルギーの状態によっては、ひょっとしたら三刹那――の間に起こることですから、しばらくすると、あなたはその状態から出てきます。そして、その後になってから、何が起こったのかを思い返すのです。この反省が起こっている時、心は非常に落ち着いて安らかであり、あなたは振り返って涅槃の状態について考えます。この観察智は、実のところ一種の思考です。あなたは考えて、完全な平安とは、精神的と物質的のプロセスの完全な停止であるということを理解するのです。

瞑想者は多くのことについて熟考します。道について、果について、涅槃について、そして根絶された煩悩と、まだ残っている煩悩について。悟りの最初の段階によって、我が存在するという誤った見解（有身見）と疑い、即ち、見（diṭṭhi）と疑（vicikicchā）が除かれ、完全に根絶されます。既に最初の洞察智においても、見と疑の一部、つまり有身見と、また前世と来世で起こることや、他の多くのことに関する疑いは克服されている。この状態においては、誤った見解と疑いの、完全なる根絶があるわけです。

変わるためには勇気が必要

そこで、以下に非常に重要な二、三の言葉、二、三の文章を示しておきましょう。

Tikkhavisadasūrabhāvena saṅkhāresu ajjhupekkhane sijjhamāne taṃ panetaṃ saṅkhārupekkhā-ñāṇaṃ anekavāraṃ pavattamānaṃ paripākagamanena anulomañāṇassa paccayabhāvaṃ gacchantaṃ.

～VsmA II, 459

tikkha とは、非常に鋭いことを意味します。visada は、とても明瞭なこと。そして sūrabhāvena、これはたいへん重要です。sūra とは勇敢なこと。私たちは物事にあまりにも執着してしまっていますから、たとえそれがひどい苦痛を与えるものでも、手放すことができないのです。それらを手放すためにすら、私たちはたくさんの勇気、プロセスに対する信頼とそこでの勇気を必要とします。だから時に人々は、何かが起ころうとしており、そうなったら、全てが変わってしまうだろうと感じることがあり得るのです。「もう同じではいられないだろう」。そして、彼らはそこで止まってしまう。彼らは変わりたくない。同じままでいたいのです。

私たちは葛藤する、激しい衝動を抱えています。

私たちは変わりたいし、自由になりたい。
私たちは安らぎを得たい。しかしながら、
私たちは同じままでいたいのです。
多くの心理学者たちが、このことを指摘しています。

ある人々はノイローゼになっていますが、彼らは自分のノイローゼに執着している。またある人々はうつ病になっていますが、彼らは自分のうつ病に執着しているのです。これはたいへん理解の難しいことですが、全く本当のことでもあります。私たちはこのプロセスが疲れるものであり、ひどく痛々しいものであることを知っていますが、その時が来て、何かが起ころうとしており、自分が全く変わってしまって、もはや同じではなくなり、同じであるとはもう感じられなくなるだろう、とわかると、怖くなってしまうのです！

私たちは変わるために、多くの勇気を必要とします。
変わることなくして、どうして本当の意味で成長することができるでしょう！
同じままでいることを望むならば、成長することはできないのです。

ですから、この sūrabhāvena という言葉はとても重要です。たくさんの勇気をもって、私たちはサンカーラを観察し続ける（saṁkhāresu ajjhupekkhane）。現象を、プロセスを、生成を、そして消滅を、観察し続けるのです。そのプロセスの洞察智は（taṃ panetaṃ saṅkhārupekkhā-ñāṇaṃ）、多くの回数起こります（anekavāraṃ pavattamānaṃ）。何度も何度も繰り返し。それは熟していくことで（paripākagamanena）、ますますの勢いとエネルギーを確立するのです。

一部の洞察智の場合、それが本当に成熟し円熟するためには、何度も繰り返し起こる必要があります。結果として、それはますます強いものになるわけです。これは怒りの場合に似ています。怒りを感じさせるようなことを考える際は、それについて多く考えれば考えるほど、あなたはますます腹が立ち、ついにはその怒りを爆発させる。涅槃へ向かうプロセスもこれに似ています。あなたはサンカーラを観察して、ますますそれから距離をとるようになり、ついには本当に手放す準備ができるに至る。……そしていまや、あなたは手を放すのです！

手を放した瞬間に、あなたは自由です。
私たちは自由を求めるが、同時に対象にしがみついてもいる。
「自由になりたい、自由になりたい」
にもかかわらず、なぜ私たちは手を放さないのでしょう？

私たちはこの精神的と物質的のプロセスにおいて、何か保つべき価値のあるものが存在し、何か私に属するものが存在し、何か私の好きなものが存在すると考えている。その一部について自分は嫌いだけれども、好きな部分だって存在すると考えるのです。

私たちはその好きなものにしがみついている。しかし、もしあなたが、保つべきものは何もなく、しがみつくべきものは何もなく、それは私に属しておらず、私はそれをもう求めない、ということを本当に理解した時、本当にその状態になった時には、あなたはただ手を放すのです。

求めているからそれを得ている

たくさんの人々が私の先生のところにやって来ては、「老師様、私は本当にもう生まれ変わりたくありません。人生には全く幻滅しました。すごく疲れるし、楽しいことはほとんどなくて、なのにあまりにも多くの痛みと、あまりにも多くの負担があるのです」と言っていたものです。当時、私は若い僧侶で、得度してほんの数ヶ月でした。先生は、「もし本当に求めていないなら、それを得ることはないだろうね」と言っていた。すごく驚きましたね。私はそれを求めていない。でも……。そんなに単純な話だろうか？　後に私は、それを求めていないと口では言っても、私たちはまだそれにしがみついているのだということを理解しました。「私はそれを求めていない。私はそれを求めていない」。ならば、なぜ手放さないのでしょう？

先生の語り方は、とても優しいものでした。エネルギーを込めすぎるということが彼にはなかった。彼は誰も説得しようとはしませんでした。誰のことも、改心させようとはしなかったのです。多くの檀家や生徒たちが同じ質問をした際に、それは僧侶だったり在家信者だったりしましたけれど、彼はいつもこう言っていた。「もし本当に求めていないのであれば、それを得ることはないだろうね。求めているから得ているのだよ」。そんなに単純な話なのです。

私たちは求めているからそれを得ている。
不幸を求めているからこそ、私たちは不幸なのです。
しかし、私たちはそれを否認している。
ただ幸せを求めているのだ、と私たちは言う。
しかし、「幸せ」という言葉によって、言われているものは何でしょう？
欲望を満たすこと？　もし本当にそれを求めていなければ、
私たちは自由なのです！
変わるための勇気というのは、とても大切です。
私たちはたくさんの勇気を必要としている。
変わるために、学ぶために、そして成長するために。

この点には、多くの心理学的な意義があると私は思います。つまり勇敢であること、そして同時に清浄（純粋、pure）であること。

自由になろうと欲することは、つまり清浄になろうと欲することです。

本当に自由になりたいのであれば、自身を浄化（純化、purify）しなくてはなりません。つまり戒を浄化し、定（禅定）を浄化し、慧《え》（智慧）を浄化すること。浄化することなくしては、自由になることはできないのです。

だからこの瞑想に関する大部の著作は、『清浄道論（Visuddhi-Magga）』と呼ばれるのです。浄化によって、私たちは自由になる。このことはたいへん明らかです。

本当に自由になりたいのであれば、私たちは本当に深く内面を見つめる必要がある。私は何を、どんな動機からやっているのだろうか？　私のシーラ、戒、振る舞い（行為）と動機は清浄だろうか？　私の心は明晰で清浄か？　私は十分に勇敢だろうか？　怖がりで弱い心の持ち主は、自由になることはできません。自由とは、勇敢で強い人間だけのものなのです。そしてこの気づきの実践は、私たちを強く勇敢にしてくれるもの。本当にマインドフルになった時には、私たちの心は清浄で勇敢になり、そして強くなる。私たちは、自由に値すると感じるのです。

対象に値する存在である時に、私たちは得ることになる。ですから私たちは自分の生を、求めるものに値するような仕方で生きる必要があります。何かを欲しても、自分がそれに値しなければ、私たちはそれを得ることがありません。何事についてもそう。例えば私が、あなたのメッター、あなたの慈愛の念を欲した場合、それに値しているならば、私はそれを得ることができるでしょう。ですから、何であれ人生で起こることは、自分がそれに値しているがゆえに起こるのです。何事についても、自分がそれに値しないまま得るということはありません。私たちの多くが、

「ああ、なぜこんなことが私に起こらなきゃいけないんだ？」と不満を口にします。ただ自分に告げてください。「それは、私がそれに値するからだ」と。

よいことであれ悪いことであれ、
物事は私たちがそれに値するから起こるのです。
ひとたびこのことを、非常にはっきりと理解すれば、
あなたは非難することをやめてしまいます。
自分の業を非難することすらやめてしまうのです。
両親や政府を、非難することもやめてしまう。
私たちはいつも非難しています。
責任を、他者や状況に押し付け続けている。
十分な責任をとってはいないのです。
物事は自分がそれに値するから起きているということを、ひとたび理解すれば、
あなたは学び、成長し、そして変化する。
そうすれば、物事はどんどんよくなっていきます。
このような正しい精神的な態度は、何事を行う際においても、とても大切です。

一つの特性のクローズアップ

このブレークスルーの最後の数瞬において、無常・苦・無我というプロセスの三つの特性のうち、一つが非常にはっきりとしてくるでしょう。例えば、ある人は無常、即ち生成と消滅を、よりはっきりと見る可能性がある。彼らは無常、無常、無常を非常に明晰に観察して、他の特性に移ることがないのです。これは覚えておくべきもう一つの重要なポイントです。最初の段階においては、時に無常から苦、もしくは無我へと観察の対象を移し、行きつ戻りつすることがある。それから、一つの特性のみに留まることによって、その特性が明らかになるのです。

こうしたことは、経験したことがなかったら、理解するのはたいへん難しい。しかし、いちど経験すれば、それはたいへん自然なことです。物事がそのように起こるべきことは、たいへん自然であるのが、あなたにはわかる。その最後の瞬間には、あなたは物質的なプロセス（色）か精神的なプロセス（受・想・行・識）のどちらかを観察している。五蘊（色・受・想・行・識）のうち、あなたが観察するのは一つだけです。一つの意識は一度に一つの対象しか観察できない以上、五つ全てを同時に観察することは不可能であり、また、あなたはそのひとつの対象を、繰り返し観察しなければならないからです。例えば、受（vedanā, 感覚）を観察しているとしたら、あなたは無常としての受、あるいは苦としての受、もしくは無我としての受を観察することになる。色を観察しているのなら、色を無常、苦、もしくは無我として観察する。つまり、一つの対象と、三つの特性の一つの側面だけを、繰り返し観察するのです。別の対象や、別の特性に移ることはありません。これらは、知っておくべきたいへん重要なポイントです。

ですから瞑想において、受に注意を払っていると、それがますます明晰になっていきますが、そこに留まるようにしてください。それをさらに明晰にすることは、とても重要なのです。いかなる種類の精神的状態についても、それに何度も繰り返し注意を払ってください。あなたはこうした全てのことを総じて理解しますが、かりに一つのことを完全に理解したならば、それで十分です。

涅槃とは一つの経験

手放したその瞬間から、心は五蘊のどれも観察できなくなります。無常も苦も無我も、また我も、観察できなくなるのです。完全な静謐と停止が、ただ知られるのみ。こうして瞑想者は、涅槃とは現象の完全な停止であることを理解するのです。これについて語ることは、たいへん難しい。それは存在しないものではありません。涅槃とは「何も存在しないこと」だと言ったならば、同時に私たちは、「涅槃も存在しない」と、言えることになりますからね。

涅槃とは一つの経験です。
その瞬間には、対象と観察が停止する。
その二つのものが停止するのです。
瞑想者には、全てが終焉したように感じられます。

これについて例を挙げることなんてできるでしょうか？　この状態は、言葉を超えたものです。それについて語ることはできません。それはまるで、重い荷物を運んでいて、それを下ろしたようなものです！　あるいは、何かとても重いものを引っ張っていて、ロープがプツンと切れたようなもの！

以下のパーリの一文は、簡潔で明晰です。

Yaṃ kiñci samudayadhammaṃ,
sabbaṃ taṃ nirodhadhamman-ti.

~SN v.423

samudayadhammaṃ とは、生成する本性を意味します。何であれ（Yaṃ kiñci）生成する本性をもつものは、全て（sabbaṃ）消滅する、消失するという本性をもっている（nirodhadhammaṃ）。あなたはこのことを、非常にはっきりと観察する。何であれ生成する本性をもつものは、完全に消滅するという本性をもっているのです。

この洞察智の後、瞑想者はその経験を反省し、サンカーラの終わりが涅槃、即ち完全な平安であることを理解します。そしてしばらくの後、彼は瞑想へと再び戻って来る。瞑想へと再び戻った時は、行捨智からではなく、（第四の洞察智である）生成と消滅から再開することになります。彼は第四の洞察智（生滅智）から、再び瞑想をはじめるのです。これが、このブレークスルーのもう一つの側面です。ブレークスルーの後、あなたは生成と消滅を再び、非常にはっきりと観察することができます。

戒禁取とは何か

涅槃の経験によって起こる変化については、二、三の重要な点があります。瞑想者は有身見(sakkāya-diṭṭhi)、即ち我の存在を信じること、疑(vicikicchā)、即ち疑い、そしてまた戒禁取《かいごんじゅ》(sīlabbataparāmāsa)を克服しています。戒禁取を克服することは、とても重要です。瞑想の方法論には多くのものが存在し、また多くの人が瞑想している。彼らが瞑想していると言うことは可能です。瞑想には多くの側面がありますから。しかし、もしある人が、単にサマタ(止、samatha)瞑想を実践することによって、完全な自由がもたらされ得ると信じているならば、それは一種の戒禁取です。

ブッダの時代に存在した一部の行者たちは、ただ牛のように振る舞うことで、解脱がもたらされるであろうと、つまり全ての煩悩がまさに焼き尽くされるであろうと信じていました。動物のように実践し、身体を苦しめることで、全ての煩悩が焼き尽くされ、清浄になるであろうと信じていたのです。これは一種の誤った実践です。戒禁取とは、誤った実践のこと。何か誤ったことを実践し、それが自由をもたらすであろうと信じることです。

ひとたびブレークスルーを経験すると、

その時点で彼は、これ以外の実践が本当の意味での解脱をもたらすことはあり得ないことを理解します。この八正道《はっしょうどう》を有する実践のみが、解脱を、自由を、涅槃の経験をもたらす。これ以外の実践によって、それがもたらされることはあり得ないのです。

この八正道を有さない実践は、いかなるものであれ、ある種の心の静謐と平安をもたらすことはあり得ても、解脱をもたらすことは決してあり得ません。こうした実践には、それ自体の価値はあります。サマタ瞑想の実践などはまさにそうで、これはそれ自体の価値がある。しかし、それによって解脱がもたらされることはありません。それはあなたの実践の一つの段階ではあるかもしれませんが、最終段階ではないのです。そうした実践は本当の終わり、本当の目標へは導き得ない。これ以外の実践はたくさん存在していて、多くの人々が、「この道を実践すれば、それによっても涅槃はもたらされるでしょう」と言っています。

いいえ、涅槃へと導く唯一の道は、あなた自身の精神的と身体的のプロセスを観察することです。

そのための基礎として、あなたは自身の戒を清浄に保ち、そして自身の生活を清浄に保ちます。こうした種類の清浄さを欠いていたら、十分な勇気と勢い、そして明晰さを、心が打ち立てることは決してありませんから。罪悪感をもって生活していたら、物事を明晰に観察して、それらを手放すことを、自由に行うことは決してできないでしょう。罪悪感は、牢獄なのです。それはあなたを、いまいる場所に閉じ込めてしまう。いつであれ罪悪感や恥を感じているあいだは、いかなる進歩もすることはできません。

戒を清浄に保ち、生活を清浄に保ち、
心をたいへん清浄に保っておくことは必要です。
この種の清浄さを欠いたままで、
本当の自由はあり得ません。

瞑想しつつも、五戒を守ることは本当は重要でないと考える人たちもいます。彼らは五戒を守るために、本当の意味で最善を尽くしてはいないのです。五戒を守らずに瞑想して、それで解脱がもたらされると信じているならば、それは戒禁取。誤った実践であり、誤った実践に対する執著であり、誤った実践を信じていることです。

悟りの段階

瞑想において、時にたいへん清浄で安らぎに満ちた精神状態を経験し、それを本当の涅槃であると誤認する人たちもいます。本当の涅槃を経験した時、彼にはそれが本当の涅槃ではなかったことがわかります。涅槃に関する誤認もまた、克服されるのです。

悟りの第三の段階に至ってはじめて、瞑想者は貪りと怒り、そして欲求不満を完全に克服することができます。欲望、貪り、怒り、あるいは欲求不満は、悟りの第一の段階によっては根絶されず、ただ誤った見方と疑いだけが根絶される。預流者（sotāpanna）はまだ感覚の楽しみを享受しますが、彼は己の戒を正常に保っており、決してそれを破ることはなく、それを破りたいという欲望をもつことすらありません。例えば、彼もまた美味しい食事を楽しみますが、食べ物やそうした感覚の楽しみをもたらす他のものを得るために、戒を破ることは決してないのです。彼の生活もまた、たいへん清浄なものです。まだビジネスをやっているとしても、不正をすることは決してありません。動揺したり、悲しんだり、怒ったりすることはあるかもしれませんが、時間をとってその精神状態を観察しさえすれば、彼はそれが単なる精神状態に過ぎないことを見て取って、非常に速く、そこから抜け出すことができるのです。

悟りの第二の段階は、どの煩悩も、完全に根絶することがありません。ただ、貪欲（lobha）と瞋恚（dosa）を弱めるだけです。それによって、貪り、怒り、欲求不満が弱められる。悟りの第三の段階に至った後でさえ、その人は依然としていくつかの煩悩をもっています。たいへん特別な生、清浄な存在に対する執着が、まだあるのです。感覚の楽しみを享受することはありませんし、怒りもないのですが、彼はまだ清浄で安らぎに満ちた幸せは享受している。また、一種のプライドに非常に近い、ある種の満足も存在しています。あなたは自分の達成に非常に満足する。これはプライドと執着の非常に微細な形であって、一種の欲望です。プライドと執着のある非常に微細な形が観察されますが、これは悟りの第四の段階によってのみ克服されます。もしある人が裁判官であって、彼が預流者になったならば、何であれ誤ったことは決して行いませんし、賄賂を受け取ることも、腐敗することもありません。彼は非常に公正で、誠実なのです。

悟りの第一の段階によって、見（誤った見解、diṭṭhi）と疑（疑い、vicikicchā）という障害（蓋、nīvaraṇa）が根絶されます。悟りの第二の段階によって、非常に強い貪欲（欲貪、kāmacchanda）と非常に強い嫌悪（激怒、vyāpāda）という障害が根絶される。しかし、弱い貪欲と嫌悪はまだ残ります。

後悔という執著

後悔（悪作、kukkucca）は、悟りの第三の段階によって克服される。これは考えるべきたいへん重要なことです。いくつかの他の教えにおいては、ある人が何か間違ったことを行なったならば、彼は自分の悪行について考えて、それについて不幸になり、嘆き、泣き、自身を責める。彼らはそれがよいことであり、後悔はよいことであると考えている。そのように、私たちは聞いています。

しかし、ブッダの教えにおいては、それはよいことではありません。どういうことでしょうか？　ある人が何か間違ったことをしたなら、後悔するのはよいことではないのでしょうか？　深い理解を伴って起こる後悔、つまり、そのことを嘆き続けるのではなくて、そこから学びとるような種類の後悔は、よいものです。「そうだ、私は間違ったことを行なった。私はそれを繰り返すまい。そのことによって苦しまなければならないとしたら、構わない。私には自分の行為による苦しみを受け入れるだけの勇敢さがある。だが、そのことについてこれ以上、嘆くことはしないつもりだ」。

自分のしたことについて、他のことを何もできないままみじめに感じ、ただくよくよ考え続けることは無益です。あなたの時間を、無駄遣いしないでください。

何か間違ったことをしてしまったなら、そこから学び、自身を正してください。立ち止まらずに、何かよいことをするのです。自分の仕事を続け、前進してください。おわかりでしょう。ブッダの教えというのは前進し、学び、そして成長するためのものなのです。

kukkucca という言葉の根本的な意味をご存知でしょう？ 後悔や悔恨と訳されますが、kukkucca のもとになっている言葉は、kud と kata で、この二つが合わさって、kukkucca という言葉をつくっています。kud は「悪い」で、kata は「為された」ということ。しかし、これによっては、あまり意味は明晰に説明されません。この言葉の本当の意味は、もしあなたが後悔しているならば、それはとても醜いことであって、それ自体として不健全なことである、ということです。心を深く見つめてください。後悔している時、あなたの心の状態はどうでしょうか？安らぎに満ちていますか？　いいえ！　心をたいへん深く見つめれば、後悔すればするほど、あなたはその心情に執著しており、また同時に自我にも執著しているということがわかるでしょう。こうしたことを観察するのは、たいへん興味深いことです。預流者でさえも、後悔を本当の意味で克服することはできません。悟りの第二段階、一来《いちらい》（sakadāgāmi）でさえも克服できない。悟りの第三段階、不還（anāgāmi）になってはじめて、後悔と悔恨を、根絶することができるのです。

生のあり方は心の結果

道徳的な羞恥心（慚《ざん》、hiri）と道徳的な恐れ（愧《き》、ottappa）は、理解と智慧に関連しているものです。道徳的な羞恥心と道徳的な恐れのゆえに、あなたは不健全な行いをしようとしない。しかし、何か間違ったことをしてしまって、後悔を感じた場合はどうでしょう？　また恥ずかしく感じる時は、なぜそう感じるのでしょうか？　誰かにその行為が見つかってしまったから？　それが理由なのであれば、それは本当の道徳的な羞恥心ではありません。それは単に、あなたの自己イメージを守っているだけで、より大きなエゴですらあるのです。それは、あなたのエゴ（我）を守る行為です。

本当の道徳的な恐れと羞恥心は、智慧と結びついているものです……
これは恥ずかしいことだ。私はその行為をするまい。
自分が恥ずかしいことだと理解している行為をしてしまったら、
あなたはそれを、二度としようとはしないのです。

あなたはその羞恥心と後悔とともに生き続けて、よりよいことを何もできずにいたりはしない。あなたはその羞恥心と後悔を克服して、前進を続け、何かよりよいことをし、自身を変え、自身を正さなければならないのです。

このことは、あわれみ（悲）と寛容とともに理解されなくてはなりません。私たちにとって、過ちを犯すのは自然なことですからね。アーナンダ（阿難）尊者でさえ、波羅蜜《はらみつ》（pāramī）を満たす過程において、ひどいことをしました。菩薩でさえ、ひどいことをしたのです。アーナンダ尊者は、女性を誘惑しました。彼はかつて金細工職人で、たくさんの裕福で美しい女性が彼のところに宝石を作りに来ました。彼はその女性たちの多くを誘惑したのです。そうしたことを行なってもよい、ということではありません。ただ、貪欲や欲望、肉欲のゆえに、人々はそのような行為をしてしまう。そうした過ちからでさえも、あなたは学び、成長して、解脱することが可能だということです。

悟った人は自身の戒を、言い訳を全く必要とせずに、清浄で完全な状態に保ちます！　多くの言い訳を、私は耳にします。「彼は悟っているけれども、誘惑が多すぎるので、こうしたことやあしたことを行なったのだ」と、人々は言う。言い訳ですよ！　五戒は最低限のものであって、言い訳の余地はありません。ブッダの時代には他の宗教団体がたくさんあって、彼らのうちの一部は、ある人が悟りの第一の段階を得ても、その人はまだ貪りや怒り、欲求不満やプライドをもっているので、低級な領域（悪趣）に生まれ変わることがあり得ると信じていました。ブッダは、それはあり得ないと言った。いくらかの貪りや怒り、嫌悪やプライドが依然として存在はしていても、そのような低級な生に値しない程度には、心は清浄になっているのです。

私たちの生は、私たちの心の結果です。
心が清浄で高貴になれば、
それが生の低級な形式において現れることはあり得ません。

悟りの第一の段階に達した人は、「私が低級な領域に再生することはあり得ない」と感じることができる。この第一の段階は虚言（妄語、musāvāda）も根絶しますが、残りの言葉に関する悪行は起こり得ます。預流者はまだ、新聞に書いてあることや、ゴシップについて語ったり、無駄話をすることはあり得ますが、全てくだらないことですよ！　殺したり、盗んだり、不倫をしたりといった悪行（micchā-kammanto, 邪業）に関しては、ありません！　預流者はそうしたことを決して行い得ませんし、またビジネスにおける不正などといったような、誤った生活（micchā-ājīvo, 邪命）も、同様に決して行うことができないのです。

悟りの第二の段階は、何らの煩悩も根絶はしません。ただ、それらを弱めるだけです。悟りの第三の段階によって、誤った思考（micchā-saṅkappo, 邪思惟）、中傷（pisuṇāvācā, 両舌）、ひどくきつい言葉（pharusavācā, 悪口《あっく》）が根絶されます。綺語（samphappalāpa, 無益なお喋り）、即ち「新聞に書いてあるような、ニュースやゴシップについて語ること」と、邪精進（micchā-vāyāma, 誤った努力）、邪定《じゃじょう》（micchā-samādhi, 誤った禅定）、邪解脱（micchā-vimutti, 誤った解脱）、邪智（micchā-ñāṇa, 誤った知識）については、第四の洞察智によってはじめて、根絶することが可能です。

【Q&A】

Q（質問不明）

A 悟りの第一の段階に達していても、その人にはまだいくらかの煩悩はあるのです。どうか、このことを理解してください。多くの人が、「この人は悟っているとされているが、見給え、彼は新聞を読むことを楽しんでいるし、美味しい食事を楽しんでいる」といったようなことを言います。彼が五戒を守っている限り、それで十分よいことなのですよ。

Q 違う種類の瞑想を実践することで、悟ることはできますか？

A ブッダにさえも、まさに同じ質問を、少しだけ違った形で尋ねた人たちがいました。彼らは、

「仏教以外の宗教団体にも阿羅漢は存在しますか？」と訊いたのです。ブッダは他の宗教団体に、阿羅漢がいるともいないとも言いませんでした。彼の回答は、「誰であれ、八正道を完全に実践する者は悟ることができ、阿羅漢になることができますよ」というもの。判断基準は、八正道なのです。ただ八正道を学び、その一つの側面でさえも省いたならば、何が起こるかをチェックしてみてください。この道はまさに、とても自然なものなのです。

八つの要素について考えてみて、その内の一つでさえ、省くことができるかどうか、そしてその一つの要素を実践することなしに、本当に悟ったり、あるいは解放されたりすることが可能かどうか、チェックしてみてください。

Q　（質問不明）

A　八正道において、ウィパッサナーは正精進《しょうしょうじん》（sammā-vāyāma）、正念《しょうねん》（sammā-sati）、正定《しょうじょう》（sammā-samādhi）に含まれています。正しい生活（正命《しょうみょう》）、正しい見方（正見《しょうけん》）、正しい思考（正思《しょうし》）について言えば、間違った生活や間違った見方、そして間違った思考をしている人に、悟ることがどうしてできるでしょう？　正しい生活を欠き、正しい言葉（正語《しょうご》）を欠き、正しい行動（正業《しょうごう》）を欠き、正しい集中（正定）と正しい気づき（正念）を欠き、正しい努力（正精進）を欠き、戒（sīla）・定（samādhi）・慧（paññā）という、全て三つを欠いていたら、本当に解放されることは誰にもできません。悟りに至ろうとする前に、人は最低限、八正道を完全に実践する必要がある。その時間がどれほど長いか、もしくは短いか、ということは、問題ではないのです。

Q （質問不明）

A 悟りは段階的に進みます。しかし、ある段階から別の段階への移行は、数瞬、数分、数時間のうちに起こり得る。阿羅漢になることが一坐のうちにすら起こることがあったというのも、典籍においては読んだことがあります。彼らのスピリチュアルな徳性は、とても高度に育っている。どのように実践するかをひとたび学べば、彼らはそれを実践し、一坐のうちに、四つの段階全てを通過するのです。

Q （質問不明）

A そのあいだに間隙はありません。他のことは何も考えていないのです。連続する一つ一つの意識が、非常に強く、非常に明らかに、三つの特性のうち一つの側面だけを観察していて、その結果、明晰さはますます強固なものとなり、そしてついに……、完全に手を放すのです！　これらはとても強くて力に溢れた洞察智です。それ以前の段階であっても、あなたは無常・苦・無我をひと続きに、間隙を挟むことなく観察することができるのですが、その洞察智は弱いものです。しかし、最後のいくつかの洞察智においては、観察はより強く、強く、強くなるのです。最終的に、心は本当に手を放す準備ができるのですよ！

Q　（質問不明）

A　一度に観察することができるのは一つの側面だけです。同時に全てを観察することはできません。

Q　自分が考えていないということを、どうしたら本当に知ることができるのですか？

A　本当に観ている時、あなたは考えていないのです。気づきが強くなると、考えるのは難しくなります。気づき（マインドフルネス）というのは現在にマインドフルであることです。しかし、考えることというのは、過去か未来について考えること。あなたは現在について考えることはできないのです。本当にマインドフルである時、そこに思考の存在する余地はありません。あたかも闇夜のようなもので、そこに突然、稲光がひらめき、あなたがそれを見るや、稲光は消えてしまう。その瞬間には、あなたは想像をしてはおらず、本当にそれを見て、経験している。物事が起こってみると、それは想像とは非常に異なっているわけです。

このことは、最初の段階においては時々起こります。あなたは常に、持続的にマインドフルでいられるわけではありませんし、また、たとえ定期的に瞑想をしていたとしても、それぞれ違った度合いをもって、観察をしていたり、またしていなかったりすることがありますからね。時には、あなたは曖昧に観察しますし、また時には、より明晰に観察するわけです。

ウペッカー（捨）が必要です。つまり完全な平静さ、対象から完全に距離をとること、完全なバランス、ただとても明らかに、対象から距離をとって……、観察して、観察して、全く何も考えない。心がブレークスルーに非常に近づいてくると、思考は全く存在しなくなる。物事のスピードが、非常に速くなるのです。

Q　（質問不明）

A　第四の洞察智以降、心はますます静まって、ますます集中するようになります。そのあいだにほんの短いあいだだけ、考えていることがあるかも知れない。しかし、あなたがそれに気づけば、思考は去っていきます。それはもはや、持続的なものではないのです。より後の洞察智、とくに過患智においては、あなたは多くのことを考えはじめる。「ああ、とても多くの不利益がある。楽しむべきものとは何だろうか、幸せを感じられるものとは何だろうか？」。考えすぎてしまうと、とても落ち込んでしまいます。考えないことが、とても大切。プロセスについて幻滅を感じて落ち込んでしまい、そこでもし瞑想を止めて日常生活における不幸について考えはじめたら、あなたはそれを、耐え難いものであるように感じます。多くのことについてあなたは動揺し、不利益を観察して幻滅したり、あるいは物質的と精神的のプロセスについて悲しく思ったりして、あなたは自分の人生の状況を悲しむことになり、そのことでたいへん抑うつ的になってしまう。

この段階を経験している時は、全く何も考えないということが、とても大切なのです。

考えることはとても危険です。
考えることによって、たいへん多くのものが、つくり出され得るのです。
また、あなたは感情的にもなります。本当の洞察智は、感情的なものではありません。
それは理解の明晰さであり、智慧なのです。
満足は存在せず、このプロセスを楽しむことももはやない。
そしてこのことが、非常に明らかになっているのです。

しかし、このことについて考えると、あなたは感情的になり、悲しくなり、抑うつ的になります。そして全てのことが、あなたをどんどん苛立たせる。人々や、騒音や、その他のことが、あなたを苛立たせるのです。あなたは腹を立て、それが不健全な心の状態になる。もはや健全な心の状態ではないのです。その洞察智はたいへん健全なものなのですが、あなたが腹を立て、動揺し、抑うつ状態になった時、それは不健全なものになる。だから、考えないことがとても大切なのです。思考のプロセスがある種のサマーディと結びつくと、事態はさらにずっと強烈になります。サマーディは、全てを強烈にするのです。何事であれ楽しみたいと思うのであれば、心を落ち着けて集中してください。そうすれば、あなたはそれを、より楽しむことができるでしょう。

本を読む際に、心が落ち着きを失っていると、私は読書を楽しむことができません。本や物語や詩、あるいは格言を、私が本当に楽しみたいなら、心を深く落ち着かせて、安らいだ状態にしておく必要があるのです。すると全ての言葉が、たいへん豊饒な意味をもってくる。私は自分の読んでいるものを、本当に楽しむことができますよ。景色でさえ、心が落ち着いていれば、日の出や日没を眺める際、私はそこに没頭することができます。するとその景色は実に素晴らしいものになる。世界は実に美しいのです。心が落ち着きを失っていれば、それを楽しむことはできません。それと同じことで、心が集中している際に、何か怖いことを考えていたら、それがさらにずっと怖いものになる。心があまりにも落ち着きを失っていると、あなたは怖がることがないし、怒ることもありません。あなたはどんな状態でも全くない。混乱し過ぎているのです。混乱した心、強くかき乱された心は、何事もしっかりと受け取ることができません。多くの愚癡（moha、根源的無知）が存在します。掉挙《じょうこ》（uddhacca, 落ち着きのなさ）はそれにたいへん近いもので、愚癡とともにはたらく。掉挙というのは散乱した心、落ち着きを失った状態です。

心が静まり、集中してきたら、いつも何事であれ想像してはいけません。それがよいものであれ悪いものであれ、想像がとてもリアルになってしまいますからね。いちばん大切なことは、思考が浮かんできたら、それに対して非常に綿密な注意を払うことです。思考に対して非常に綿密な注意を払えば、それは去っていくでしょう。思考が浮かんできた時はいつでも、ただ綿密な注意を払うのです。完全な注意と思考とは、同時に起こることができません。注意が完全であるときには、過去と未来は存在しないのです。

思考にただ注意を払うことで、それを去り行かせることができます。

それからあなたは、心を瞑想の対象に引き戻すのです。

ですから、積極的に考えようとはしないでください。時に人々は、考えることを楽しみます。自分が考えることを楽しんでいることに気づいたら、その楽しみを観察し、その考えたいという欲求を観察してください。思考とは、「我れ有り（I am）」を創り出すものです。考えることをやめると、時にあなたはとても非現実的な感じになり、何かが失われていて、しがみつけるものが何もないように感じます。ある意味では、考えることはしがみつくことであり、摑むことです。誰かについて怒っている時でさえ、あなたはその人のことを考え続けている。それはつまり、あなたはその観念に執著していて、起こったことに執著しており、それを手放すことができない、ということです。

第十章　涅槃とその先に関するさらなる講義

人生全体にとって正しい態度

何かを行う際には、準備をするのが私は好きです。準備というのは、とても大切です。何事を行う際においても、肉体的かつ精神的に、準備ができていることはとても大切。何を行おうとするにせよ、心理的に自身の準備をしていれば、残りのことは実に自然に起こるのです。たいへんよく準備ができていれば、さほどに苦労することはありません。私はこのリトリート（瞑想合宿）を楽しみにしていますし、皆さんがそれを楽しんでほしいと願っています。皆さんが、落ち着き、安らぎ、明晰さ、喜びを経験できますように。明晰さというのは、物事を非常に明らかに見ることです。洞察智に関して、先週からの議論を続けさせてください。

話を一部の洞察智のところまで戻しますと、次のことがわかりますね。即ち、瞑想において、あるポイントに至ると、あなたは生成消滅が実に退屈であることを観察し、これ以上それとともにあることを欲せず、そこから離れたいと思い、抜け出したいと思い、脱出したいと思う。この段階は脱欲智と呼ばれ、「脱出したいと欲すること」を意味します。時にあなたは、「ただ瞑想することをやめれば、つまりこれらの物事が生成しては消え、消滅していくのを観察することをやめれば、より安らぎを感じることができるだろう」と考えることがある。そうしてみると、実際に、より安らぎを感じることができるのです。集中力と平静、そして対象からの距離の確保が、非常に高いレベルに達していますから、たとえ瞑想をやめても、あなたはより安らぎを感じることができ、その平安を経験することができますからね。「ああ、この状態は安らぎに満ちている」。そうして、あなたはこの平安を楽しむことができるのです。しかしながら、そのようにすることは、正しいことではありません。瞑想というのはとても楽しいものですが、ただそれを楽しんでいるだけでは、あなたはその楽しみを失ってしまうのです。それはあたかも、"catch-22（板ばさみの状況）"のようなものなのです。

ただ瞑想をやめることが、本当の脱出ではないことを、あなたは理解する。というのも、あなたはまだ生成消滅の中にいて、まだプロセスの中にいるのですからね。しばらくすると、あなたは明晰さを失いさえしてしまい、心が再び痛みを感じ落ち着きを失うのを感じます。「こんな動揺は、もう感じたくない」と、あなたは考える。動揺するのはとても辛いことであり、心が乱れるのはとても辛いことですからね。落ち着き、静けさ、平安のほうが、ずっとずっとよいものなのです。だから、あなたは瞑想に戻ってくる。身体のあらゆる感覚、あらゆる種類の感じ、あらゆる種類の思考と、あらゆる種類の感情に、あなたは注意を払う。しかしここにおいては、ほとんどの場合、非常に微細な感情しか存在しません。脱出したいというこの欲求は、一つの感情のようなものです。あなたはプロセスに囚われていると感じ、だからそこから抜け出したいと思う。「ここから私を連れ出してくれ」。

これは一つの感情のようなものです。時にはそれが、軽い動揺を引き起こすことがあり得ます。しかしあなたは、その動揺から抜け出す道が、それをさらに綿密に観察することであるとわかっている。

人々は、人生の多くの状況から抜け出す道もまた、探っています。困難やストレスに対した時、私たちはそこからの脱出を試みる。多くの人々が、実にひどいやり方で脱出しようとするのです。脱出しようと望むことは構いません。しかし、脱出するために行うべき、正しいことは何でしょう？

行うべき正しいこととは、プロセスをさらにずっと綿密に観察し、それをより徹底的に理解することです。
それが何であれ、たとえ生活上の問題であっても、あらゆる辛い状況について、もしあなたがそこから脱出し、それを克服したいと欲するならば、脱出のためのいちばんよい方法とは、より多くの注意を払い、より徹底的にそれを学び、あらゆる細部において、完全にそれを理解することです。完全な理解こそが、それを克服する唯一の道なのです。これよりよい方法は他にありません。

その状況がどんなものでも、つまり瞑想に関するものでも、他の世俗的な状況でもです。これが正しい態度なのです。

瞑想において、あなたがひとたびこの地点に至り、あらゆる辛い状況を克服する唯一の道が、それにより多くの注意を払い、それをさらにずっと深く、徹底的に、完全に理解することだとわかったならば、その後には、生活においても、困難な状況に直面した時、あなたはそこから逃げようとせず、背を向けることもしなくなる。つまり、目を閉じてしまうことがないのです。あなたはその困難を、より綿密に見ようとする。「いま何が起こっているのだろう？　私はそれを、もっとずっと深く理解したい」。

瞑想において得た洞察智は、あなたの日常生活、あなたの世俗的な問題にも、適用が可能です。瞑想においてのみならず、人生全体を生きるための正しい態度を、あなたは育てる。あなたの人生全体にとって、それは正しい態度なのです。

自ら進んで完全な注意を払う

さらにずっと多くの注意を「自ら進んで」払った後は……、このことは、とても重要です。あなたは対象を再び、自ら進んで観察しようとしているわけですからね。あなたはたいへん綿密な注意を払いますから、それ以外の望みはもはや存在しません。つまり、あなたはそこから脱出したいとも、もはや望んでいないわけです。あなたは非常に綿密な注意を、払っている最中ですからね。

そんなわけで、この点を非常にはっきりと理解してください。あなたは実に完璧な注意を払いますから、それ以外の望みは、もはや存在しないのです。その完全な注意によって、心はたいへんバランスのとれた状態になる。裂け目も区切りもないのです。これ以前には、瞑想する際、あなたは脱出したいと思っていた。「私はこれ以上、もうこのことをやりたくない。それをこれ以上見たくない。ではどうしたらいいだろう？　瞑想するのをやめようか？」。心は本当の意味で全体的ではなかった。全体的な注意を払ってはいないのです。しかしながら、この平静の状態に至った時には、あなたは完全な注意を払っている。「何が起ころうと、たとえこのプロセスの中で死んでも、それは構わない」。何をしたいとも望むことなく、ただ完全な注意をあなたは払っており、すると瞑想は本当に円熟したものになるのです。瞑想の最高の状態は、次のようなもの。「他の何ものも私は望まない。たとえこのプロセスの中で死んだとしても、私はこのプロセスを自ら進んで観察しよう、観察しよう……、観察しよう……」。

この種の専心的な注意によって、心は本当の意味で落ち着くのです。生活の場面においてさえ、「うん、この状況はいまとても困難で、とても辛い。だが、私は本当に全ての注意を払って、本当にそれを観察しよう」と決断すると、そう決断した瞬間に、あなたは自分が落ち着いていて、もうあまり動揺していないことに気づくでしょう。この決断が、とても重要なのです。完全な注意を、自ら進んで払っている時は、あなたの心は落ち着いて、よりバランスのとれた状態になり、極端に走らず、執著もありません。それ以前には、心が落ち着いた時、あなたはとても幸せに感じ、大きな喜びを感じるので、時にあなたは落ち着きを失ったり、その幸せや喜びに執著してしまうことがあった。しかし、いまや平安はより素晴らしいものになっているけれども、あなたはその平安に執著することもない。あなたの平静（捨）、あなたのバランスが、とても素晴らしいのです。

それはたいへん安らぎに満ちているけれども、
平安にも執著することはなく、
また脱出への欲望も存在しないのです。

このことはとても逆説的に響きますが、自ら進んでそれを見た時、全てはバランスのとれた状態に至るのです。ますます多くの注意を払うと、物事はますます明晰になり、心はますます強いものになり、気づきはますます強くなり、全ての気づきがたいへん鋭くなりますから、どの気づきについても、思考が伴うことは全くなく、あなたには対象の性質が、非常に明らかに見て取れる。そこで見えてくる性質は、無常か、苦か、存在者の無いことか、無我か、自己の存在しないことか、持続する本質の存在しないことか、コントロールの存在しないこと、といったものです。

あなたはこうした諸側面のどれについても、全ての気づきによって、思考を介在させることなく、非常に明らかに観察することができます。実に驚嘆すべきことですが、たいへん短い瞬間のうちに――一つの気づきというのは、とても、とても短いのです――、気づきが非常に鋭い時は……、その瞬間のうちに……、この智慧と明晰さが、思考を介在させることなしに、たいへん明らかなものになり得るのです。

全てが停止する瞬間

およそ人生全てにおいて、何事かを理解する時、私たちはそれを、思考のプロセスによって理解します。私たちはそれについて考え、それを理解する。しかし、この瞬間においては、私たちは何らの思考も有していないのに、全ての気づきが、たいへん多くの智慧、たいへん多くの明晰さをもたらすのです。これは思考が存在しないがゆえ、考える時にはいつも、心が分割されてしまうがゆえです。

考えるのをやめた時にはじめて、心は全体的になります。
考えるのをやめて、ますますの注意を払いはじめると、
全ての気づきが変わってくる。
とても明晰に、とても明晰に、とても明晰に。
そして最後の三つの瞬間には、非常に鋭く、力強い明晰さが

気づきに宿り、そして心は手を放すのです！
心は手を放す準備ができるわけですね。

その瞬間には、いかなる肉体的なプロセスも精神的なプロセスも、あなたはもはや、観察も経験もしていません。心は停止へと……突入していきます……。その瞬間には全てが停止に至り、ある非常に深い平安と静謐が……非常に短いあいだ、存在します。そして、そこから出てくると……、再び……ごく少ない瞬間のあいだ、平安と静謐がまだ続く。おそらくは三つか四つの精神状態、心刹那の間です。その後、いくらかの思考が再び浮かんできて、私たちはそのことについて考えることができる……。何かが起こった。とても力強かったけれども、たいへん静かで安らぎに満ちた何かが。

この経験から、あなたはその性質を、非常に明らかに理解します。即ち、これが本当の平安であり、本当の静謐であり、本当の自由であるということを。そうして再び自分自身を振り返ると、何かが変わっているのです！　たとえいかなる本も読んだ経験がなくとも、あるいはそれに関するいかなる知識も有していなくとも、それでも自分自身について考えた時、あなたには何かが変わっていることがわかります。それはあなたの人格を、あなたのものの見方を変化させる。永続するものは何もなく、我は存在せず、自己は存在しないことをあなたは知る。するとおのずから、あなたの道徳性、戒を守ることは、あなたにとってより自然なことになります。戒を破らないためにに自分を制限する必要はなく、またあなたは、自分がそれを破らないであろうことを知っているのです。即ち、それはただ自然なことになる。あなたは自分が、無我と未来生、ブッダとダンマとサンガ（仏法僧）について、疑いをもっていないことを知っている。

しばしば、全く知識をもっていない人たちでさえ、ブッダとその教え、そしてこの教えを生きた状態に保ったサンガに対して、深い感謝、非常に深くて力強い感謝を自発的に感じます。圧倒的な感謝の情が生ずるのです。ある人が私に語ったところでは、感謝の念があまり大きかったので、彼は喜びの涙にむせんだと……。「この教えは実に真実だ！　これが真の自由だ！」。多くの思いが浮かんでくることがあり得ますが、これらはその主なものです。

克服される諸煩悩

この段階に到達したならば、あなたは邪見（micchā-diṭṭhi）、即ち自己の存在、恒常的な我の存在を信じることを、根絶しています。恒常的な我、自己のようなものは存在しません。全ては流動、変化の中にあります。そして疑（vicikicchā）、つまり私が再生するのかしないのか、あれかこれかといったことに関する疑い、そうした全ての疑いもまた、去ってしまう。八正道の性質をもたない他の種類の実践を信じることや、またサマタ瞑想を信じ続けることもです。一部には、サマタを実践してある種の状態に没入すれば、それが自由であり、解放であり、涅槃であると信じる人たちもいます。

しかし、これをウィパッサナーを通じて実際に経験した時には、

あなたは解放されるためにそれ以外の道が存在しないことを理解します。解放されるための唯一の道は、これらの肉体的と精神的なプロセスを、ひたすらずっと観察することなのです。

この肉体的と精神的なプロセスを観察することを可能にするために、あなたは己の振る舞いを清らかにし、戒を清浄に保つ必要があります。あなたは心をある対象に集中する必要があり、それは肉体か精神、例えば呼吸など何でもよいのですが、一つの基礎となる対象です。心を静めて、それをたいへん明晰で清浄な状態にしてください。即ち、心、思考の清浄です。ただこの肉体的と精神的なプロセスを観察することによって、あなたは自分自身をますます浄化する。即ち見解の清浄と、それが道であるか道でないかを見分ける智見の清浄です。ただ浄化によってのみ、あなたは解放される。それ以外の道はありません。自由になりたいのであれば、私たちは自身を清らかにする必要がある。そして、あなたはこれが解放への唯一の道であることを理解するのです。

嫉妬あるいは羨望（issā, 嫉）、そして吝嗇（macchariya, 慳《けん》）もまた、克服されます。これはつまり、あなたは何であれ自分のもっているものを自ら進んで他者と分かち合い、そして他者を羨むことがないということです。あなたが何かを余分にもっていて、誰かがそれを必要としていれば、あなたは自ら進んで、喜んでそれを譲り渡してしまいます。しかしそれは、あなたが自分のもっているもの全てを譲り渡してしまう、ということを意味しません。もし誰かが本当にひどくそれを必要としていれば、あなたは自ら進んで、それをその人と分かち合うのです。誰かが上手くやっていて、幸せである時に、あなたはそれを妬みません。私は嫉妬（jealous）や羨望（envy）という言葉の正確な意味を知りませんが、ここでの意味はつまり、誰かは上手くやっていて、あなたがそうではない時に、あなたがどう感じるか？　ということです。あなたは嬉しく思わない。「ああ！　私がその立場だったなら、私が彼の代わりにそれを得たなら」。そんなふうに、あなたは考える。しかし悟りを得た時には、あなたは決してそのようには考えないのです。

あなたは実際に、彼はなんと幸運なのだろう、と考えている。彼はそうした全てのよいことを楽しんでいるのであり、あなたはその人のためにとても嬉しく思う。この喜（muditā）、共感的な喜びもまた、とても自然なものになります。

私たちのほとんどは、悟る前には多かれ少なかれ、他者が自分たちより上手くやっていることを、嬉しく思わないものです。なんという醜い心の状態でしょう。そして私たちは、そこから何を得ることができるのでしょう？　私たちはその人を愛することができず、その人を正しく理解することができません。人々はなぜ、とてもさみしい思いをするのでしょう。実に多くの敵意と危険が、この世界には存在します。なぜでしょう？　誰かは私が持っていなくて、かつ欲しいと思っているものを得た。だから私は、それをたとえ不正にであっても手に入れることにしよう。一部の人々はとても賢いので、彼らは物事の全体をねじ曲げて、それを非常に美しく見せることができてしまう。そんなふうに、この心はとても狡猾で、人を騙すものなのです。

悟りが与える自由

ひとたびこのことを、非常に明らかに観察すれば、あなたはそうしたことを、もはや行うことができません。欺瞞も狡知も、もはや存在しないのです。あなたはとても正直になる。物事を、非常に明らかに見ることができるのです。あなたはまだ、何かに対する欲望を感じることがあるかも知れない。悟りの最初の段階は、全ての欲望、全ての貪欲を、根絶するわけではありませんからね。貪欲はまだ存在するのですが、それは戒を破るほど強いものではありません。あなたは何かを得るために殺したり盗んだりはしないし、また嘘をついたり不倫をしたり、麻薬を摂取したりはしないのです。こうしたことをしたいという欲望は、全く存在しません。

あなたは自身をコントロールしているわけではありません。
ただ、そうしたことをしたくないのです。
それは実に容易で自然なことになっていますから、
自分自身をコントロールするために、苦闘も努力も、全く必要とはされないのです。

悟りの以前には、私たちは五戒を破ることが悪いことだと知っていて、それを一生懸命守ろうとします。時には誘惑が非常に強いので、私たちは苦闘する。それは実に疲れることで、時には私たちは誘惑に負けてしまい、それを再び後悔して、また戒を受けるのです。友人の一人が私に尋ねました。「なぜ毎日戒を受けるのですか? それを毎日破るということ?」。悟りの最初の段階の後には、戒はただ自然なものになり、それを破りたいという欲望は存在しません。どれほどの自由を感じられるかわかりますか？　感覚的な楽しみを享受したいという欲望は存在しても、羨望や嫉妬、強い貪りの欲は存在しませんから、あなたはとても自由なのです。

そして、そうした欲望の対象を享受している時ですら、それはもはや以前と同じではありません。以前であれば、これが本当の幸せであり、本当の楽しみであり、本当の喜びであると、私たちは考えたかも知れない。しかし、悟りの最初の段階以後には、かりに自身を感覚の楽しみを享受するままに任せることがあり得たとしても、あなたはそれが本当のものではないことを知っているのです。それを楽しむことがあったとしても、あなたはある回路では自由である。それを自由に楽しんでいるのです。そして、何か不運なことが起こった時には、あなたは瞑想して、それがもう一つの心の状態であることを見て取ることができ、とても簡単に、再び自由になることができるのです。

瞑想する前には、私たちは物事が持続し、それらが楽しいもので、幸福をもたらし得るものであると考えている。私たちは本当に恒常性（常）、つまり恒常的な人間や、恒常的な自我といったものを信じているのです。しかし、この邪見（micchā-diṭṭhi）が去った後でも、邪想（micchā-saññā）と邪心（micchā-citta）は、まだ消えずに残っています。時には、経験において何かが恒常的であるかのように感じられることがあるのですが、非常に綿密に観察すると、それが恒常的ではないことが、私たちには理解できます。あたかも常に境界線上に生きているようなもので、そうしたいと望む時には、観察して知ることができるのです……。

ですから、幸せを感じる時、また感覚の楽しみを享受する時、その経験は同じであるように見えますが、しかしそれを本当に観察すると、「いや、これは決して本当に幸せをもたらしはしない。そこに本当の幸せはない」と、あなたは知るのです。

時には感覚の楽しみを享受することがあるけれども、あなたはそれを容易に手放すこともまたできる。そこには本当の、永続する幸せはないことを、あなたは知っているからです。悟った後には、感覚の楽しみを本当の意味で享受することができる、と友人の一人が言っていました。それにあまり囚われていないから、感覚の楽しみが素晴らしいのです。これについてお話することはとても難しいのですが、そのように感じられます。

だから私たちは、悟っていても感覚の楽しみを享受している人たちもいることを、見ることがあり得るのです。彼らは、その楽しみに囚われていません。

無常・苦・無我についても同じことです。我見（atta-diṭṭhi）はもはや存在しないのですが、その人は以前と同じく、一個人であるかのように振る舞います。彼らは「私」、「あなた」と言うでしょう。同じ言葉を使ってはいますが、本当の、永続する我などというものが存在しないことを、常に彼らはわかっているのです。ですから、これは違い、たいへん深い相違です。ただし、この問題が根絶されるのは、悟りの第四の段階においてになります。

そんなわけで、あなたはとても自由になる。時には笑うでしょうし、時には泣くでしょう。しかし、あなたはそれに囚われていないのです。あなたはそれを、とても容易に克服することができる。時には泣くことすら快く感じられるのです。そんなことがあり得るでしょうか？

いずれにせよ、自らそれに行き当たった時、あなたは理解されることでしょう。こうしたことについて語るのは、たいへん難しいのです。さてそうして、あなたは見（diṭṭhi）、疑（vicikicchā）、戒禁取（sīlabbataparāmāsa）、嫉（issā）、慳（macchariya）を根絶しました。

いかなるものも、あなたは別の人から不正に得たいとは思わない。余分にもっていれば、それを別の人と分かち合いたいと思う。とても気前がよいのですが、何一つ無駄遣いはしないのです。

あなたは自分のもっている全てのものを、道に投げ捨てに行ったりはしません。誰かがそれを本当に必要としているとわかったら、そのものを与えるのです。

涅槃は無ではない

そうして、この熟慮は長いあいだ、何度も繰り返し続きます。「私はもうどの戒も破ることはできない。私は戒を破りたくない」と、自分の戒について熟慮し、また自分が根絶した不浄について熟慮する。あなたは、見、疑、戒禁取、嫉、慳が存在しないことを見て取ることができますが、同様に何が残されているかも見て取ることができます。感覚の楽しみへの欲望がまだ存在し、また、まだ腹を立てることがあり得ることもわかりますが、渇愛をもっているからといって、戒を破ることはありません。怒ることがあっても、殺しに行ったりはしません。あなたの怒りや渇愛は、別の生き物や、また自分自身すら、傷つけることができるほど強いものではないのです。仏・法・僧について熟慮すればするほどに、より多くの感謝の念を、あなたは感じます。

時に人々は、一つの側面のみについて熟慮し、必ずしも全ての側面についてはそうしません。一部の人たちは、諸経験のうちの一つについてのみ熟慮する。心が自由になった瞬間や、その自由の性質といったことについてです。……それはとても自由で……、生成も消滅も存在せず、完全な静けさであり、静寂です。これが涅槃について、つまりその人が涅槃を経験した瞬間について、再び考えることです。涅槃とは何でしょう？　それについて、どのように語ることができるでしょうか？　生成は存在せず、消滅も存在しない。精神的なプロセスは存在せず、物質的なプロセスも存在しません。いかなる精神的なプロセスも経験しておらず、いかなる物質的なプロセスも経験していない。「ああ……、これはとても安らぎに満ちている」と、考えることすらしていないのです……。というのも、その瞬間には、何も考えることはできませんからね……。心はとても静かで安らぎに満ち、それについて考えることすらせずに、その平安を経験している……。後になってはじめて、あなたはそれについて考えることができるのです。

そうすると、涅槃の性質とは何でしょう？　非存在でしょうか？　いいえ、違いますよ！　それは無ではありません。というのも、もしそうだったとするならば、いつでも誰でもが、それを経験できることになってしまいますからね。ただ、無について考えて……自由に感じればよいことになる。いいえ、そんなことはできません。あなたが無について考えている時は、そこに思考が存在しているのですから。

涅槃を経験している時に、
思考は全く存在しません……涅槃についての思考でさえです。
涅槃の性質とは何でしょう？
たいていの典籍において、与えられている比喩は、
消えてしまった炎です！
炎が燃えており、そして……消える。何が残っていますか？
無ではありませんよ！

あるいは、私が音をたてたとして……、あなたはその音に綿密な注意を払います……、さて、もう音はありません。何がありますか？　ただ静寂だけです……。静寂は現実でしょうか、非現実でしょうか？　これをどう理解しますか？　あなたは静寂を経験することができるでしょうか？　できます！　そんなわけで、涅槃は静寂、もしくは消えてしまった炎に、とてもよく似ているのです。燃焼はもはや存在しない。静けさや、消えてしまった炎の性質を理解するためには、まずそれ以前に起こっていたことに、あなたは注意を払わなければなりません。静けさを理解するために、まずあなたは音に注意を払う。……これがプロセスというものです。炎が消えた時に、何が起こったかを理解するためには、まず炎に注意を払うのです。この状態に至るには、あるプロセスが存在している。つまり、それは単なる無の観念ではないということ。それは終わりに至ったプロセスの性質であって……、本当の平安であるところの、プロセスの終わりなのです。何事かが起こっており、生成し消滅している時はいつも、そこに静寂は存在せず、平安は存在しないからです。

ひとたびそれを経験すれば、その状態にはない時に、他の世俗的な物事や、興奮にとらわれることはあり得るとしても、注意を払いさえすれば、あなたにはそれが本物ではなく、本当の幸せではないことがわかります。あなたはいつでも、その非常に静かで、安らぎに満ちた状態に戻ることができるのです。

留まる時間を決意する

この状態の経験をした後、
再び瞑想をする際には、ある一つの決意をします。
「私は瞑想して、あの静寂に、プロセス全体が停止する、
あの安らぎに満ちた状態に戻ることにしよう」

あなたはその状態に留まる時間の長さ——五分、十分といった——を、決めることができます。ですから、「私は五分間、あの静寂と平安の状態を経験しよう」という決意とともに瞑想を再開し、そうしたら、そのことは忘れてしまってください。瞑想をしているあいだは、何事についても、もはや考えないように。何であれ身体と心に起こっていることに対して、ただ注意を払うのです。何であれ、あなたの行い慣れている実践を行なってください。対象が何であるかは、問題ではありません。どんなものでも瞑想の対象になり得るのです。自分にとって慣れている、自然で容易な対象に注意を払ってください。それを観察して……観察して……、そうすれば、対象はどんどん明晰になっていき、とても速く、とても速くなり、そしてそれは再び止まって……、あなたはまた、あのとても安らぎに満ちた状態に入ることができ、そして自分が決めておいただけのあいだ、そこに留まることができます。

この決意はとても大切です。というのも、決意をしておけば、それを実践することで、決めておいたとおりきっかり五分なり十分なりのあいだ、あなたはそこに留まっていることができますし、また実践を続けていって、その時間を三十分、一時間、二時間、一日中と、延長することもできるからです！

あなたはその状態に入り、そしてその状態に留まるために、修練をする必要があります。定期的に修練をしなければ、時にあなたは、そこに再び入ることが非常に難しくなってしまうかも知れません。

しかし、修練してその状態に入っても、どのくらい長くそこに留まるかを決めていなければ、心は何度も繰り返し、そこから出てきてしまうでしょう。入ったり出たり……、入ったり出たり……。常にそうしたことが起こり得るのです。長い時間、そこに留まりたければ、あなたは決意をしなければなりません。「私はその状態に五分のあいだ再び入る。しかし、万一、何かの危険が起これば、私はそこから出てこよう」。これはある種の暗示でもあります。あなたが深くその状態のうちにある時、もし何かの危険が起これば、自動的にあなたはそこから出てきて、その状況に対処する。そのように決意していなければ、あなたはその状態から出てくることができないかも知れません。

典籍の中には、多くの詳細な指示があります。これがあなたの為すべきことだと。例えば正しい決意の仕方であるとか、正しい瞑想の仕方であるとか。また、その状態から出てきたいと思う時などの、必要事項についても述べてあります。時には、「先生が私を呼んだら、目覚めよう」と、決意しなければならないこともあります。あなたはいかなる種類の決意であれ、行う必要のある決意を行う。それを行い、そして実践を続けるのです。

本当の意味で重要なことは何もない

阿羅漢でさえ、何か彼を心配させるようなことがある場合には、時にその状態に入ることが難しくなります。二人の僧侶に関する、ある一つの物語があります。一人は年老いた先生で、もう一人は若い僧侶でした。彼らは旅をしていて、ある寺院に着いた時、先生は年長でしたから、よい住処を確保しました。最もよい場所に年長の僧侶が行き、最も悪い場所に、いちばん若い僧侶が行くものだからです。若いほうの僧侶は、彼のほうが若いわけですから、自然に、あまりよくない場所を確保しました。しかし、彼は自分の得た場所にとても満足していて、実に幸せでした。選択もなければ、好みもなかったのです。彼はその場所に住み、瞑想して、この落ち着きと平安、そして静寂を、雨安居《うあんご》の三ヶ月のあいだ楽しみました。しかし先生は、「ああ！　私の弟子よ。彼の住処はあまりよいものではない。ひょっとしたら、あまり快適に過ごしていないかも知れない」。この心配のせいで、先生はその状態に入ることができなかったのです。

瞑想したいと思う時には、

何事も重要ではないという事実について、まず熟慮しなければなりません。手放してください。

だから私は、この点を何度も繰り返し、多くの異なった仕方で強調するのです。瞑想する時には、本当の意味で重要なことは何もないと、あなたは考えなくてはなりません。つまり心理の上で、あなたは自分自身から距離をとるわけです。瞑想している最中、この種の没頭した状態の中だけでなく、一時間のあいだ座る時であっても、「本当の意味で重要なことは何もない」と、自分自身に告げてください。ただ一時間のあいだだけ、仕事の心配も、家の心配もしないのです。そうすることで、誰も傷ついたりはしないでしょう。一時間のあいだ、皆のことをただ忘れるのです。リトリートに行った時は、その九日間のあいだ、全てのことをただ手放してください。

何事も本当の意味で深刻には起こり得ません。
何事も重要ではない。そういうことなら私たちは、
数えきれないほどの生の中で行なってきたのです。
それがどうして、そんなに重要なのでしょう?
どうして九日のあいだ、ただ手放すことができないのでしょう!

毎回、座るたびにこのことができたなら、あなたは自分の瞑想がとても容易で自然になっており、また自分があまり簡単に気を散らされたりはしないことに気づくでしょう。ですから、決意をしてください。私たちは同じことを、どれほど多くの年数のあいだ、どれほど多くの生をかけて、やり続けてきたことでしょう？　なぜ私たちは、これをそんなに重要なことだと思うのでしょう？　そして私たちは、同じことをやり続けていくでしょう。それが何生のあいだに及ぶか、私たちにはわかりません。

ですから、この種の決意、つまり心を準備して距離をとらせることは、とても大切です。……しかし、「もし万一、何か深刻なことが起こったら、私はそれに対処する」。時に人々は、実に些細なことを考えて、常に心配し続けます。それを口に出してみると、全く笑い話なのですよ。

決意して次の段階に進む

悟りのより深い段階を育みたいのであれば、座って瞑想する時に、あなたは決意すべきです。「既に一定の期間、一日、二日、十日のあいだ得てしまっているこの状態に、私は没頭するつもりはない」。そのように、あなたは決意しなければなりません。この決意が、とても大切なのです。悟りの次の段階を経験するつもりで誰かが瞑想をしているなら、その人は、「私はあの状態に没頭するつもりはない。そうではなくて、悟りの次の段階を目的として、私は瞑想するつもりなのだ」と言うべきです。そして、「私はあの没頭状態に入るつもりはない」と言う際には、何時間なのか、何日なのかという、時間の制限を設けなければなりません。もしそれをしなければ、座って瞑想して、また同じ状態に没頭してしまいますからね。そして、同じ状態に没頭してしまったら、次の段階に進むことはできません。ですから、決意がとても大切なのです。

ブッダは僧侶たちに、眠りにつく前にさえ決意をするよう教えています。眠りにつく際に、自分自身に告げるのです。「さあ私は今から瞑想して、リラックスし、全てを手放すのだ」と。

眠ることもまた、手放すことの一種です。このことについて、考えたことはありますか？　眠りに落ちるということは、手放すことの一種なのです。私たちは聞かず、私たちは見ず、もはや何も感じることがない。周囲で何が起こっているか、もはや知ることがないのです。このことを本当に考えてみたら、それはたいへん怖いことです。つまり、あなたは世界との繫がりを失ってしまっている。そんなわけで、これは手放すことの一種であり、実際のところ、私たちはいつもそのことを行なっているのです。一部の眠れない人々にとって、その理由の一つは手放せないことです。彼らは自分の身体と環境を、コントロールし続けたいと思っている。安全で安心だとは感じられないのです。だから、ある場所において安全で安心だと感じられない時は、あなたは眠ることができません。

そういうわけで、僧侶が寝たいと思う時には、彼は瞑想し、リラックスして、手放して、そして「私は朝の四時に起きよう」と決意しなければならないと、ブッダは言ったのです。このことをいつもやっていれば、あなたはきっかり朝の四時に、目を覚ますことでしょう。あなたは目覚ましをかける。そしてその目覚ましが鳴る前に、あなたは目覚めているのです。時計を見ると、ちょうど正しい時間です。しかしほとんどの場合、あなたは目覚ましが鳴る前に目を覚まします。私はいつも念のため目覚ましをかけていますが、常にアラームの前に目を覚まします。この習慣をつけてください。

あなたはまた、次のような決意をすることもできます。「朝、目を覚ました瞬間に、私は気づいていてマインドフルであろう。私は夢うつつでいたり、考えごとをしていたりはもうしない。ただ非常に明晰で、目覚めていて、マインドフルな精神状態であろう」。つまり、目を覚ました瞬間から、瞑想がはじまっているのです。あなたはそのように決意することができます。もし今日それが起こらなかったなら、決意をし続けてください。そうすれば、それは起こることでしょうし、あなたはそのことを、とても嬉しく感じるでしょう。目が覚めた瞬間に、あなたはマインドフルで、何事についても考えていないのです。心はとても明晰で、覚醒している。もう眠気はありません。たいていの人が、目覚めた時には、まだ眠気を感じています。これはよい目覚め方ではありません。

決意はとても大切です。
思いの全てをかけて、ひとたび決意すれば、
心はそれにしたがうのですから。

これが、ポジティブな結果を得るために、私たちが訓練する必要のある仕方です。私たちには、それができる。多くの仕方で、私たちは自分の心を、ポジティブな結果を得るために訓練することができるのです。これは単に、皆さんにとっては付加的な知識ですけどね。

どの段階で何が根絶されるか

そんなわけで、瞑想者は再び瞑想し、そして「一定の時間、私は悟りの最初の段階の没頭状態(absorption)には入らずに、さらに進んで悟りの第二の段階に入るつもりだ」と決意します。もし決めた時間内にその段階に入れなければ、それはそれで構いません。あなたは、既に達成している没頭状態に入ることであればできるのです。数時間、数日のあいだ、そのことを再び行い、そうした後に、さらに先に行く決意の実践へと進むことが、あなたにはできます。その没頭状態を、なぜ享受する必要があるのでしょうか？　それが安らぎに満ちているからです。次の段階へ至ることに注意を払うのは有益ですが、それはある種の負担です。だから全てを手放して、この静かで安らぎに満ちたスペースへと入ってください。それはとても心休まることです。

**Kilesesu diṭṭhi vicikicchā paṭhamañāṇavajjhā;
doso tatiyañāṇavajjho; lobha-moha-māna-thina-uddhacca-
ahirika-anottappāni catutthañāṇavajjhāni.**

~Vsm 684

煩悩のうち（kilesesu, 不健全な心の諸状態）、疑い（vicikicchā）と誤った見解（diṭṭhi）は第一の悟りによって根絶される（paṭhamañāṇavajjhā）、怒り（doso）は第三の悟りによって根絶されるの力を弱めるだけなのです。第二の段階は、何も根絶はしません。即ち、それはただ何であれ残ったもの（tatiyañāṇavajjho）。第二の段階は、何も根絶はしません。そして悟りの第三の段階に目を向けると、ただ怒りだけが根絶される。貪欲（lobha）までは根絶されないのです。感覚の楽しみへの貪欲は存在しませんが、まだ非常に清浄で安らぎに満ちた、この上なく幸福な上位の存在への貪欲は残っている。だから私たちは、悟りの第三の段階が全ての貪欲を根絶するとは考えない。上位の存在へのこの貪欲も、また一種の渇愛ですからね。それがどれほど微細なものであり得るか、考えてみてください。この最後の渇愛、この清浄で安らぎに満ちており、この上なく幸福な生の状態への貪欲は、悟りの第四の段階によって根絶されます（catutthañāṇavajjhāni）。まだある種の貪欲は存在しているから、まだある種の愚癡がそこに存在しているものとされている。いかなる種類の貪欲でも、それがいかに小さなものであれ伴っていれば、愚癡は存在するのです。だから愚癡（moha, 根源的無知）は、ただ悟りの第四の段階によってのみ、完全に根絶されるのです。

第一の段階の時点でさえ、愚癡のある側面は既に根絶されています。つまり、非常に微細な愚癡しか、残ってはいないのです。悟りの第四の段階は、貪欲を完全に根絶します。この安らぎに満ちており、この上なく幸福で清浄な生の状態を求める貪欲さえも、根絶されますからね。惑乱を意味する愚癡（moha）、あるいは無知を意味する無明（avijjā）は、第四の段階によって根絶される。慢（māna）。これはどういう意味でしょう？　別の人と比べないこと、威張らないこと、自惚れないこと。自ら達成したことのゆえに、時に私たちはたいへん嬉しく思う。「ああ！　私はそれを成し遂げた！」。これもまた、ある種の慢です。別の人と比べはしないが、ただ自分の為したことにたいへん喜んでいる。そうしたことすら、悟りの第四の段階において根絶されます。そうした心の状態がどれほど自由であり得るか、ちょっと想像してみてください。完全なる自由です。

惛沈《こんじん》・睡眠（thīna-middha）、つまり眠気やものうさは、第四の段階のみによって、完全に根絶されます。したがって、この段階以前には、瞑想者はまだ眠気を感じることがあり得るわけです。阿羅漢は、眠気を感じません。彼は長いこと、もしそう望むなら数日間でも、起きていられます。しかし寝たいと思うなら、彼は自分の意志からそうします。もし私たちにそんなことができたら、どんなにか素晴らしいことでしょう。掉挙（uddhacca）は、心が落ち着きを失っていることを意味します。第三の段階（不還、anāgāmi）の後でさえ、心はまだ落ち着きを失うことがあり得るのです。第四の段階に至ってはじめて、心は落ち着きを失うことがもはやなくなります。存在するのは、ただ完全な落ち着きと、完全な気づきのみ。第三の段階の後でさえ、瞑想者は百％マインドフルであるわけではないのです。完全な気づきは、第四の段階の後に起こります。

無慚（ahirika, 道徳的な恥をもたないこと）と無愧（anottappa, 道徳的な恐れをもたないこと）。なぜこれがあるかといいますと、第三の段階の後にも、まだいくらかの慢、ある種のプライドは存在していますし、まだある種の貪欲も存在しているからです。アビダンマによれば、それはつまり、この人にはまだ恥じないところがあるということであり、まだ自身の達成したことに、プライドをもっているということです。この恥という言葉は、日常生活において人々が普通に言うのと同じものではありません。そのことは、瞑想した時にわかります。

何かが起こり、あなたが自分の心の中で、
それが不健全なことであると知ることができて、
またそれを恥ずかしいと思った時、
あなたは誰か他の人に発見されたから、
それを恥ずかしいと思うわけではありません。
それが美しくないと知っているから、恥ずかしいと思うのです。
たいていの場合、私たちはこのことを経験しない。
悟りの第四の段階に至ってはじめて、
それは克服されるからです。
ですから、私たちはまだとても恥知らずなのです。

邪なあり方の根絶

Micchādiṭṭhi musāvādo micchākammanto

micchā-ājīvo ti ime paṭhamaññāṇavajjhā;
micchāsaṅkappo pisuṇavācā pharusavācā ti ime tatiyaññāṇavajjhā.
Cetanā yeva c'ettha vācā ti veditabbā.
Samphappalāpa-micchāvāyāma-sati-samādhi-vimuttiñāṇāni catutthaññāṇavajjhāni.

~Vsm 684-5

誤った見解（micchā-diṭṭhi, 邪見）、虚言（musāvāda）、殺害や盗みといった、他者を傷つける行為を行うこと（micchā-kammanta, 邪業）、そして誤った生活（micchā-ājīva, 邪命）は、全て悟りの最初の段階で根絶されます（ime paṭhamaññāṇavajjhā）。これは素晴らしいことです！　誤った思考（micchā-saṅkappo, 邪思惟）、中傷（pisuṇavācā）、きつくて強い言葉（pharusavācā）は、第三の段階で根絶される（ime tatiyaññāṇavajjhā）。根絶するというのは、その意志が根絶されるのであって（cetanā yeva c'ettha vācā ti veditabbā）、単に抑制しているのではありません。たいていの場合、私たちは何であれそうしたことを言わないように抑制しており、人々を争わせないように抑制しています。しかし、悟りの第三の段階においては、つまりそうしたことをしようとする意志さえ存在しないのです。綺語（samphappalāpa, くだらないお喋り）、邪精進（micchā-vāyāma）、邪念（micchā-sati）、邪定（micchā-samādhi）、邪解脱（micchā-vimutti）、邪智（micchā-ñāṇa）が、悟りの第四の段階によって根絶されます（catutthaññāṇavajjhāni）。

即ち、私たちは時々、「ああ！　私はあれやこれやのことをした。あれやこれやのことを楽しんだ」などと、過去のことを思い出すのですが、この種の想起さえもなくなるのです。私たちはもう、過去について考えない。ただ有益と思われることだけ、例えば私たちはダンマを学びましたので、「ブッダはこう言った」と考えたりするのです。これは一種の正念（sammā-sati）です。悟りの第三の段階に至った後でさえ、過去に起こったことで、ダンマではなく、他の何かに関することを、人はまだ考えたがります。ダンマ以外の何かについて考えるなら、それはある種の無益な思考であり、無益な想起（micchā-sati）なのです。

　邪定についても同じです。心はあらゆる種類の思考、あらゆる種類の対象に没頭する。読書にさえです。これもまた、第四の段階でなくなります。心は何であれ無益なものには没頭しません。

　邪解脱。時に人々は瞑想において、この上なく幸福な状態を経験します。それは本当の意味では解放された状態ではないのですが、彼らはそうだと信じてしまう。ある人が完全に解放されたら、彼には、そうした状態が去ってしまったこと、そして、それらが本当の解放ではないということがわかります。

　邪智。人々は、ひどいことをするに際してはとても賢い。彼らはそのために、とてもよく、非常に賢く、ある意味で非常に知的に、計画をたてることができます。誤った智慧、もしくは誤った知性。これは、第四の段階によって根絶されます。

　そんなふうに、（典籍では）どの煩悩がどの段階で根絶される、といった話が続いていきます。こうした全てのことを知るのはとても興味深いことですが、私が強調するのは、ただ第一の段階までです。というのも、それが私たちの期待できることですからね。これを越えると、実現を期待するのはとても難しくなる。たいていの先生が、ここで止まらずに、進み続けるよう強調します。しかし、進み続ける人が滅多にいないことを、私は知っている。彼らはたいへんな満足を感じるので、ただその境地を楽しむのです。

涅槃は場所ではない

涅槃は場所ではありません。心の状態ですらない。誰かが悟りの第四の段階に到達して、完全に逝去（parinibbāna, 般涅槃）したら、彼はどこにも存在しないのです。多くの本の中で目にしたことがあるのですが、般涅槃の後でさえも、阿羅漢は涅槃を楽しんでおり、この上なく幸福な状態に、永遠に留まっていると、ある人たちは語っている。彼らがなぜそう言うのか、わかりますか？　彼らはまだ、この上なく幸福な状態に執著しており、まだ生き続けたいと思っているのです。その執著は、私もよく理解できます。そのことを理解するのはあまり難しいことではありませんが、そこにまだ生き続けたいという執著が存在していることは、見て取ることができますね。彼らはブッダが何らかの仕方で、どこかに、たぶんヒマラヤのあたりに、まだ存在しているとすら、言い続けてきています。そんなことはありません。こうしたことは、たとえ知識としてであっても、理解しておくべきとても重要なことです。実に多くの考え違いや誤った観念が、そこら中に流布していますからね。

ある人がどれほどの幸福に溢れていても、どれほど清らかであっても、

それでもブッダは、それは完全な解放ではないと言いました。

ですから、それ（涅槃）は住処ではなく、場所ではないのです。


涅槃の性質は、精神的と物質的のプロセスの性質とは、全く反対です。このこともまた、重要です。ある人々は、涅槃と輪廻（Saṃsāra）が同じであると言う。違いますよ。全くはっきり違います……。しかし、涅槃を理解するためには、あなたは輪廻を理解しなければなりません。輪廻とは、精神的と物質的のプロセスのことです。それが輪廻と呼ばれるのです。ある人が、一つの生から別の生へと移るという、物語のことではありません……。本当の輪廻とは、本当の廻り続けることというのは、この精神的と物質的のプロセスが、ずっと続いていくことを言うのです。それが輪廻と呼ばれるのです。その終わりが、涅槃。涅槃は輪廻と関係している、と言うことであれば、まだ可能です。涅槃は何らかの仕方で、精神的と物質的のプロセスに関係をもっている。しかし、涅槃はプロセスの中にはありません。それはただプロセスの外にあり、ただプロセスの縁にある。その限りにおいて、涅槃は輪廻と関係していると言うことは、可能です。

だからブッダは、

「私は涅槃をこの身体に求める（~SN i.62）**」**

と言ったのです。

これは涅槃が私たちの内にあるということではありません。

その意味は、この身体を完全に理解することによって、五蘊とこの精神的と物質的のプロセスを完全に理解することによって、私たちは涅槃に到達することができる、ということです。涅槃に到達する道は、他には存在しません。

涅槃が根絶するのは煩悩の潜勢力

この悟りの状態が、それらの煩悩を根絶すると言う時に、それはどういう意味なのでしょう？　以前に起こった煩悩を、根絶することができるのでしょうか？　いいえ、できません。それは既に起こったことで、既に過去にあるのですから。

いま起こっている煩悩を根絶することはできるでしょうか？　それが可能かもしれないと、考えることはできます。しかし、根絶しなかった場合、それらの煩悩は留まると思いますか？　何であれ起こること、例えば、あなたがいま怒ったとする。それに対して、あなたは何ができますか……。そして怒りは、瞬間から瞬間へと続いていく。一つの心の状態は、実際のところは単一の怒りです。それが非常な速さで連続するから、私たちはそれを大きな怒りだと思うわけですね。大きな怒りなどというものは存在せず、小さな怒りが、合わさっているのです。怒りがこの短い瞬間のうちに起きる時、それは自ら去っていき、留まることは決してありません。怒りよどうか留まれ……留まれ、と、私たちが言うことはできないのです。それは去っていくことになる。私たちには、いま起こっている怒りを根絶する必要はないのです。ですから、悟りのこの段階が、この煩悩を根絶する、と言う時には、それは、いま起こっている現在の煩悩をそれが根絶する、という意味ではありません。

未来に起こる煩悩を根絶する、という意味でしょうか？　未来にどんな煩悩が起こるかは、わかりません。それはまだ起こっていないのですからね。起こっていないものを根絶することはできません。つまり、悟りの段階は、過去・現在・未来の煩悩を、根絶するわけではないのです。それが根絶するのは、潜勢力（potential, 潜在的な可能性）です。生じる潜勢力は存在しているが、実際にはまだ生じていない。もしその潜勢力を根絶すれば、ことは終わりです……。それは（もう）生じない。

過去の煩悩のゆえに、過去の業のゆえに、私たちはいまここにいる。そしてこの業を、私たちは何らかの仕方で携行しているわけですが、どのような形で、私たちは己の業を携行しているのでしょうか？　どのような形で、私たちは己の煩悩を携行している？　ただ潜勢力としてのみ。これは非常に微妙な理解を必要とすることです。ただ潜勢的であって、顕わにはなっていない。

種を潜勢力と考えてみてください。種には大木になる潜勢力があります。あなたがその木を根絶したいとしましょう。過去に木が現れて死んだのであれば、それを根絶する必要はありません。そして現在において、例えばその木が死にかかっているのであれば、ただそのまま死なせればよろしい。しかし未来の場合は、種はまだ木になっていません。ですから、木をなくしたいのであれば、ただ種をなくしましょう。そのように、潜勢力というのは種のようなものなのです。例えば、いまは五時四分ですね。ちょうど一時間後に、あなたの心にどんな煩悩が起こるか、明確に言えますか？　誰にも言えません。はっきりと確実なものではありませんからね。しかし、何かが生ずる潜勢力は存在している。その潜勢力を断つことができれば、ことは終わるのです。
　この潜勢力は過去に存在するものではありませんし、現在に存在すると言うこともできません。それはまだ顕わになっていないのですからね。この潜勢力というのは、理解の非常に難しいものです……。それは顕わになるかも知れない。存在するのは可能性だけ、潜勢力だけなのです。そんなわけで、悟りの段階が根絶するのがこうした煩悩であり、それを私たちは涅槃的（nibbānic）な状態と呼んでいるからこそ、涅槃は過去だとか現在だとか未来だとか、私たちは言うことができないのです。

涅槃は無時間的で、時間を超えたものであり、時間の領域には存在しません。
これは非常に混乱を呼びやすく、語るのが難しいことです。
ひょっとしたら、素粒子物理学者の一部には、このことが理解できるかも知れない。

業もまた潜勢力です。悟りのある段階に達すると、ある業はもう結果をもたらすことがありません。私たちの積んできた悪業は、悟りのある段階に達した後には、結果をもたらすことがないのです。その業とは、どこにあるのでしょう？　どうやって、私たちは業を携行しているのでしょう？　私たちはそれを潜勢力として携行している。これはとても理解の難しいことです。例えば、私たちが怒る潜勢力をもっているが、いまは怒っていないとしましょう。しかし、誰でもがボタンを押して、私たちを怒らせることができるのです。私たちには、いつ自分が怒る予定になっているか、言うことはできません。私たちは、この顕わになるべき煩悩の潜勢力、煩悩の顕現の種を、根絶する営みを行なっているのです。非常に学識ある僧侶でさえ、時にこのことを理解できません。これを理解するには、長い時間がかかります。

理解するための最上の道は、実践することです。
だからブッダは、それは考えられ得ない、と言ったのです。
ただ考えるだけで、それを理解することはできません。
涅槃とは、生じたり起こったりするものではありません。
私たちは、涅槃がいつ起こると、言うことはできません。
涅槃とは、十分な智慧を育んできた人が経験できる、ある現実なのです。
それは、瞑想者の智慧の明晰さに依存するもの。
智慧が明晰であればあるほど、
あなたはますます明晰に、それを経験することになるのです。

ですから、悟りの第一の段階において、涅槃の経験は、第二、第三、第四の段階のそれと、同じものではないのです。涅槃の性質は、同じです。しかし、智慧の清らかさに依存して、あなたはそれを違ったように経験する。見ることと事情は同じで、目の汚れがなくなればなくなるほど、あなたはますます明らかに見ることができる。比喩を見つけることさえ、とても難しい話ですが。

だからブッダは、涅槃は例示できない、と言ったのです。どんな言葉も、どんな概念もどんな言語も、それを本当に説明することはできません。涅槃とは、「吹き消すこと」を意味します。『宝経（Ratana-Sutta）』に、"Nibbanti dhīrā yathāyaṃ padīpo"（「賢者は灯火のように滅びる」）とある。それは消えてしまった炎のようなものであり、ニルヴァーナ。努めることも求めることも、もはや存在しないのです。

【Q&A】

Q　（質問不明）

A　ブッダはある経典を説いている。Dhammādāsa Sutta、鏡の経典です。ブッダは、預流者には以下の徳性があると言っています。その人は、仏・法・僧への確信をもっている。彼は決して戒を破ることがない。もしこうした徳性を自分がもっていると感じるなら、「私は預流者である」と、あなたは自身に告げてよいことになります。しかし、もしあなたにこの知識、書物の知識がなかったら、あるいはそれについて聞いたことがなかったら、経験はしていても、それを何と呼んだらいいか、あなたにはわからない。あなたはこうした全ての徳性と経験をもっている。しかし、その経験と徳性をもっているということは、必ずしも、あなたがその何たるかを知っているということを意味しないのです。

例えば、私があなたに、何か食べ物をあげたとする。私はあなたに目を閉じるように言って、それから、あなたがそれ以前には一度も味わったことのないようなものを与える。口を開けてそれを中に入れなさい、と私は言い、あなたはそれを咀嚼する。あなたはその味を言うことができるし、私はそれがどんな味かを訊くことができる。「ああ！　これは少しだけ甘くて、また少しだけ酸っぱい。美味しいです」と、あなたは言うことができます。それで、これは何ですか、と私が訊いたら、あなたは、「わかりません。しかし、味はわかります。私は、その名前を知らないのです」と言うでしょう。そんなわけで、あなたは味を知っていても、その名前を知らないことになるわけですが、これはとても自然なことです。預流者というのは、経験に付した一つの言葉です。

理解を確実にするために、レーディ・サヤドー（長老）の言葉を、また引用しておきましょう。「十分に長く待ってみること。場合によっては数年でも。あなたは世界の中で、そして日常生活において、試されることになるのですから」。たとえいますぐに、「おお！　おそらく私は悟りの最初の段階を得た」、と言い切ることができなくても、急いで結論を出そうとはしないでください。十分に長く待ってみること。そうすればあなたは試され、「ああ！　違った。私はまだ瞑想しなければならない」と、わかるかも知れない。こうしたことも、邪解脱と呼ばれます。つまり、あなたは解放されていないのに、そうだと思い込むわけですね。しかし、この間違いは誰でも犯し得るものです。私たちは、その人を責めることはしない。とはいえ、もしその人が誠実であれば、彼には後にわかるでしょう。この世界においては、実にたくさんの人、実にたくさんの状況が、常にあなたのボタンを押し続けていて、あなたはそれに反応するのですからね。もしあなたが誠実であれば、あなたにはわかる。しかし、もしあなたが不誠実であれば、誰もあなたには告げられない。それは、非常に些細なごまかしのようなもの。とても小さな嘘をつくようなものです。

Q　（質問不明）

A　異なった人々は、異なった蘊（khandha）を、異なった仕方で経験します。ある人々は、受（vedanā）の生成消滅を、より多く経験しますし、ある人々は、心（citta）の生成消滅を、より多く経験します。

それは個性にもよりますね。初心者にとっては、感覚からはじめるほうがよろしい。身体で経験することは、何であれ感覚です。そして心においては、あなたは感情をもっている。私は感覚をより強調しますが、それは、初心者にとっての出発点だからです。初心者にとっては、思考や心の状態からはじめることはたいへん難しい。後の段階で、どこを主とするかはあなたの個性しだいです。たとえあなたが、身随観（kāya-anupassanā）、即ち身体の動き、あるいは受随観（vedanā-anupassanā）、即ち身体の感覚からはじめたとしても、十分に長く実践していれば、その実践は、あなたがより進みたいと思うほうへと向かっていく。このことは、自然に起こります。

身体において私たちは、楽受（sukha-vedanā）、苦受（dukkha-vedanā）、捨受（upekkhā-vedanā）、

即ち、快い感覚、不快な感覚、中立の感覚を感じます。心においては、感情を感じる。つまり快い感情と、不快な感情と、中立の感情をです。そして時に、この両者は関連している。身体に痛みを感じる時は、心に不快な感情を感じるのです。あなたは非常な苦しみを感じる。「ああ！だめだ。これはひどく痛い」。そんなわけで、両者は関連しています。しかし、常に必ず関連しているわけではありません。あなたが、阿羅漢とまでは言わなくとも、よい瞑想者であれば、身体に痛みがあっても、心は安らぎに満ちていますからね。阿羅漢は、身体の痛みに影響されません。その影響の程度は、あなたがどれほど自分の心を鍛えてきたかに依存するのです。

Q　（質問不明）

A　貪欲と瞋恚の根絶は、悟りの第三の段階において起こります。世俗的な楽しみに対する貪欲の根絶ですね。しかし、この上なく幸福な生への貪欲は、まだ存在しています。感覚の楽しみへの貪欲が、悟りの第三の段階によって根絶される。全ての怒りとストレスは、悟りの第三の段階によって根絶されます。実践のはじめにおいて、これを根絶することはできません。起こった時には、私たちはそれに注意を払い、非常に綿密に観察する。そして綿密な注意を払うことで、それはどんどん弱くなるのです。すると時には、それの生じることがなくて、心が非常に明晰で、安らぎに満ちたものになる。そうしたら、より中立な感覚と感じに、注意を払ってください。しかし、強い欲望や怒りがある時は、それらを観察するのが重要ですが、それらが非常に強力な時には、私たちはもうあまり明晰な状態ではなくなってしまう。それでも、なお注意を払うことはできるのですが。

本当によい洞察智が起こるのは、強い欲望や怒りがもはや存在しない時、あるいは、それらが少なくとも一時的に存在していない時です。だから行捨智の段階において、存在するのは完全な平静さなのです。貪欲もなく、欲望もなく、ストレスもなく、動揺もない。心はとても清らかになり、そうして、ブレークスルーが起こるのです。ですから、この悟りへのブレークスルーの前には、この平静さが必要です。しかし、実践のはじめには、強い欲望や怒りなどが、何度も繰り返し浮かんでくることがあり得ます。私たちは、そこを通り抜けなければならない。瞑想に関するストレスでさえ、安らぎに満ちた瞑想の状態に対する執著でさえ、私たちは乗り越え、放棄し、手放さなければならないのです。ですから、こうしたことどもを観察し、手放すことは、とても大切です。怒りを抱いた時はいつでも、自分がある種の期待や執著、あるいは欲望を抱いているから、腹を立てているのだということを、私たちは観察することができます。貪欲と瞋恚の両方を、私たちは観察することができる。一方が存在している時はいつも、他方がそこにあるのです。何かを欲しいと思う時には、それを得られるかどうかに関する不安が存在している。これはとても痛々しいことです。実際のところ、欲望とはそれ自体が痛みであり、不完全さなのです。何かを求める時はいつも、私たちは不完全さを感じていて、この不完全さが痛みです。洞察智の第十一の段階において、こうしたことは一切、起こりません。欲望はなく、怒りはなく、ストレスもない。完全に明晰で、バランスがとれているのです。

Q　（質問不明）

A　リトリートでは、「なぜ」を説明する時間はないでしょう。私にできるのは、ただ何をすべきかを言うことだけです。準備ができていれば、仕事の半分は既に終わったことになります。よく準備ができているということは、仕事の半分を終えたということなのです。ですから、準備をして来てください。いま座って、そして身体の準備も整えておくこと。いま座っておかなければ、リトリートで一時間のあいだ座ることさえ、あまり簡単には感じられず、心は落ち着きを失ってしまうでしょう。あなたはいま準備をはじめる必要がある。心の準備、筋肉の準備、神経系の準備をはじめる必要があるのです。物事が、お話したようにただ起こると、期待してはいけません。ランナーでさえ、準備をしなければならないのです。ですから、いま、毎日瞑想をしてください。

これは、とてもわくわくする経験なのです。リトリートは、あまり頻繁に参加するものではありません。それはたったの九日間、貴重な九日間なのです。私は一分でも無駄にしたくはないのですが、そのためには、皆さん全員に能動的に参加していただく必要がある。どうすれば、全員がともに協力して、リトリートを可能な限り最高のものにすることができるでしょうか。私はリトリートを、フレンドリーでリラックスした雰囲気のものにしたいと思います。ある人は、リトリート（retreat）とは「めったにない楽しみ（treat）」だと言っていました。それはたいへん特別なものです。私はあなたがたが何かを、何かとても貴重なものを、体験してくれるよう切に願います。時間は真の問題ではありません。数日のうちに、たいへん深遠で意義深いものを、経験できる人たちもいるのです。

第十一章　最後に考えておくこと、そしてリトリートへの準備

確実な死に対する準備

皆さんご存知のとおり、私は準備について、とてもたくさん語ってきました。準備はとても大切です。このことについて本当に考えてみると、私たちは何事についても全く準備のできていないままに、人生を過ごしている。全ては私たちに、ただ偶然に起こるのです。それがよい人生の生き方であるとは、私は思いません。もちろん、私たちの人生には予期していないことが多く起こりますし、だから私たちは、そうしたことに対しては即時に対応しなければならない。そういうふうに起こる物事が、時々は存在するのです。しかし、ほとんどの場合、考えてみると、何かが起ころうとしていること、あるいは少なくとも、何かが高い確率で起ころうとしていることを、私たちは知っているのです。私たちの人生において、本当に確実に起こることとは何でしょう？それは死です。死は決定的に確実です。それについて、疑いの余地はありません。私たちはそのための準備をしているでしょうか？

たいていの場合、私は、何かよいことをするよう人々を動機づけ得るような、ポジティブで励みになることを言うのが好きです。

しかし、死は大きな動機づけ、大きなレッスンです。

私は、死にぎりぎりまで近づいた人たちを、たくさん知っています。私は彼らを病院に連れて行きましたから、彼らがどう感じたか知っているわけです。彼らは重く病んでいて、ほとんど瀕死でした。私は彼らを病院に連れて行って面倒を見たのですが、そこで、死を非常に深く経験した人たちは、違った人間になって帰ってくる、ということがわかったのです。このことは、とても重要です。自分が死ぬことを確信はしていても、それが今日であるのか五十年後であるのか、私たちにはわかりません。それは今日、起こるかも知れない。誰にもわからないのですよ！　準備はしておいたほうがよいのです。

このリトリートも、それが起こることを私たちは知っている。
それが起こるように、私たちがするのですからね。
準備をしておき、瞑想はリトリートの初日にはじまるのではないということを、理解しておくほうがよろしい。
それはずっと昔から、もうはじまっているのです。

このリトリートはプロセス全体の一部であって、
リトリートの後でさえ、あなたの瞑想は、あなたが死ぬまで、
最後の瞬間まで続くのです。
これこそ、私が本当に準備をしている対象です。
私は、最後の瞬間にどのように感じられるか、
それがどのようなものになるか、死ぬ一秒前の最後の瞬間に、
私の心の状態がどうなるかを、知りたいのです。
私はそれを知りたいと思うし、またそれに気づいていて、
そうして死にたいと思います。
それが、最高の死に方なのです。

準備に終わりはない

そんなわけで、私は本当にそのために準備しているのです。十分によく準備ができていれば、あなたの仕事は半分終わりです。私たちのほとんどは、何年も勉強してきており、また大学の学位も得ていますから、私の人生から非常にシンプルな例をとるとするなら、それはテストの例がよいでしょう。ご存知のとおり、一部の人々はあまり勉強しません。彼らはあまり講義に出ない。実習にもあまり行かないし、問題もしっかり解こうとしません。そうしてテストが迫った時、彼らはどうするでしょう？　彼らはパニックになり、心配し、すごく不安になって、寝たり食べたりできなくなります。そうして試験会場に入る前には、彼らは震えている。試験会場で問題用紙を見ると、「これもわからない、あれもわからない」と言う。あまりにも落ち着きを失ってしまっていて、もはや何もできず、もう考える時間もないのです。

私は学生であった時にも、実にたくさんの準備をしようとしました。おそらく、これは単に私の性格の一部なのでしょうね。ある人々は準備をしたがり、またある人はただ運に任せたがる。運に任せることは、本当のところ、あまりよくありません。運に任せたら、実に低い確率でしか、それが起こることはありません。ですから若い時でも、私はテストのためにたいへんよく勉強し、試験会場に行くときは、鉛筆とペンと定規、それにIDカード、それだけを持って行きました。ノートも本も、プリントもありません。もう勉強する必要はないのです。遅すぎる。もしまだ勉強する必要があったなら、それは遅すぎというもので、あなたはただ心をより動揺させ、疲れさせているだけなのです。その時に必要なのは、ただとてもリラックスしていることです。

試験会場に行った時、私は問題用紙をすぐには見ませんでした。それは置いたままにして、ただ座り、五分間瞑想するのです。そうして心が落ち着くと、問題を見て、「ああ！　これは答えられる」とわかる。それからゆっくりと、急がずに書き、終わったら、「よし、もうしっかりできた」。一つのことをしっかりと完遂すれば、それはあなたにたいへん大きな勇気を与えてくれるし、より自信を深めさせ、また落ち着かせてもくれるものです。それから他の問題に目を向けると、「ああ！　これは私にできることだ」。そして問題があまりに困難だとわかった時は、「よろしい。後でまた取り組むとしよう」。そうして、また次の問題に向かう。そんなわけで、これが私たちの、己の人生を生きるべき仕方なのです。

たとえ人生において、とてもよく準備をしていたとしても、
全てのことが私たちの期待どおりに起こるだろうと、
本当に確信することは不可能です。
私たちは、このことにも準備をしておかなくてはなりません。

しかし、とてもよく準備ができていれば、私たちは少なくとも、あまりにひどいことにはならず、あまりにひどい結果にはならないことが確実だろうと、感じることができます。少なくとも、満足はできることでしょう。ですから、準備はとても大切で、ある意味で私たちは、人生を準備につぐ準備で過ごすのです。準備に終わりはありません。実際のところ、この準備がまた私たちの人生でもある。私は自分の次の生に向けた準備さえしています。それが起こることを、私は知っていますからね。そのためにどう準備をすればいいか知っていれば、あなたが準備をしておいたような形で、それが起こる可能性は非常に高いであろうということを、あなたは大きな自信をもって感じることができます。

これが、ブッダがブッダになった仕方です。
彼はそのために準備していた。

そして波羅蜜（pāramī）、波羅蜜とは何でしょう?
波羅蜜とは準備、それは完成させることです。

あなたが何かをとてもよく修練することで、それは完全になる。そして実際のところ、その修練が準備なのです。波羅蜜を満たすことがなければ、つまり、自分自身の準備をせず、自身をそれに値するようにすることがなければ、それは起こることがありません。もし何かが起こってほしいと思うならば、私たちはそのための準備をして、自身の準備ができており、また自分がそれに値すると、感じなければなりません。あなたはいま、とても困難な状況を通過しなければならない。準備をしていれば、そのことをとても嬉しく思い、またわくわくすることができます。準備をしていなければ、恐ろしく感じてしまう。より不安になり、より心配するのです。ですから、私たちは長いあいだ準備をしてきたし、また、そのためになお準備をし続けなければならないのです。

過去を追い求めてはいけない

以下は非常に美しい偈です。瞑想者にとって、とても励みになるもの。ブッダいわく、

Atītaṃ nānvāgameyya,
nappaṭikaṅkhe anāgataṃ.

Yad atītaṃ pahīnaṃ taṃ,
appattañ ca anāgataṃ.

Paccuppannañ ca yo dhammaṃ,
tattha tattha vipassati,
asaṃhīraṃ asaṃkuppaṃ,
taṃ vidvā manubrūhaye.

Ajj' eva kiccam ātappaṃ;
Ko jaññā maraṇaṃ suve?
Na hi no saṅgaraṃ tena
Mahāsenena maccunā.

Evaṃ vihāriṃ ātāpiṃ
Ahorattam ataṇditaṃ
Taṃ ve bhaddekaratto ti
Santo ācikkhate munīti.

~MN iii. 187

「過去を追い求めてはいけない（atītaṃ nānvāgameyya）」。つまり、過去に（atītaṃ）繰り返し（anu）行って（gama）はいけない（na）。これは、私たちが過去を完全に忘れなければならない、という意味ではありません。その意味は、あなたがそれを本当に注意深く見るか、あるいは聞くかすれば、実のところ非常に明らかです。過去について繰り返し考えてはいけない。どこにも行き着くことなしに、ただぐるぐる回って考え続けていてはいけない。過去について思い出せることで、何か有益なものがあるなら、それを思い出し、利用してください。私たちは実にたくさんのことを思い出さなければなりません。電話番号やら住所やら、実にたくさんのことを。実に多くのことを、過去に私たちは行なってきたし、また実に多くのことが、過去に起こりました。私たちはそれを、思い出さなければなりません。しかし、そうした有益な経験を思い出し、それを利用することは、私たちの人生の一部ではある。それは構いません。けれども、過去のことを繰り返し考え、自身を不幸にすること。それは私たちのすべきではないことです。


過去に起こってきたことを考えたり、思い出したりすること。

そして、それを賢明に利用することは、私たちのすべきことです。

ブッダでさえ、自身の過去生について語りました。

それについて語ることは有益です。しかし、過去についてあまり考えすぎたり、それを習慣にしたりはしないでください。

自分が無益なことについて考えているのがわかった時は、それを注意深く観察してください。その思考を、注意深く観察するのです。自分の態度を観察すること。なぜあなたは、それについて考え続けているのでしょうか？　そこに恐れ、あるいは執著はありますか？　何かを恐れている時は、それについて実に多くのことを考えてしまい、忘れることができないものです。何かに対して大きな執著をもっている時は、それについて考え続けてしまう。ですから、人々が何かについて繰り返し考えるのには、多くの理由があるわけです。心を調べて、なぜあなたがそのことについて、やたらと考えているのか見て取ってください。最初にその思考を観察し、それから、それに対する自分の執著を観察するのです。その出来事、あるいは経験に、あなたはなぜ、そんなにも執著しているのでしょう？

あまり心配しすぎないように

「**未来にあなた自身を失ってはいけない**（nappaṭikaṅkhe anāgataṃ）」。これはパーリ語の正確な訳ではありませんが、原意に十分近いものです。実際の意味は、「未来を希求してはいけない」。

何かが起こるか起こらないかについて考え、
未来について心配することもまた、実に無益です。
しかし、それは、未来のために計画するべきではない、

という意味ではありません。

多くの人々が、「ブッダは過去について考えないこと、未来について考えないことを説きました。それでどうやって人生を生きることができるのですか？」と、繰り返し私に質問しました。彼らは、正しい意味が理解できていないのです。ブッダは、過去について全く考えるなとは言いませんでした。ブッダは、未来のために計画するなとは言いませんでした。過去について考え、そこからいくらかの有益な教訓を得て、それらを利用してください。しかし、過去について繰り返し考えることで、自分を不幸にはしないこと。とても惨めな気持ちになって、有益なことが何もできなくなってしまう。あなたはただ、自分の時間とエネルギーを無駄にしているだけなのです。瞑想者にとって、これは為すべき適切なことではありません。ただ、自然に過去について考えてしまう時は、それを非常に深く観察してください。あなたの執著をです。それについてひたすら考えさせるように仕向けているのは、あなたの執著なのです……。そうして、私たちは未来についても計画する。例えば、私たちはリトリートの計画をしているし、私はシンガポールに戻る旅の計画をしています。そうしたことを、私たちはしなければならない。しかし、あまりに心配しすぎることは有益ではありません。心配する必要はないのです。注意深く計画して、事実を見出し、為されるべき必要なことを、自分のベストを尽くして行なってください。しかし、あまり心配しすぎないように。

「**過去は既に存在しない**（yad atītaṃ pahīnaṃ taṃ）」。もちろん、私たちは過去が既に存在しないことを知っています。しかし、私たちはなお自分の過去に執著しており、それについて考えることで、過去があたかも、ここに現在しているかのようにしてしまう。私たちは、過去に起きた、自分の好むことを考えたがるし、それを想像することで、その出来事が、まるでいま起こっているかのようにする。ただ思考だけが、過去を現在に侵入させるのです。私たちは過去を想像して、それがあたかも現在しているかのように、それをリアルなものにする。もしそれについて考えなければ、それはもうリアルではありません。それはもう存在せず、単に記憶であるだけなのです。

「**未来はまだやって来ていない**（appattañ ca anāgataṃ）」。これについても、私たちは知っていますね。

ですから、私たちはそのために準備をし、そしておそらく、私たちは予期しています。予期しない何かが起こることになる。そのことも、私たちは、予期しない何かを予期しているのです。これもまた、私たちの人生の一部です。生を深く、ありのままに見つめてください。

直接経験は思考され得ない

「生を深く、ありのままに見つめてください」と言いましたが、生とは何の意味でしょうか？七十年とか八十年のことではありませんよ。それはただの概念ですからね。本当の生は、いま・ここにあります。もしあなたがそれを本当に、より綿密に見つめたならば、本当の生とは、私たちがいま見ているものであり、いま聞いているものであり、いま嗅いでいるものであり、いま身体に感じているものであり、いま味わっているものであり、いま考えていることなのです。

本当の生は現在にあります。
生とは、ただの観念や概念ではありません。
それはいま・ここの、私たちの感覚や知覚のことなのです。

瞑想する際に、私たちは何をするのでしょう？　私たちは、己の現在の感覚に、完全な注意を払います。

今日は、感覚（sensation）という言葉の意味を、非常にはっきりとさせたいのです。私の言うような意味で、皆さんはこの言葉を理解してきたでしょうか？　私の言う「感覚」の意味は、次のようなこと。つまり、あなたが寒いと感じる時、それは感覚です。あなたが暑いと感じる時は、それも感覚です。身体のどこかに痛みを感じる時は、それも感覚。快く感じる時は、それも感覚。あなたが何かを見る時は、それも感覚。何かを聞く時は、それも感覚。何かを嗅ぐ時は、それも感覚。何かを味わう時は、それも感覚。感覚という言葉で、私が意味しているのはそういうことです。

そんなわけで、瞑想する時、

私たちは感覚に完全な注意を払うのです。
いまあなたは、瞑想の何たるかの要諦をつかみつつある。

例えば、寒いと感じていることに綿密な注意を払う時、そこに何かの形はあるでしょうか？　形はありません。寒さの感覚には、形がないのです。ですから、寒いと感じていることに注意を払う時、私たちは形について考えない。私たちは、ただ感覚のみに注意を払います。つまり、直接経験とは思考され得ないものである。これは、もう一つのポイントです。このことに同意しますか？　このことについて、何か疑問はありますか？　曖昧なところはありませんか？　直接的で、無媒介の経験は、思考され得ない。考えることができるのは、概念や観念だけです。過去について考える時はいつも、それはもはや、あなたの直接経験ではありません。それはあなたが自分の心の中で形成した概念や観念であり、あなたの考えている経験の解釈です。あなたは現実の経験を、本当に考えることはできない。それは単に、経験に対するあなたの解釈に過ぎないのであって、あなたの考えることができるものはそれだけなのです。

同じことは未来についても言えます。あなたは自分の過去を未来に投影している。つまり、あなたは観念や解釈のみを考えることができるのであって、直接経験を考えることはできないのです。

いま・ここに物語は存在しない

瞑想する際、私たちは自分の身体と心における、自分の直接経験に、完全な注意を払います。思考が生じた時にはいつも、私たちは直接的な注意、完全な注意をその思考に払う。時には思考が存在しないことがあるかも知れません。心はただ落ち着いていて静かであり、安らぎに満ちている。そしてあなたはその心にも注意を払う。とても明晰で、とても落ち着いており、とても安らぎに満ちている。それにもまた、あなたは注意を払うわけです。「これがいま起こっている」。私たちはそれに関して何もしない。それを変化させようとはしないのです。


瞑想する際、私たちは何かをしようとしたり、何かを起こさせようとしたりはしません。

私たちは、起こっていることとありのままに注意を払おうとする。

そんなわけで、これはたいへん重要なポイントです。

「生を深く、ありのままに見つめてください」

ただ深く見つめるだけで、それに関して何もすることはないのです。

多くの人が、瞑想する際に何をしたらいいかと訊いてきます。

ただ注意を払ってください！


しかし、たいていの人が、この回答に驚きます。彼らは自分が何かをしなければならず、何かを創造しなければならないと思っているのです。行為というのは、私たちが日常生活においてやっているものです。しかし瞑想する際には、私たちは全く何もしないのです。私たちはただ注意を払うだけ。とてもシンプルだから、人々にとってそれを行うのは難しい。シンプル過ぎて難しいのです。私たちには、物事を実に複雑にしてしまう癖があります。何かを行おうとすれば、我が出てくることになる。瞑想において、それはやってはいけないことです。あなた自身を脇に置いて、瞑想が起こるままに任せて下さい。無我であって、何もせずに、ただ完全な注意を払うこと。これがとても大切なのです。

まさにいま・ここで、生を深く、ありのままに見つめてください。
いまとここそのものには、物語はありません。
まさしくいま・ここで起こっている何かについて、
物語を作ることができますか？
いま・ここに、物語は存在しないのです。
存在するのは、ただ生成消滅する諸感覚だけであり、
無媒介の感覚だけなのです。

完全な注意がもたらす自由

そんなわけで、この偈の意味はとても明らかです。全ての言葉を理解していれば、これが瞑想の指示になります。**「まさにいま・ここで、生を深く、ありのままに見つめつつ、実践者は安定して自由である（paccuppannañca yo dhammaṃ, tattha tattha vipassati, asaṃhīraṃ asaṃkuppaṃ）」**。あなたが自分の心を、いま・ここに、全ての注意をもって留めることができたならば、そこには安定がある。つまり、あなたの心は過去にも向かっておらず、未来にも向かっていない。だから安定があるのです。あなたが過去や未来について考えていたならば、それはつまり、安定がないということです。あなたの心が、まさにいま・ここで落ち着いて、何であれ身体と心で起こっていることに注意を払い続けている時は、あなたには安定があり、そしてまた自由がある。完全な注意を払っている時には、思考が存在しないからです。

実際のところ、思考とは私たちの入っている牢獄なのです。
百%の注意を払っている時には、心に貪欲は存在しません。
貪欲とは、実のところ思考なのです。
考えることなしに、自分を実際に欲深くすることができますか？
やってみてください。

物語や人、あるいは状況について考えることなしに、欲深くなることはできません。つまり欲望は、思考を伴うわけです。怒りについても同じことが言えます。それについて何も考えることなしに、腹を立てることはできません。ですから、いま、ここ、そのものには、欲深になるべき何ものもなく、怒るべき何ものもないのです。貪欲がなく、怒りがなく、ただ百%の注意だけがある。これが実のところ自由です。だからそこには愚癡がない。ぼんやりと無自覚でいることがないのです。

いま以外にはあり得ない

「私たちは今日、努めなければならない。明日まで待っては遅すぎる。死は予期しない形でやって来る。それと取引することがどうしてできるだろうか？」。

Ajj' eva kiccam ātappaṃ;
Ko jaññā maraṇaṃ suve?
Na hi no saṅgaraṃ tena
Mahāsenena maccunā.

この偈からは、ある歌詞が思い出されます。「明日にするんじゃ遅すぎる」。これはある歌の、歌詞のどこかにありました。"It's now or never." ですね。誰の歌でしたっけ？　覚えていません。そんなわけで、私たちは今日、努めなければならない。明日まで待っては遅すぎる。だから、いま以外にはあり得ない（it's now or never）のです。死は予期しない形でやってくる。つまり、私たちは自分がいつ死ぬことになるか知らない。私たちは、自分が長生きするであろうと、ただ信じているのです。「うん！　私はとても健康だし、少なくともあと二十年、三十年、四十年は生きることになるだろう」。私は五十年生きたいとさえ望んでいます。あと五十年生きたいのです。私は最後の日、最後の瞬間まで活動していたい。いずれにせよ、それがいつ起こるのであれ、死は予期せぬ形でやって来得るのです。たいていの人は予期しない形で死にますが、中には長く患っていたので、自分が死ぬであろうことを知っている人たちもいます。実のところ、そうした人たちは、とても幸運なのです。

何ヶ月も、あるいはひょっとしたら何年も前から、自分が死ぬであろうことを知っている人たちは、とても幸運です。「苦しまないように、コロリと死にたい」と、私に言った人たちもいました。しかし、私の気がついたことですが、自分がゆっくりと死に向かっていることを知っている人たちは、最初は非常に悲しんで鬱々とするけれども、とくに彼らが瞑想者であった場合、鬱状態から非常に速やかに抜け出して、瞑想をするのです。彼らは一瞬一瞬、一日一日を、実にしっかりと活用している。目覚めた瞬間に、彼らはとても幸せに感じるのです。「私はまだ生きている」。自分の時間を、彼らは実にしっかりと活用しています。誰かに会った時はいつでも、彼らはその相手に、本当の気配りと愛、そして思いやりをもって接します。自分たちは数日、あるいはひょっとしたら数ヶ月間、共にいることになるだけであって、その後には別れてもはや会うことがないと、彼らは知っているのですからね。

なぜ、がっかりするようなことを考えてしまうのでしょう。むしろ私たちが互いにできる素晴らしいこと、つまり私たちが互いにやってきたこと、尊敬と親切、誠実と寛闊、全き真情をもって相互に対することを、考えたほうがいいはずなのに。このことはまた、私が試みていることでもあります。皆さんがどうお感じになるかはわかりませんが、私は人生において長いこと、何年ものあいだ、自分がほんとうではないと感じていました。私はただ、ある役割を非常に上手く演じていただけで、あまりに上手に演じていたから、皆がそれを信じていたのです。しかし、おわかりのように、演じ続け、ふりを続けているあいだは、ほんとうでないと感じてしまう。自分の人生に、満足を感じることがないのです。でも、私はほんとうでありたい。私は本当に、自分のしたいことが何であって、自分がどのように感じていて、自分が何者であり、どこに向かっているのかということを、見出したいと思っているのです。

　そんなわけで、死は予期しない形でやって来る。それと取引することがどうしてできるだろうか？　取引なんてできません！

独りでいても、さみしくないこと

「いかにして日夜、気づきのうちに住するかを知っている人、つまり、独りで生きるよりよい仕方を知っている人が、聖者と呼ばれる」。

Evaṃ vihāriṃ ātāpiṃ
Ahorattam atanditaṃ

Taṃ ve bhaddekaratto ti
Santo ācikkhate munīti.

聖者というのは、ブッダや阿羅漢といった賢明な人、誰であれ賢い人のことです。

私たちが日夜、気づきのうちに生活していれば、
それは気づきが、私たちの家になったことを意味します。

「独りで生きるよりよい仕方を知っている人」。「よりよい仕方」というからには、それ以外の仕方が存在するということになります。独りで生きるための仕方は、他にも多く存在する。例えば、ただ森へ行き、小さな小屋を建てて、周りに誰もいない状態で、そこに独りで住むこととか。これは、独りで生きるためのよりよい仕方ではありません。一定の期間、そのようにすることは、一部の人々にとっては有益かも知れません。しかし人生の全ての期間を、そのように過ごしてはいけません。あなたは、他者と関わらなければならないのです。僧侶でさえ、他の僧侶や師匠、村人や檀家の人たちと、関わらなければならない。

そうすると、「独りで生きるよりよい仕方を知っている人」とは、どういう意味でしょう？　たいていの人はさみしさを感じていますが、独りで生きているわけではありません。彼らはただすごくさみしく感じているだけで、独りで生きているわけではないのです。独りで生きていてもさみしくならないということが、あなたにはできる。

これこそ、瞑想者の学ぶべきことであり、
またそれができるように学ぶことは、たいへん有益なことでもあります。
「独りでいても、さみしくないこと」

これが私たちのやっていることなのです。私たちは森の小さな住処に、たいていの場合、独りで住みますが、決してさみしいと感じることはありません。ここにいる時でさえ、私はほとんどの時間を、自分の部屋で過ごします。部屋から出てくることは、めったにありません。私は独りで過ごしていますが、さみしく感じることはないのです。私は繫がっていると感じている。関わりをもっていると感じている。では、どうしたらそれができるのでしょう？　それこそ、私たちが学んでいることです。瞑想者は、それができるように学んでいる。つまり、過去や未来についてあまり考えすぎず、貪欲や怒りを感じることがなくて、心が静かでマインドフルであるならば、それが独りで生きるためのよりよい仕方なのです。周囲にはたくさんの人々がいるかも知れない。リトリートにおいて、私たちは共に座ることになる。私も、皆さんと一緒に座ります。しかし、私たちの各々は独りなのです。私たちは瞑想していて、とてもマインドフルであり、反応をしていないのですからね。

貪欲や怒り、プライド、羨望や嫉妬をもって反応をしない時、私たちは独りなのです。
反応をはじめた瞬間に、私たちはもはや独りではない。
欲深になったり怒ったりしている時は、私たちはもう独りではないのです。

マインドフルであって欲深ではない時、過去や未来について考えすぎていない時（過去や未来について、考えることも時にはある。考えることが有益なのであれば、それは構いません）は、私たちは心理的に独立しているのです。この「心理的に独立している」という言葉は、たいへん重要です。私は多くの意味で皆さんに依存していますが、心理的には、私は皆さんに依存していない。私は皆さんに、私を幸せにしに来てくれることを、期待してはいないのです。私は、ただ自分のありのままであって幸せです。しかし、何かを必要としたり、どこかに行きたいと思う時には、私は皆さんに、私を助けてくれることを期待している。私はそのことを期待していて、つまりそうした物事については、私は皆さんに依存しているわけです。そんなわけで、皆さんは私にこうした全ての援助をしてくれていて、そのことを私はたいへん感謝していますが、しかし私は皆さんに、心理的には依存していないのです。私は独立している。それはつまり、独りであるということです。あなたが他の人に依存している時は、たとえその人があなたの近くにいなかったとしても、あなたは独りではないのです。

そんなわけで、瞑想してこうした諸徳性を育むと、あなたは独り（alone）になりますが、さみしく（lonely）はないのです。この違いを理解しようと努めてください。そこには大きな相違があるのです。ブッダは僧侶たちに、人里離れた場所に行って住むように勧めました。しかし彼は僧侶たちに、人々から完全に断絶してしまうことは勧めなかった。それは、ブッダが奨励したような種類のことではないのです。

ですから、瞑想して、心をとても落ち着いて安らぎに満ちた状態にし、貪欲も怒りも、プライドも羨望も嫉妬もなくなったら、それが独りであるということであり、けれどもあなたは、他者と関わりはもっているのです。あなたは毎日、村へ行って食物を得る。人々があなたのところへやって来て、あなたのために用務をし、そして助言を求めたら、あなたは彼らに助言を与える。しかし、あなたは依存していない。だからあなたは独りである。あなたが独立している限り、あなたは独りなのです。

独りであることは、とてもよいことです。さみしいことは、そうではありません。

「欲しい」よりも「必要」が悪い

以下は、私がずっと昔に読んだ、ある詩から引いた二句です。とても長い詩で、三ページくらいあったと思います。私が覚えているのは最初の二句、とても美しい二句だけで、私はその二句のように生きています。これが私のやっていること。私は様々な詩を生きていて、すると私の生が一つの詩になるのです。

「選り好みをしない人たちにとって
至高の道は難しいものではない」
(至道無難　唯嫌揀択)

〜禅宗第三祖・僧璨《そうさん》『信心銘』

私はこの詩のように生きようとしています。選り好みは、そんなに悪いものではありません。必要が、実のところとても悪いのです。私たちは、「これが必要だ、あれが必要だ」と言ったり、あるいは「これが欲しい、あれが欲しい」と言ったりする。

欲しいというのは、そんなに悪くありません。必要のほうが、より悪い。「私は必要としている」と言う時、それは、あなたがそれなしでは生きられないということを意味するからです。

たいていの場合、私たちは多くのものを必要としません。私たちが本当に必要としているものは実に少なくて、語るのが馬鹿馬鹿しいくらいです。私たちは、それについて語りたいとも思わない。私たちは多くのものを必要としません。ただ少量のご飯と、いくらかの青野菜と、少しだけの豆。それだけで十分なのです。ただお腹を満たしてください。お腹のほうは、それでかなり幸せです。幸せでないのは、舌のほうだけ。私たちが必要とするものは、実に少ないのです。そして着るものに関しては、ご覧のように、私は同じものを着ています。洗う必要がもしあれば、朝に一着を洗います。すると夕方には乾いている。それをまた着るわけです。毎日、私は同じ服を着ていて、変える必要がありません。身体はそれでなかなか幸せですが、ひょっとしたら目のほうは、それを何の問題もありません。ただ何度も繰り返し、それを洗っては着ているだけです。それをあまり嬉しくないと感じるかも知れない。それはただ、私の目だけの話です。しかし私の身体のほうは、暖かく感じられる限り、問題は全くないのです。私の目だけが、実に多くの苦を引き起こす。そんなわけで、いま私は、昔より少しだけ賢くなりつつあります。目や舌の言うことを、私は聞かない。しかし歩くときには目の言うことを聞きますよ。そうしないと、穴に落ちてしまいますからね。

「私はそれが必要だ」と言う時には、非常に深く観察して、自分自身に問うてください。「私は本当に、それを必要としているのだろうか？　それを手放すことはできないのだろうか？」。それが必要だというのは、本当に確かなことなのでしょうか？　その質問をしてみたら、おそらくあなたの答えは、九十九％が「いや、必要なのではない。私はそれが欲しいのだ」ということになるでしょう。ですから、その点については、ごく正直になってください。「私はそれが欲しい」。これは非常に正直です。そして、もし「私はそれが好きだ」と言うのであれば、そのほうがずっとよい。そのように言うことで、それはそこまで強い要求ではなくなるわけです。あなたは自分の選り好みを、変更することができる。「私はそれを変更しても構わない。私はこれが好きだけれども、それを得られなかった時は、自分の得たもので、それなりに満足するだろう」。そして、さらにその時には、「選り好みがもしなかったら、実に安らぎに満ちていて自由なのだ」とさえあなたは言う。では、なぜあなたは、自身をそんなに不幸に、そんなに不自由にしているのでしょう？　そうした状態が起こるままに任せているのは、あなたなのです。

リトリートに行って瞑想する際は、普段であれば得られている実にたくさんのものを、あなたは得ることができないかも知れない。食べ物、飲み物、また他の多くのものも、あなたは得られないかも知れないのです。ですから、心の準備をしてください。「私は、この二句を実践する。――選り好みをしない人たちにとって、至高の道は難しいものではない」。リトリートで、死ぬことはないでしょう。ブッダは、「たとえ死んでも、修行を続けよ、努め励め。たとえ身体が骨と皮になっても、努め励め」と言いました。しかし、私が心配しているのは、十分な運動をしないせいで、あなたがたの体重が増えてしまうのではないかということだけです。ですから、その件については心配しないでください。食べ物は十分にあるでしょう。お腹を満たしてください。お腹の言うことは聞かないように。ただ、お腹の言うことだけを聞くのです。それが健康的で、新鮮なベジタリアンの食事である限り、あなたが何を入れようと、お腹はずいぶん幸せでしょう。それは、なかなか幸せなのです。

一つの瞑想が別の瞑想を手助けする

そんなわけで、いくつかのことについては、あなたの心を正しい枠内へと、入れておかねばなりません。

これはとても大切です。心を枠内に入れておくことは、とても大切なのです。心構えをつくることは、とても大切です。

あなたが正しい心構えに、心の正しい枠内にあれば、物事はとても簡単に進みます。

また、リトリートのあいだは、不必要に互いに会話をしてはいけません。ほんとうに必要な時は、話しても結構です。私と話すのは構いません。質問してもいいのです。口頭で質問したくなければ、紙面で質問しても構いません。質問を紙に書いて、それを私の席の近くに置いておいてください。私はそれを読んで、質問にお答えします。もしお望みでなければ、記名する必要もありませんよ。もし私と個人的に話がしたいのであれば、それについても相談していただいて構いません。状況によりますが、そのための時間をとります。現時点では、その場所がどこになるかはわかりません。質問や相談は、瞑想ホールで、私たちが瞑想する場所でするのがいいでしょう。計画によると、朝夕に、一時間半の歩く瞑想の時間があります。長いですね。そのあいだにも、歩く瞑想の時間と座る瞑想の時間が、一時間ずつ交互にある。他の人たちが歩いているあいだに、皆さんの中で質問のある人がいた場合、もしそれが適切なら、その時間にも質疑応答はできるものと、私は思います。そうでなければ、質疑応答のためだけの時間を、他につくることもできるでしょう。

リトリートのあいだは互いに話すことがないわけですから、もし皆さんが誰かの名前を知らないのであれば、いま互いに知り合いになっておくことは、よいことだと思います。私も皆さんがどなたであるかを知るために、皆さんの名前を知りたい。以前に何度もお会いしてきたので、私は皆さん全員の顔を知ってはいます。しかし、一部の皆さんについては、名前を覚えていません。そのようにして、いまここにいる皆さんそれぞれが、私たちは友人であると感じ、私たちは兄弟姉妹であると、感じるようにしてください。このように感じることもまた、とても大切です。ただ気づきの、ウィパッサナーの実践を行ずることだけでは、十分ではありません。それ以上のことを、私たちは実践する必要がある。慈しみの心、メッターの瞑想を実践しましょう。それとともに、あわれみ（悲）も伴ってくる。両者はたいへん近いものなのです。

そしてまた、私たちはブッダの徳性についても熟慮する。そうすると、心がとても落ち着いて、安らぎに満ちて清らかになるのです。誰か清らかな人のことを考えると、心もそうなっていく傾向がある。私たちは、ますます手放すことができるのです。ブッダのことを考える時、彼の自由、彼の清らかさ、彼の智慧、彼のあわれみについて考える時、直ちにあなたは、彼のようになりたいと感じる。ただ彼のようになりたいと思うことによって、あなたは自身の妨げとなっている、他の物事を手放したいと思うのです。ですから、プロセスの道に沿いつつ、私たちはこのことも、数瞬、数分のあいだだけ実践しましょう。

私たちがメッターの瞑想を実践する時、それはただの言葉ではありません。私たちは互いのことを、それぞれの人のことを考えて、思いやりを放射する。あらゆる種類の優しい思いを互いに放射することで、私たちはとてもフレンドリーな感覚をもち、安心してリラックスするのです。ですから、互いに知り合いになってください。皆さんのうちのほとんどは、既に互いに知り合いであると思います。私たちは既に友人であり、あるいは私たちは兄弟姉妹であり、家族であると、あなたは感じてさえいるかも知れない。この感覚によってもまた、私たちはとても安心してリラックスする。これは、とても大切なことです。


一つの瞑想が、別の瞑想を手助けする。

気づきの瞑想は、あなたがよりマインドフルになり、より安らぎに満ちて、より敏感になることを手助けします。

それによって、あなたはより慈愛に満ち、より親切で、より人を思いやるようになる。

私たちは、深く人を思いやる必要があるのです。

一つの大きな家族として

とてもたくさんの人々が、同じ場所に、とても長いあいだ、つまり九日間、一緒に住みます。心を適切に準備しておかなかったら、多くの摩擦やストレスが、引き起こされることになるでしょう。二人の人が同じ場所で暮らすだけでも、ずいぶん我慢強く、思いやりをもち、寛容と理解を心がける必要がある。小さなことは時おり起こって、あなたを苛つかせ、「ああ、この人は！

この人がリトリートに来なければよかったのに。彼は座りに来て瞑想すると言っていたのに、見ろ、ひたすら動き続けてるじゃないか」と、あなたはずっと考えてしまうかも知れません。実にたくさんの思いが、あなたの心に浮かぶでしょう。

ある人は食べるとなると——私は多くの人が、正しく食べないことを知っているのですが——、一緒に食べた人たちが私のところにやって来て、「あの人は実に欲深なんです。おわかりでしょう。彼はよい食べ物をすごくたくさんとってしまうし、皿のデザートを全部食べてしまうんです」と言うのです。そうしたことは起こりますし、それは実に人間的なことです。たくさんのことが起こります。ドアを閉める時だって、バタンと音を立てたりする。時に人々は忘れてしまう。私でさえです。時に私は忘れていて、バタンとドアを閉めてしまう。すごく大きな音が出て、私はとても恥ずかしく感じるのです。「全くマインドフルでなかった」と。実際には、周りには誰もいないのですけどね。

私たちは互いに助けあい、支援しあっているのだと感じることは、とても大切です。ですから毎日、座る瞑想の際にほんのしばらくのあいだ、思いやりや慈愛の念、理解や寛容に満ちた思いを私たちは放射して、互いに安全で安泰であると感じられるようにする。そうすることで、裁かれていると感じずに済むのです。なにか間違ったことをしてしまっても、「うん！ 誰もこれに腹を立てたりはしないだろう」と、あなたにはわかっている。ただわかってはいても、時に私たちは忘れるものです。ですから、いま互いに知り合いになって、私たちが一つの大きな家族の一部であると感じてください。これがメッターです。メッターとは、「全ての生きとし生けるものが幸せでありますように。あ、ただしあの人以外！」と、ただ考えることだけを意味するのではありません。ミャンマーには、こういうのを表す詩があります。詩の全体は忘れましたが、「悪い生まれに属するもの、蚊やシラミ、カラスを除いて、それ以外のものは、全て幸せでありますように」というのです。可笑しいですよね。でも、そういうことはあるんですよ。

皆さんが、瞑想に関する基本的なインストラクションは理解なさったことを願っています。いま質問をすることも、まだできますよ。基本的な瞑想の技術、方法論やインストラクションについて、まだ疑念があれば、どうぞいま質問してください。

【Q&A】

Q　（質問不明）

A　ええ、面談の時間はあります。質問をしたり、体験を話したり、指導を受けたりできますよ……。内密な形で質問をしてくれてもいいです。私にできることであれば、どんな形であれ、皆さんをお助けしたいと思っています。この準備は、皆さんがリトリートの九日間を最大限に利用する手助けをするためのものです。それはとても貴重な九日間。一日一日が、たいへん貴重なのですからね。これは、あなたがいつもやっているようなことではない。実のところ、これはすごく特別なことで、すごく稀なことなのです。私は皆さんに、それを最大限に利用していただきたいし、本当に楽しんでいただきたいし、「ああ！　リトリートには実に価値があった」と、本当に感じていただきたいのです。そうすると、「ああ！　リトリートをやって本当によかったなあ」と、後に皆さんは思い出すことでしょう。これをする機会を得るということは、実に稀なことなのです。後には記憶として、皆さんはそれを思って幸せに感じ、そのことは、皆さんが瞑想を続けていく助けになるでしょう。

皆さんは、瞑想することを本当に学ぶことになる。皆さんはある深い洞察智を経験し、それは残りの人生のあいだ皆さんを助けてくれるでしょうし、また私が思うに、それは次の生においてさえ、皆さんの助けになるでしょう。深い洞察智は全て、素晴らしい力をもっていますし、それは皆さんに、多くの生にわたって影響を与えることが可能ですからね。これが単に純粋な物質的現象であって、存在者ではなく、物ではないこと。そして、これが単に純粋な精神的現象であって、存在者ではなく、物ではないこと。このことを皆さんがただ理解すれば、ただその理解が皆さんに、多くの生にわたって、非常に深く、明らかに影響を与え得るのです。ダンマ（法）を耳にするたびに、「そうだ、これは正しい」と、皆さんは直ちに知ることになるでしょう。深い洞察智には、そうした素晴らしい力がある。智慧や気づきや明晰さは、私たちのほとんどが、常には行使してこなかったものであるわけです。これまでに私たちは、多くの生を生きてきました。正確なところは私にはわかりませんが、ただ知識に基づいた推測から言えば、私たちは過去の生においてさえ、あまり多くは瞑想してこなかったと言うことができる。たぶん私たちは、多くの徳を積み、布施をし、他者を支援し、他者を助け、戒を守ってきたのでしょう。こうした全てのよいことを、私たちはやってきたのかも知れない。それは十分にあり得ることです。しかし、私たちが本当に瞑想をすることは実に稀です。瞑想して、物事のありようを見抜き、観察することは実に稀なのです。

ですから、このことを本当に考えてみたら、皆さんがこれからやろうとしていることは、皆さんが以前には、おそらくは決してやってこなかったことなのです。そして未来においてさえ、私はそのことをしたいと思います。より長いリトリートを、十五日、二十日のリトリートを、やりたいと思うのです。その計画ができるのであれば、こちらに戻った時に、私は本当に喜んで皆さんのお手伝いをしたいと思います。可能であれば、やりましょう。しかし、実際にできるかどうか、本当に確言することはできません。それでも、心を本当にその実行のほうへと向ければ、それは起こるのです。

Q（**質問はおそらく、「『高い、もしくは贅沢な座席**（**seat**）**を使わない』という戒の、目的はなんですか？」**）

A　人々は自分の座席に、大きなプライドをもっています。そして、たいていの場合、彼らの座席が、彼らが誰であるかを示すのです。例を挙げると、ある人たちが私に語ったところでは、ある種のオフィスの場合、そこに行けば、オフィスの大きさで、その人が誰であるかがわかるのだそうです。そして、部屋に鉢植えがあれば、その珍しさと高価さによって、その人が誰であるか、つまり、その人が上役であるということがわかる。さらに、よりたくさん、大きな鉢植えがそこにあれば、彼はより上位の存在であるということになる。空いたスペースはあまり残っていなくて、部屋全体が、鉢植えで満たされているのです。

私たちは、着る衣服に、座る座席に、あるいは寝るベッドに、大きなプライドをもっている。私たちは違った座席を使うことで、互いに差別しあっているのです。「君はその席に座ってはいけない。あれは特別な人のためのものだ」。八斎戒を受ける時、私たちは自らを意図的に謙虚にする。衣服や座席によって、自らを誇示したりはしないのです。ですから、高くて贅沢な座席は使わない。それは私たちの心にも影響を与えるのです。あなたがこの点に言及してくださって嬉しいです。

八斎戒は、あなたから必需品を奪うものではありません。
それはあなたが瞑想するのを助けるもの、
あなたの生活を、シンプルにしてくれるものなのです。

八斎戒を守ることに慣れていなければ、「ああ！　これは実にたいへんだ」と、思うかも知れません。しかし、たとえそれに慣れていなくても、もしあなたが自ら進んで戒を守ろうとすれば、二日目からは、問題ないということに気づくでしょう。初日だけは、何かが欠けているようにあなたは感じる。夕食の代わりに、あなたはジュースをたくさん飲んで構いません。そうすることに慣れてきたら、夕食を食べる必要を感じることさえ、もはやなくなるかも知れない。朝ごはんをたくさん食べ、昼にもう一度たくさん食べ、それから夕方には、ジュースを飲んでください。ジュースを飲むことは、瞑想にもいいのですよ。液体によって、重く疲れた感じになることはない。それはあなたに多くのエネルギーを与えながら、非常に軽い感じにさせてくれる。

ですから、人生をとてもシンプルにすること、そしてまた時間を節約することは、とても大切です。考えてもみてください。どれほどの時間を、私たちは食べることに費やしているか。私が食べる時に、かかる時間は十五分ほどです。食事の時間は二十分とっているのですが、十五分のうちに、私は食事を終えてしまう。人々が料理にどれほどの時間をかけているか考えると、「なぜ、ただ料理するためだけにそんなに多くの時間をかけるのだろう？　ただ茹でて、少量の塩と油を加え、それを食べればいいだけなのに」と、私は思います。十分で料理をして、十分で食べればよいのです。

自身を健康に保つために、
十分なエネルギーをとることは大切です。
しかし、食べ物について考え過ぎることに、
あまり多くの時間を使わないようにしてください。

若い時には、人と会うたびに、あれやこれやのことを話していて、会話がいつの間にか食べ物のことになっていたことが、どれほどあったかわかりません。何度も繰り返し、食べ物の話ばかりをするのです。例えば、今朝何を食べたとか、そういったこと。そうしてしばらくすると、私たちはそのことに気づいたものです。「おい！　僕たちは他のことを話していたのに、いつの間にか食べ物の話になってるじゃないか」。ですから、これは私たちの人生の大きな一部なのですね。身体が必要としているのです。私たちは、食べないことによって自身から奪ったり、身体を壊したり損なったりしているわけではありません。私たちは、十分に食べているのです。

Q　牛乳を午後に飲むことは許されますか？

A　……実のところ、乳製品は一種の食べ物であって、午前中のみ食べることができるものだと見なされています。本当のところ（正午以降に）許されているのは、果物と野菜のジュースだけですね。番茶や紅茶は、構わないと思います。ハチミツ、サトウキビのジュース、ココナッツ水、オレンジジュース、バナナジュースなどは許されています。

Q　なぜ、それは許されないのでしょう？

A　あなたの生活を、とてもシンプルにするためです。それがいちばんのポイント。私たちは、料理に時間をかけたりはしないのです。

いちばんの目的は、あなたの人生を、とてもシンプルにすること、ただ、食べ物への執着を手放すことです。

ミリンダ王については、何かご存知ですか？　彼は時々、八斎戒を守ることがあった。彼はナーガセーナ長老に、多くの質問をした人です。その王の名前が、ミリンダ、あるいはメナンドロスです。パーリ語では、ミリンダですね。この王が、どれほど注意深く、また賢明であったかご存知ですか？　彼はナーガセーナ長老に質問する前に、一週間ほど八斎戒を守って、装飾された城の部屋ではなく、非常にシンプルな部屋に住み、シンプルな服を着て、こんなふうに、髪を覆いさえしたのです。飾らないために、ただ髪を覆ったのですね。彼は八斎戒を守り、しばらく瞑想して、それから質問をした。自身をこんなふうに準備すれば、心構えとものの見方が変わります。自分が王であるとは、もう感じない。自分を真理を知りたいと欲する一個人であるように感じて、そのために心と身体の準備をするのです。ですから、こうしたことは、注意を払っておくべきとても大切なことです。もし彼が自分を王だと感じていて、その気持から質問をしたら、愚かな質問をしたでしょうから。そういうわけで、彼は自身を王であることから、意図的に引き離したわけです。権力を放棄しないまま、彼は宮廷への臨席をやめ、一週間ほどただ瞑想し、八斎戒を守って、それから質問したのです。

そんなわけで、こうしたことは、私たちが記憶し、学び、為すべきことだと私は思います。瞑想をしていなければ、私が瞑想について語ることは、とても困難でしょう。また皆さんが瞑想をしなければ、瞑想について質問することはとても困難でしょう。こうした全ての準備とともに皆さんが瞑想を行なっていれば、皆さんには何を質問すべきであるかがわかります。そして私には、何かを言わなければならないとすれば何を言うべきか、ということがわかるわけです。また、何であれ貴重品は持って来ないでください。それはただ、あなたを心配させすぎるだけですから。

Q　感覚を観察する時、私たちは呼吸にもまだ気づいているのですか？

A　呼吸だけに留まっていられるのであれば、できるだけ長くそこに留まってください。身体の何か他の感覚が非常に強くなって、あなたの注意を引いた時は、心は自然に、そちらへ何度も繰り返し向かうことになります。この場合は、その感覚にそれなりの長い時間、注意を払ってください。そこに長い時間、留まっていられる限り、留まるのです。どの感覚に留まるのかは、問題ではありません。唯一、本当に問題なのは、そこに長い時間留まって、その本性を観察することです。それが単なる自然現象であるということを観察してください。それには形がなく、名称がなく、また何者にも属してはいないのです。

Q　（質問不明）

A　ええ、その感覚は消えるかも知れません。時には消えないことがあるかも知れませんが、ほとんどの場合、それは消えます。消えた時には、呼吸にまた戻ってください。時には、ご存知のとおり、呼吸すら消えることもあります。ただ非常に明晰で安らぎに満ちた心の状態だけが、そこにあるのです。そうしたら、あなたはそこに注意を払う。そこにはもはや何も存在しない。身体的な感覚もなく、呼吸すらありません。あなたはまだ呼吸をしてはいるのですが、それが非常に微細になるので、あなたの気づきの範囲内に、それはもう入って来られないのです。

　また、あなたは自分の心の状態に、より注意を払っていますから、あなたが心の状態に注意を払えば払うほど、ますますあなたは、その心の状態に没頭することになる。心が心の中に留まるのです。身体はあなたの注意の焦点から外れ、だからあなたは、もうそれには気づかない。あなたは身体に、何も感じないのです。あなたはただ、とても明晰で落ち着いた心だけを感じる。時に、何か波のようなものがやってきます。あなたにはそれが観察できて、感じると、それは去って行く。こうした過程に留まってください。とはいえ、これは後の段階においてだけ起こることではありますが。

Q　（質問不明）

A　一つの感覚に留まっていられるのであれば、できるだけ長くそこに留まってください。呼吸もまた、一つの感覚です。私たちが呼吸を選択するのは、それがいつも私たちとともにあるからです。他の諸感覚については、時にはそこにあり、時にはそこにない。思考が浮かんできたら、その思考に注意を払ってください。しかし、感覚に注意を完全に払うことができれば、それで十分です。あなたが呼吸に注意を払えば、それも感覚。息を吸ったり吐いたりする時、あなたが注意を払うのはその感覚であって、吸う・吐くという方向ではありません。あなたは呼吸について考えているわけではないのです。あなたが注意を払っているのは、この呼吸のプロセスが続いているあいだに生じている、感覚なのです。

私たちは、呼吸を注意の焦点として採用します。しかし、身体に別の感覚が起きた時は、私たちはそれに注意を払う。その感覚に、それが持続する限り留まっていられるならば、そうし続けてください。この対象のほうが、あの対象よりよい、ということは申しません。一つの対象に注意を固定するのは、サマタ瞑想においてだけなのですからね。ウィパッサナー瞑想の場合、一つの対象から別の対象に注意を移しても、そのことや何か他のことについて考えてしまわない限り、構いません。いかなる感覚に注意を払い、そこに可能な限り長く留まっても構わないのです。その感覚が消えた時は、自分の注意の焦点に戻ってください。

時にはそれが消えないこともあります。例えば、痛み。それはますます程度を増して、しばらくすると、「これにはもう耐えられない。あまりにも痛くて、心が落ち着きを失ってしまう」と、あなたは考える。時に人々は、痛みのせいで身震いさえします。彼らは耐えに耐えて、しばらくすると、「これ以上は無理だ」と考える。それで、一部の人たちは痛みによって震えるのです。ある人々は、痛みによって汗をかく。そうしてとうとう、これが限界で、これ以上はもう真に有益ではないと考えた時は、姿勢をとてもゆっくりと、マインドフルに変えてください。一センチでも動かすと、その感覚と違いを感じることができます。「よくなってきている」。ですから、ゆっくりと姿勢を変えることは構いません。その感覚が変化し、変化し、変化して、消えて、消えていくことを感じてください。そうしてあなたは、快適に感じられる別の姿勢を見つけ、すると心もまた、よりリラックスしていることを観察できる。痛みを感じている時は、自然なこととして、心も非常に緊張します。いまやあなたの心はとてもリラックスしていて、すると呼吸に戻って来る。これはとても自然なこと。このプロセス全体は、実に自然なことなのです。

Q　（質問不明）

A　ただ思考を観察してください。食べ物に関する思考、家庭に関する思考、仕事に関する思考、友人に関する思考を観察するのです。あなたはただしばらくのあいだ、その思考に気づいていて、それから感覚に戻ってくる。瞑想の後の段階では、あなたは思考にただ注意を固定することができる。しかし、それは後の段階の話です。初心者の場合は、思考に留まっていると、それはひたすら終わりなく続いてしまう。しかし、ある種のサマーディを得てから思考に目を向けると、あなたはそれをとても明晰に、一つ一つの言葉が続いていくのを観察できるようになる。それはあたかも内面で話をしているようなものです。あなたはそれを聞くことさえできる。次から次へと、言葉が続いていくのです。本当にピタリと焦点を合わせられるようになれば、それは止まり、消失します。思考はもはや存在しないのです。

思考がもはや存在しない時、あなたは思考がない心というのを見ることができる。例えば、それはテレビを見ていて番組が終わったり、あるいは、番組の放映されていない別のチャンネルに変えたりするようなものです。番組が放映されていない時、そこには何があるでしょう？　映像はない、そうですね。しかし何かはそこにあります。空白の明るいスクリーンですね。心はそのようになるのです。空白ではあるが、しかし明るい。明るいというのは、あなたがそこにいるということ。気づきがそこにあるということです。心は注意を持続しているが、とても静かで、思考はなく、映像はなく、音もなければ言葉もない。とても静かで、とても明晰なのです。あなたはそれを感じ、その状態に留まることができる。これが、心の最も明晰な状態です。その状態が、またあなたの瞑想の対象になる。あなたがその状態に、ますます長く留まることができるなら、そのことは非常な助けになる。その、心の明晰で静かな状態を長く維持できればできるほど、何か他のことが起こった時に、あなたはそれを、非常に明らかに観察することができるのです。

そんなわけで、まずは数分間、呼吸からはじめ、それから身体にも注意を払いましょう。しばらくして、ある程度の気づき（マインドフルネス）と集中（サマーディ）が育まれると、心がとても落ち着いて、安らぎに満ちてきます。そうしたら心を観察する。一つの思考が浮かんで来ては、ゆっくりと去って行き、そして次の思考が浮かんで来て、ゆっくりと去って行きます。それを観察し、観察して、思考を本当に直接的に、まさに現在の瞬間において観察すると、それは止まり、心は突然に明晰になる。もはや思考は存在しません。その思考のない心を、あなたは観察することができます。とても明晰な心の状態。マインドフルネス、気づきをもって、その状態にふれられれば、心のその状態は持続します。あなたは心を調整しチューニングして、その心の明晰な状態を維持し、そこに長く留まることができる。

気づきはますます強くなって、そこで開けたスペース（空間）から、あなたは他に起こる全てのことを、このスペースを失うことなしに経験する。音がやって来た時は、この心の明晰な状態を失うことなしに、あなたは音を経験し、そしてそれは直ちに消える。この心の明晰さを失うこともないままに、何か身体に感覚が起こったら、あなたはそれを、そのまま経験することができるのです。その心の明晰な状態から、あなたはその感覚を経験し、そしてそれは消失する。しかし、これは後の段階で起こることで、最初のうちに起こることではありません。つまり、それは全く自然に起こることなのです。あなたがするのは、起こったことと共にあること。不快な感覚であれ、妨げになるようなある種の疑問であれ、そこに留まっていることです。

妨げになるような疑問もまた、浮かんできます。疑問は何度も繰り返し浮かんでくる。「これは何だ？　あれは何だ？　いまどうしたらいいんだ？」。そうした疑問に注意を払うと、それは消え、そしてあなたは、「何も問う必要はない」と感じる。何であれ次に来るものに、ただ注意を払ってください。それが消えると、別のものがやって来る。それにも注意を払ってください。自ら進んでそのことを行なっているのであれば、ただそれを続けること。他に何もする必要はありません。ただ来るものに注意を払ってください。何であれ身体や心に起こるものは、観察されなければなりません。あなたが行なう必要のあることは、それを観察し、見つめ、注意をはらい、その何であるかを見ることが全てです。それを変化させたり、押しやったりする必要はありません。何も創り出さないこと。とてもシンプルなことなのです。そのことがもしできれば、あなたの心は、とても落ち着き、とても静かになります。あなたは全く何もしていない。それはある種の、とても静かなサマーディです。

時には何事も起こらない。心はとても落ち着いて明晰です。あなたはその心をますます明らかに観察することができ、それがとても落ち着いているのを見て取れる。あなたは落ち着きを経験します。再びサマーディを経験するのです。これがサマーディ。心は明るく、それは炎のよう。

洞窟、それも風のない、とても深い洞窟の中にある、蠟燭のようなものなのです。それはぴたりと静止していて、火をつけると明るく燃えるのですが、その炎にはあまりにも動きがないので、まるで絵のように見えるのです。あなたは時に、心をそのように見ることができる。とても静かで、全く動くことがない。時には心が、とても平静であると感じることもあります。それは冷静、とても冷静なのです。時にあなたは、心が実にバランスのとれた状態にあるので、全く何もする必要がないと感じることもある。バランスがとれていて、平静さに溢れているのです。

また、瞑想を続ける大きなモチベーション、信（saddhā）を感じることもあります。あなたは座から立ちたいと思わない。出て行って、他のことをしたいとは思わないのです。あなたはただ、瞑想を続けたいと思う。時にあなたは、「いまはこんなふうに、いつまでも座っていられる」と、独りごちることさえある。心がそうした状態に留まっていれば、あなたは本当に、いつまでも座っていられるのです。ただ、その状態は時に再び弱くなる、というだけのこと。実際には、物事は変化するのです。

Q　眠気を感じて、このまま瞑想していても仕方がないとわかった時は、立ち上がって歩く瞑想をしたほうがよいですか?

A　眠くなる前に、心の状態に何が起こっているかに注意を払ってください。これもまた、瞑想の対象です。この状態は、パーリ語で saṅkhittaṃ（収了）と呼ばれます。saṅkhittaṃ とは、心が内に入りこんでいくこと。縮んでいく心のことです。これはサマーディではなくて、心はどんどん眠くなっていきます。時にはおそらく、それは眠くてだらけているように感じられるでしょう。眠い時には、実はあなたはだらけているのです。だからまず、眠気が起こっている時には、その心の状態も観察してください。何であれいま起こっていることを観察するのは、それを克服することよりも重要なのです。時にはただ注意を払って、「さあ、より多くの注意を払おう」と自らを油断のない状態にするだけで、そのことによって、あなたは再び覚醒する。時には、ますます注意を払うにつれて、数秒ほどの短いあいだ、あなたは眠りに落ちてしまう。そのあいだは、全く何事にも気づかないのです。それから、あなたは再び目を覚まして、「ああ！　ほんの短いあいだ寝てしまった」と気がつくわけです。

座る瞑想はたった一時間のことですから、やろうとすれば、一時間のあいだ座ることはできるのです。座ることに、留まるよう努めてください。その後に、あなたは一時間歩きます。しかし数日後には、あなたは自分がますます長く座れるようになっていることに気づくでしょう。ですから、プログラムには含まれていませんが、リトリートの後半、おそらくは五日か六日か七日後に、あなたがそうしたいと思い、またそうできるなら、歩きに出ずに座っていても構いません。一日のうちに、歩く瞑想の時間は何回も、四回か五回ありますから、そのうちのいくつかを省きたければ、ただ座っていてよいのです。

とはいえ、とても注意深くあってください。できるということを証明するためだけに、そうすることはしないように。もし本当にそうすることが有益であるならば、やってください。あなたは自身や他者に対して、何かを証明しているわけではないのです。あなたは、「私は二時間座ることができる」ということを、証明しているわけではない。そんなことを証明する必要はないのです。座っていようが歩いていようが、最も重要なことは、本当にマインドフルであって、身体と心にいま起こっていることに対して、本当の注意を払うことです。私は、座ることが歩くことよりよいと、言うつもりはありません。必ずしもそうではないのです。時には歩く瞑想の時間のあいだに、よりマインドフルになっていることもあるし、時には座る瞑想の時間のあいだに、よりマインドフルになっていることもあるのです。

マインドフルであることは、ただ長い時間座っていたり歩いていたりすることよりも重要です。ですから、時間は実のところ問題ではないのです。

この座ることと歩くことの交代というのは、とてもよいスケジュールです。それはあなたの健康にもいい。あまりにも長く座っていたら、あなたの身体とそして心も、たいへん鈍くなってきます。しかし申し上げたとおり、数日経ってから、もっともっと長く座りたいと思われるのであれば、そうしていただいて結構です。朝夕に一時間半の歩く瞑想。これは長いですね。皆さん歩きに出ていただいて構いません。しかしそのあいだにも、歩く瞑想の時間はたくさんあります。七時から八時半、これが長い歩く瞑想の時間の一つ。それから十時から十一時に、一時間の歩く瞑想。一時から二時に、一時間の歩く瞑想。三時から四時に、一時間の歩く瞑想です。その後に、お茶と歩く瞑想を合わせた時間が、一時間半あります。ですから、五分ほどでちょっとお茶を一杯飲んで、それから一時間二十五分、歩きに出ることになるわけです。

しばらく経つと、自然なこととして、座る時間がますます長くなっていきがちです。とても落ち着いて安らぎに満ちてきて、あなたは一時間のあいだ全て、また一時間半のあいだ、ひたすら座ることになる。時に一部の人々は、リトリートの後半、とくに長いリトリートをやっている時は、三つのセッションを通じて座り続ける。つまり、一時間の座る瞑想、一時間の歩く瞑想、そしてまた一時間の座る瞑想のあいだですね。中間にある一時間の歩く瞑想のあいだに立ち上がらなければ、彼らは三時間、座り続けることができるわけです。こうしたことをする人たちもいます。そうすることが、求められているわけではありませんよ。しかし、一部の人たちはそうすることを好み、実際にそうするわけです。それは構いません。

七時半以降は、座っていても立っていてもよろしい。立つ瞑想もまたよいものであり、そして場合によっては必要です。午前九時から十時にかけてもまた、座っていても立っていてもよろしい。立っていても構いません。もしそれができるなら、座るのと同じくよいことなのです。ただどこかに、身体全体をできるだけリラックスさせて立ってください。腕を思い切りリラックスさせて、ただ自然な位置に置く。そして立った姿勢を維持したまま、座っている時と全く同じように瞑想するのです。最初のうちは、三十分間立っているのもたいへんに感じるかも知れません。ですから十五分間だけ立っていて、それから準備ができたと感じたら、ゆっくり静かに座りましょう。これを試してみてください。

実のところ一時間のあいだ歩いた後は、もしあなたが歩く瞑想を本当にマインドフルにやっていたら、そこで座りに行くと、その座る瞑想はとてもよいものになるのです。歩く瞑想のあいだに育んだサマーディと気づきが、座っている時にはさらになお、あなたを助けてくれますからね。ですから、何があっても両方を規則正しく、どちらかを好むことなく行うように努めてください。そのように実践してみたら、どうなるでしょう？　ですから、まずは座る瞑想と歩く瞑想を規則正しくやってみましょう。スケジュールどおりにやるよう努めてください。

Q　私たちの中には、翌日から仕事をしなければならない者もいるわけですが、リトリートの後はどうしたらいいでしょう？

A　ええ、これもまた大切なことです。それについてはリトリートの最終日にお話しするつもりでした。しかし、構いません。いま話してもよいでしょう。いまその質問をしてくださったのは、とてもいいことでした。その質問をいましなかったら、どうなるか？　リトリートのあいだ、あなたはそのことを考え続けてしまうでしょう。それはよいことではありませんね。ですから私はいま・ここで、それについてお話ししたいのです。

自然なことではありますが、あなたが本当に、ますますの注意を払っていれば、初日以降、あなたはより落ち着いて、安らぎに満ちた状態になる。あるいはひょっとしたら、あなたはあれやこれやのことについて、しばらくのあいだ考えてしまって、それから数日、三、四日経ってから、あなたの心は落ち着いて、とても静かで安らぎに満ちた状態になるかも知れない。八日か九日経った後は、「ああ！　ここを去らなくてよかったら、忙しい生活に戻らなくてよかったら、きっと素晴らしいだろうに」と、あなたは考えることでしょう。自然なこととして、そうなります。そしてあなたの身体と心も、とても敏感になる。ですから、突然外に出ると、それはとてもきつい経験になります。慌ただしく急いだり、運転したり、これを見たり、あれを聞いたり。それはたいへんきついことです。だから、そのつもりでいてください。リトリートが終わった後は、少しのあいだここに残って、何か会話をするように。そうすることで、話すことに慣れ、通常の生活に戻れるよう、自身を調整するのです。

月曜日になっても、瞑想の力と勢いは、まだ数日のあいだ続くでしょう。ですから、既にリトリートの終わった月曜日でも、もしその日に仕事に行かなければならないなら、あまり話したくないような気持ちになると思います。物事のやり方さえゆっくりになる。これは実に自然なことです。可能であれば、友人たちにこのことを、つまり、これは自然に起こることなのだと告げてください。すると友人たちは、あなたが仕事に戻った時、今日から数日間、あなたは少しだけ静かでゆっくりになり、あまりお喋りではなくなるだろうと知ることになるわけです。時には他の人たちが話していることに、注意を払う気になれないこともある。実に多くの人たちが、実に多くの異なった話題について話していて、それに注意を払うというのは、実に退屈なことですからね。あなたは、「ああ！　これは実に退屈だ」と感じるのです。だから彼らに、「もし私があまり注意を払っていなくても、どうかそのことを理解して許してほしい。数日のうちに、大丈夫になるから」と伝えてください。また家族とも、このことを話し合っておきましょう。「私はこれからリトリートに行くけれども、戻って来た時には、自然なこととしてこういうことが起こる。だから、私がゾンビになってしまったとは考えないように。何かあったとは考えないように。それはただ普通のことなんだよ」と言っておくのです。

数日後には、以前の生き方を続けていくことにあなたは慣れますが、おそらくは少しだけ、以前よりもそこから距離をとるようになるでしょう。時にはこの距離感が何日ものあいだ、場合によっては数ヶ月続きます。瞑想を続けていれば、それを保ち続けることができる。しかし、それでもあなたは仕事を続けることはできるし、その働き方は、ずっとよいものにもなるのです。あなたの人間関係も、ずっとよいものになるでしょう。あなたはもう、反応しすぎるということがないのですからね。気づきを持続することができれば、誰かが話しかけてきた時、あなたは十全な注意を払って、その人の言うことをとてもよく理解し、そうして、自動的にではなく、適切に応答することができるのです。

ここに一つ、多くの人が不平を言うことがあります。これもまた、議論すべき重要なこと。とてもマインドフルになると、自発性を失ってしまう、と人々は言う。自ら進んでするということがもうなくなって、より慎重になると言うのです。何かを言う前に、あなたは数秒間、より多く考える。それ以前には、あなたは考えなしに、自分が何を話しているかすら知らないまま、次から次へと、ただ話していました。しかし後には、ますますマインドフルになっていくにつれて、何かを言う前に、あなたはそれについて考えるようになる。時には、考えた上で何も言わないこともあるでしょう。それは必要ではないのです。すると、時に周囲の人々は、「彼は何かを言おとを知っていて、それを観察した上で、「不必要だ、やめよう」と考えたのです。

そんなわけで、こうしたいくつかの事態については、私たちは知っておく必要があります。ひょっとしたら、こうしたことはあなたの人生において、ある種の問題になるかもしれない。しかし、十分な自信をもって瞑想を続けるにつれて、それはもはや問題ではなくなり、あなたの人生はさらにずっと意義深くなり、より明確な形をもって、より統制のとれたものになり、落ち着きを失うことは減り、時間を無駄にすることも減り、エネルギーを無駄遣いすることも、減ることになるでしょう。

あなたはまた、あまりに多くのことに興味をもつこともなくなります。やたらとあちこちに行くことにさえも、あなたは興味を失う。こうしたことは本当の意味で必要なわけではなく、また有益でもないからです。私には、人々がなぜ何かをしなければならないと思うのかわかりません。彼らは自分たちを常に忙しい状態にしておかねばならない。これは一つの中毒になりつつあって、実際のところは病気です。なぜそんなにもたくさんのことをする必要があるのでしょう？　今日では多くの人々が、とくに西洋では、あなたが忙しくしていないと、何か問題があるんじゃないかと言ってきます。彼らの考えるところでは、「なんと、君は何もしていないのか？」。「週末には何をしているんだい？」。「いやいや！　何もしていないよ。ただ家にいるだけさ」。「ええ！　何もしなかったただって？　ただ家にいた？　何か問題があったんだね」。何の問題もありません。彼らはただ狂ったようにあちらへこちらへと走り回っていて、あなたはそうでないというだけです。あなたは正気で彼らが狂っているのですが、彼らはあなたが狂っていると思うのです。しかし、極力がまん強く、そして親切であってください。ただ彼らのことを理解するのです。

つまり、これが私の言いたいことですね。あなたが気づきと集中、そして深い理解を得た時には、あなたの世界は変わってきて、そしてあなた自身も変わってくる。しかし、あなたは発達し成長している人なのですから、よりがまん強く、相手を理解しようという気持ちをもって、親切で寛容である必要があるのです。ですから、他者を理解し、たとえ彼らがあなたを理解しなくても、彼らを許してあげるようにしてください。「あなたは私たちを理解しようとしてくれて、私たちは、あなたに理解されていると感じます。あなたは、私たちに自分を理解してほしいとは感じないのですか？」と、多くの人が私に言いました。「ええ、もしあなたが私を理解してくれたら、私はとても嬉しいでしょう。でも、もしそうしてくれなかったとしても、私にはそれも理解できますよ」と、私は答えた。私たちは、互いに相手から理解されたいのです。

誤解というのもまた、とても辛いことですし、とてもストレスのたまることです。私たちは、気づきと思いやりをもって瞑想しようとしている者たちですから、そのより深い理解、洞察智から、他者のことも理解しようとする。その理解があれば、実際には人生に問題は起こらないのです。最初は、あなたの振る舞いの変化にどう対応していいか、彼らにはわからないかもしれません。そこで、あなたは何らかの仕方で、彼らを助けてあげることができるのです。

Q　（質問不明）

A　ええ、最後の日の瞑想の後には、ただセッションの締めくくりとして、いくつかのことについて話し合うことができます。ですから、最後の日の最後の座る瞑想の後が、とても大切なのです。その時間は、再び議論の時間になりますからね。これが締めくくりなのだと感じられるための、ある種の清算の時間です。はじまりと締めくくり。何かを締めくくるということは、はじめるのとは別のことです。何かをする時に、それを完成させるということは、円を描く時に、それを完全な円にするようなものです。円を描いて、そこに繋がっていない部分が少し残っていたら、見ていて美しいものではありませんね。それを完全に繋げた時、その完成が感じられる。完成させるということは、とても大切です。

そしてまた、決意をするということも。この決意とは、たいへん有益な道具でもあります。十波羅蜜のうちの一つが、決意の波羅蜜、adhiṭṭhāna-pāramī（決定波羅蜜）です。adhiṭṭhāna とは、どういう意味でしょう？　パーリ語とその単語は、とても面白く、とても意義深いものです。全ての単語が、そのより深い意味を調べてみると、とても意義深いのです。ṭhā というのは、「立つ」という意味。adhi は「強い」です。つまり、「しっかりと立つ」ということですね。ですから、あなたは強い。そしてあなたはしっかりと立つ。「これが私の行おうとしていることだ」。あなたは立場を定めるわけです。西洋語にも、この“take a stand”という成句はありますね。つまり、しっかりした立場をとるということ。

優柔不断であったり、煮え切らずにいたりしないことは、とても大切です。何かをしたいと思う時には、まず、それについて非常に注意深く学ぶこと。「うん、これが私の興味をもっている行為だ」。十分に学び終えたら、決意をするのです。「私はこれを行うのだ」。そして、やると決断した後には、もう心変わりをしないでください。何度も繰り返し心変わりをしていたら、それが習慣になってしまいますからね。とくに物事が困難になってきた時には、人々は諦めがちです。「ああ！　だめだ。もう上手くいかない。これ以上やっても無益だ」。心というのは、時に非常に狡猾になる。それはあなたに、すごくよい口実をくれるのです。次から次へと、より多くの口実を。時に心は、「それは健康に悪いぞ。気楽にやれよ」とか、「しばらくやめよう。これは後でもやることができる。とりあえず休もうじゃないか」などと言ったりするでしょう。心というのは、実に狡猾なのです。

ですから、「私はこれをやるのだ」と、しっかりと決意しましょう。そしてそこへと邁進するのです。あなたは九日で死んだりはしない。実際のところ、瞑想とはあなたをより健康的で、体調がよく、幸福で、安らぎに満ちていると感じさせてくれるものなのです。最初の数日間だけは、あまりたくさん座ることに慣れていないものだから、腰や膝にいくらかの痛み、軽い痛みを感じるかも知れません。私には椎間板ヘルニアがありますが、それでも四時間は座れます。問題ありません。椎間板ヘルニアがあってもです。最初にヘルニアになった時は、実に痛かったものです。しかし、それでも瞑想はできましたし、その痛みはゆっくりと去って行きました。三ヶ月かかりましたね。いずれにせよ、私たちには、自分ができると思っている以上のことができるのです。

ブッダに礼拝しましょう。

解放へと導くまさにこの実践をもって
ブッダに礼拝します。
解放へと導くまさにこの実践をもって
ダンマに礼拝します。
解放へと導くまさにこの実践をもって
サンガに礼拝します。

訳者解説

本書はミャンマーのテーラワーダ（上座部）僧侶、サヤドー・ウ・ジョーティカ（Sayadaw U Jotika）の著作、“A Map of the Journey”の本文を全訳したものです。「サヤドー」というのはミャンマーでの僧侶に対する一般的な敬称で、直訳すれば「尊師」という意味になりますから、以下では著者のことを「ウ・ジョーティカ師」と呼称することにいたします。

ウ・ジョーティカ師は一九四七年の生まれ。ミャンマーはモン州モーラミャインのご出身です。師はムスリムの家庭に育ち、シャン族の祖母をもち、ローマ・カトリックのミッション・スクールで教育を受け、大学で電気工学を学び、結婚して二人の娘さんをもうけ、後に出家してテーラワーダ僧侶になるという異色の経歴の持ち主で、現在はミャンマーのヤンゴンを拠点としつつ、しばしば他国で瞑想の指導もするという、国際的な活動をなさっています。

英語に堪能で、若い頃から科学や哲学の著作を耽読してきたことから、西洋文化にも造詣が深く、また右に述べたような経歴からくる在家修行者へのこまやかな配慮と理解もあって、師の英文著作は世界中で読まれており、ミャンマーを代表する名僧の一人として、テーラワーダとウィパッサナーに関心のある人々には、よく知られている僧侶です。

ビルマ語の著作も、主には説法の収録という形で二十冊以上が出版されており、これはとくにミャンマーの若い人たちに人気があります。保守的でテクストに準拠することを基本とするミャンマーの仏教界において、僧侶の説法というのはパーリ語の引用を頻繁に行いつつ、仏教の教義を解説していく、といった体裁のものが多いのですが、ウ・ジョーティカ師の説法はそれとは異なり、あくまで一般の在家信徒が日常で遭遇する問題を扱いつつ、それを仏教的な視点から解き明かしていくという形式がとられます。そのように、自分自身の抱えている個人的な問題と仏教の教説とを、平明な語り口で親しみやすく繋げてくれるところが、とくに若者にとっては魅力的に感じられるようです。

ただ、本書『自由への旅』は、ウィパッサナー瞑想の実践について理論的な解説を行った講義録ですから、ウ・ジョーティカ師の著作の中では、例外的にパーリ語の引用が多くなっています。上座部のウィパッサナー瞑想では、修行の進捗にしたがって、名色分離智からはじまる洞察智(ñāṇa, insight)を順に得ていくものとされるのですが、本書ではその具体的な様相について、テクストに基づきつつ、それぞれの段階を詳細に解説していきます。結果として、専門的な仏教用語の使用は増えますし、全体の分量も多くなりますから、「初心者には少々とっつきにくい」と感じられる方も、あるいはいらっしゃるかもしれません。

しかし、右に述べたようなウ・ジョーティカ師のキャラクターからすれば当然のことですが、

「理論的に詳細である」といっても、本書は煩瑣な知識をただ単に羅列するような性質の著作ではもちろんありません。むしろ『自由への旅』の真の魅力は、師の深い学識が、徹底的な瞑想の実体験に裏打ちされつつ、縦横無尽に応用され、また展開されているところにこそあります。

本書においては、ウィパッサナー瞑想の実践者が涅槃に到達するまでに経験する様々な意識のありようが、（ここまで書いてしまっていいのかと思えるほどに）明瞭かつ綿密に描写されていくのですが、そうした具体例は単にエピソードの提示に終わるのではなくて、その一つ一つが、上座部の教理は当然のこととして、さらに西洋の哲学や科学思想に至るまでと、有機的に関連づけられた上で、ウ・ジョーティカ師の知性によって明確な位置づけを与えられつつ解説されます。

つまり、本書が示しているのは原題どおりの「一つの地図（a map）」なのであって、己の目標と現在位置、そして修道の過程を全体として把握しておくこと（マッピング）が何よりも重要な瞑想実践者にとって、『自由への旅』はこれ以上ないほどに「実践的」な著作でもあるわけです。

実際、訳者である私自身がミャンマーで瞑想修行をするにあたって、常に座右に置いて参照したのも本書でした。右に述べたように、仏教の瞑想、少なくともウィパッサナー瞑想は、「自分が何をやっているのか」を知らないままでも、ただやみくもに実践を続けていれば、それで上手くいくという性質のものではありません。もちろん、本書で繰り返し注意されているように、瞑想の最中に「考えること」は禁物ですが、実践を行う前後に、「自分がいまどこにいて、どのような道を通って、どこにたどり着こうとしているのか」を、確認しておくことは有益であり、また思考による分析に慣れきっていて、知的な納得感がなければ実践にも身を入れにくい現代人である私たちにとって、その作業は必要なことでもあります。

本書においては、瞑想実践の最中に「考えないこと」の重要性が繰り返し強調されますが、にもかかわらずウ・ジョーティカ師が講義においてウィパッサナーの構造とプロセスを高度に知的な形で分析しつつ語り、聴講者たちの疑問にも徹底的に答えようとしているのは、「思考を手放す」ことのために、「思考で解決すべきところを、きちんと思考で解決する」ことを必要とする人々がいるということを、師がよく理解されているからでしょう。

そのようなわけで、本書は思想書・理論書としての質の高さを有しながら、というよりも、そのような側面において質の高い著作であるからこそ、同時に全く「実践的」な著作でもあります。折にふれて実践の道程における自らの「位置確認」をすることは、瞑想という「宗教的行為」が時に有する危険性を認識しており、だからこそ誤ることなく正しい道を進みたいと望む私たち現代人にとっては、まさにプラクティカルに必要な作業であるからです。

いま日本では、アメリカ発の「マインドフルネス」の流行を通じて、その源流であるテーラワーダのウィパッサナー瞑想への関心も高まりつつあるとのこと。そのような状況の中で、同じくウ・ジョーティカ師による『ゆるす』（拙訳、新潮社）に続き、本書の邦訳が広く日本の読者の方々の手元へと届くことは、たいへん意義あることだと考えています。

ところで、この「マインドフルネス」という用語は、それがウィパッサナー瞑想の本質であるがゆえに、『自由への旅』でも頻出します。ただ、本書の特徴は、それが類書にはない独特の、多様な文脈を引き受けた仕方で語られていることです。これはウ・ジョーティカ師自身も意識されていることで、本邦訳書の出版を報告した際には、「それはよかった。この本のように瞑想を解説した著作は、実はほとんどないですからね」と言われていました。

たしかに、「マインドフルネス」やウィパッサナー瞑想のマニュアルは世界中で大量に出版されていますし、またテーラワーダの実践について教理の側面から解説を加えた書籍も多くあります。しかし、本書のように、ウィパッサナー瞑想によってもたらされる実践者の変容を、教理的に跡づけつつ順を追って丁寧に解明し、さらにそれを、西洋の知的文脈とも対比しながら、同時に私たち在家の生活者の日常や実存の具体的な問題とも調和させつつ語りきるという、このように周到な著作は、なかなか例がありません。

そのように、ウィパッサナー瞑想の解説をするに際しても、それを単に「テーラワーダ仏教」の世界観の枠内においてのみ語るのではなく、もちろん伝統的な教説は十分に尊重しつつも、同時に多様な文脈も総合的に参照しながら、誰にとっても納得しやすい形でその位置づけを示すというのは、ウ・ジョーティカ師の英文著作に共通する特徴です。このことは、師にとっての最上の価値が、あくまで各人が己の自由を実現することであり、その思考と実践には、「テーラワーダ仏教」に対する「盲信」が伴っていないということと、おそらく無関係ではないでしょう。

実際、二〇一二年に私がはじめてウ・ジョーティカ師にお会いした際、師は「私が自分の著作で決して言わないことが一つある。それは『盲信せよ』ということだ」と言われつつ、師の著作の日本語訳を志願する私に対して、次のように言われました。

無理をして「テーラワーダ仏教徒」になる必要はありません。大切なことは、あなたがたがより幸せになり、よりよい人間になり、そして何よりも、より自由になることでしょう。その結果が、「テーラワーダ」の範囲に収まるかどうかは、問題ではないと思いますよ。

私は日本のことがすごく好きで、日本に関する本をたくさん読みました。あなたがたは日本人なのだから、日本人としてどう生きるかを考えてほしいのです。日本人が大切にしてきたもの、日本人の美徳をぜひ学び、それを基礎として、そこにテーラワーダから学んだものを加えるようにしてください。

正直なところ、上座部の僧侶の中で、テーラワーダをこのように「柔らかく」捉え、それを絶対的なものとして扱わない方は、全体の中で必ずしも多数派ではありません。しかし、そのような態度が基礎としてあるからこそ、本書は様々な文脈に属する読者の心に広く届く、既述のような普遍性を獲得することができたのだとも言えるでしょう。

そしてこのことは、ウ・ジョーティカ師が何よりも「自由」の実現に価値を置いて考え実践する方であることと、深い関わりを有しています。例えば、師のこれもまた有名な英文著作である『スノー・イン・ザ・サマー（Snow in the Summer）』には、次のような記述が見られます。

思うに、依存することなく自由であること（身体的にも精神的にも）は、私の最も強い願望です。自由には、異なった形式と段階がある。

どのような犠牲を払っても、私は自分の本性に従わなければならない。友人たちを、がっかりさせねばならないこともあるでしょう。実に多くの人々が、実に多くのことを私に期待しています。彼らの私に対する期待を、私が満たせる／満たしたいと思うということは、どうにもあり得そうにないことです。私が目指しているのは自分自身の自由であって、同調することではないのですから。

ウ・ジョーティカ師にとって「仏教」や「テーラワーダ」、あるいはウィパッサナー瞑想が魅力的であるのは、それがいわゆる“the path to liberation（自由・解放への道）”として、自身と他者が本当の意味での「自由」を実現するための、プラクティカルな有効性をもっているがゆえでしょう。

そして本書は、このようにウ・ジョーティカ師が最上の価値を置いている「自由」を、読者の方々がそれぞれに実現するための具体的な方法を、周到かつ明晰に、説き明かした著作です。“A Map of the Journey”の邦題を『自由への旅』としたのはそれゆえですが、そのことは、本書を通読された方には、深くご納得いただけることでしょう。

この著作で詳細に解説されるウィパッサナー瞑想が実践者に「自由」を実現する効果は、人種も民族も、宗教にすらも関わりなく、誰にとっても変わらぬものです。「仏教徒」であってもそうでなくとも、自らの実践を通じて「自由に生きるとは、どういうことか」を理解し、それを実現したいと願う人たち。そのような方々に、ぜひ本書をお役立ていただければと思います。

最後に、翻訳について申し上げます。本書の英語原文に当たるものは、ウェブ上（http://www.buddhanet.net/pdf_file/mapjourney6.pdf）で無料公開されており、誰でも自由にダウンロードして読むことができます。ただ、今回の邦訳に当たって底本としたのは、二〇〇六年にミャンマーにおいて出版された書籍版です。こちらのほうが、随所にわたって加筆・訂正の施された最新版になりますので、本邦訳のテクストは、原則として書籍版に準拠しています。しかしながら、書籍版は同時に非常に誤植の多い版でもありますので、作業に当たっては、常にウェブ版と対校し、適宜、修正しつつ訳してあります。また、訳者のサイト（http://myanmarbuddhism.info/2013/01/10/22/）でもウ・ジョーティカ師の許可を受けて、二〇一三年に邦訳を公開しておりますが、今回の書籍化に当たっては、訳を全面的に見直した上で、読みやすく小見出しを付し、さらに索引を作成して、全体の面目を一新しました。

日本語訳をするに際しては、本書は上座部の瞑想理論について詳細に解説した著作ですから、講義調の柔らかさを伝えつつ、同時に論述の厳密さも損なわないように配慮しています。

パーリ語の引用も非常に多い著作ですが、これに関しては原語と一般的な漢訳を併記するように努め、漢訳ではニュアンスが伝わりにくいと思われる場合には、原語のカタカナ表記も採用しています。この点については、しばしば文脈によって訳し分けを行なっており、とくに原則によって統一することにこだわりませんでした。

また、パーリ語の経典・論書からの引用、およびその解釈については、原則として原英文のとおりに従っています。ただし、引用に関して明らかな誤植がある場合には、原典に照らして訂正いたしました。

本訳書の出版に際しては、『ゆるす』と同様に新潮社の三辺直太さんに終始お世話をいただきました。また、出版の許可をくださり、現在でもしばしばヤンゴンで私の個人的な相談相手にもなってくださっているウ・ジョーティカ師、および本書を手にとってくださった読者の皆様にも、改めて感謝を申し上げます。皆様の日々が、これからも美しくマインドフルで、何よりも自由なものでありますように。

二〇一六年九月　ヤンゴンにて　魚川祐司

<パーリ語・英語>

索引

自由《じゆう》への旅《たび》　「マインドフルネス瞑想《めいそう》」実践講義《じっせんこうぎ》

著　者………………ウ・ジョーティカ

訳　者………………魚川祐司《うおかわゆうじ》

発　行………………2016年11月25日
5　刷………………2024年12月5日

発行者………………佐藤隆信
発行所………………株式会社新潮社
〒162-8711 東京都新宿区矢来町71
電話　編集部 03-3266-5411
　　　読者係 03-3266-5111
http://www.shinchosha.co.jp
印刷所………………錦明印刷株式会社
製本所………………加藤製本株式会社

ISBN978-4-10-506872-1 C0015

キリスト教は役に立つか　来住英俊

信仰とは無縁だった灘高・東大卒の企業人は、いかにして神父に転身したか。なぜ漠然と抱えてきた孤独感が解消したのか。「救いの構造」がわかる入門書。《新潮選書》

仏教とキリスト教——どう違うか50のQ&A——　ひろさちや

キリストの愛かホトケの慈悲か。天国と極楽は同じか。輪廻思想と復活思想の違いは？　南無阿弥陀仏とアーメンの意味は……。ユニークで画期的な宗教案内。《新潮選書》

西行　歌と旅と人生　寺澤行忠

出家の背景、秀歌の創作秘話、漂泊の旅の意味、桜への熱愛、無常を超えた思想、定家や芭蕉への影響……西行研究の泰斗が、偉才の知られざる素顔に迫る。《新潮選書》

「悟り体験」を読む　大乗仏教で覚醒した人々　大竹晋

菩提達摩、白隠慧鶴、鈴木大拙、井上日召……臨済宗から日蓮宗まで約五十人の覚醒体験から、「目くるめく境地」の真相に迫る。本邦初の「悟り学」入門。《新潮選書》

仏教に学ぶ老い方・死に方　ひろさちや

現代日本人はなぜ老いを恐れるのか？　世間の物差しを捨て、生の意味を見直そう。頑張るな。我儘に生きよ——仏教の説く「老と死」の深い知恵に学ぶ。《新潮選書》

超越と実存　「無常」をめぐる仏教史　南直哉

私とは何か、死とは何か、仏教とは——。全身全霊の問いから始まった仏教探求の旅。「恐山の禅僧」が、ブッダから道元までの思想的変遷を読み解く、仏教史の哲学。

とりかへばや、男と女　河合隼雄

男と女の境界はかくも危うい！　平安王朝の男女逆転物語『とりかへばや』を素材に、深層心理学の立場から「心」と「身体」の〈性〉を解き明かす。《新潮選書》

決断の条件　会田雄次

日本人はなぜ「優柔不断」なのか。なぜ「思いつき」で決めてしまうのか。マキァヴェリ、韓非子、孫子など先哲の言葉から、意思決定の要諦を導きだす。《新潮選書》

江戸の天才数学者　—世界を驚かせた和算家たち—　鳴海風

江戸時代に華開いた日本独自の数学文化。なぜ世界に先駆ける研究成果を生み出せたのか。渋川春海、関孝和、会田安明……8人の天才たちの熱き生涯。《新潮選書》

精神論ぬきの保守主義　仲正昌樹

西欧の六人の思想家から、保守主義が持つ制度的エッセンスを取り出し、民主主義の暴走を防ぐ仕組みを洞察する。〝真正保守〟論争と一線を画す入門書。《新潮選書》

貧者を喰らう国　中国格差社会からの警告【増補新版】　阿古智子

経済発展の陰で、蔓延する焦燥・怨嗟・反日。共産主義の理想は、なぜ歪んだ弱肉強食の社会を生み出したのか。注目の中国研究者による衝撃レポート。《新潮選書》

歴史認識とは何か　戦後史の解放Ⅰ　日露戦争からアジア太平洋戦争まで　細谷雄一

なぜ今も昔も日本の「正義」は世界で通用しないのか——世界史と日本史を融合させた視点から、日本と国際社会の「ずれ」の根源に迫る歴史シリーズ第一弾。《新潮選書》